走进学习科学丛书　　　盛群力　主编　邢天骄　副主编

学会挑战

为什么
要让学生
进入"学习坑"

*The
Learning
Challenge*

*How to Guide Your Students Through the
Learning Pit to Achieve Deeper Understanding*

James Nottingham

[英]詹姆斯·诺丁汉 / 著　　　盛群力　邢天骄　王茹　史秀丽 / 译

中国人民大学出版社
·北京·

如果没有吉尔·诺丁汉（Jill Nottingham）、露西·本尼森（Lucy Bennison）、马克·博鲁姆（Mark Bollom）、萨拉·昂温（Sarah Unwin）和阿里尔·巴特利特（Ariel Bartlett）的想法和鼓励，本书就无法按时完成。

谢谢大家。我欠你们的远不止一杯酒！

本书赞誉

在我自己的学区和其他学区，我目睹了"学会挑战"在培养学生自主学习能力方面的力量。本书提供了一幅蓝图，赋能学生扎入"学习坑"，并获得爬出"坑"来、重回地面所必需的心态和工具。本书使学生得以理解并挑战原有的知识、偏见和误解，从而大大改进学习。看到这样一本能引导学生在自主学习之路上发出自己的"声音"、做出自己的"选择"的书，我无比兴奋。这条路虽人迹罕至，却能造福学生自己及其同伴的学习。

——迈克尔·麦克道尔（Michael McDowell）
美国加利福尼亚州罗斯镇罗斯学区教育总监，教育博士，
《项目式学习精准设计》作者

詹姆斯·诺丁汉为教育工作者提供了一种切实可行的方法，让学生通过提问和对话挑战自己的思维。在本书中，各种想法层见叠出，致力于将一个个简单的概念转化为一次次成熟的学习体验。

——凯利·菲茨杰拉德（Kelly Fitzgerald）
美国得克萨斯州利安德市劳斯高中教学教练

我们都认识到，学校教育不再是传递信息，并寄希望于学生能够好好利用这些信息。我们知道，良好的学校教育致力于培养学生深入思考、躬行实践的能力，并为此提供持续的机会。深度学习是一项艰巨的工作。它是复杂、棘手的，有时还让人不那么舒服（正如"学习坑"给人的感觉）。在本书中，诺丁汉带领我们体验了"学会挑战"的四个阶段，这是一个思考和学习的框架，在这个框架中，学生学会走出舒适区，创造意义和联系，从而进行深入思考。

约翰·哈蒂指出，学校教授的内容90%都是表层的。这并不是一个令人欣慰的统计数据。本书为我们提供了一条让学生参与深度学习和有意义学习的清晰

路径，并使用学生易懂的语言、阶段、步骤、示例、工具和策略，以指导我们帮助学生参与精准的学习。

——巴布·皮奇福德（Barb Pitchford）
《领导有影响力的团队：建立效能文化》合著者

关于如何学习的研究一直强调"必要的困难"的价值。全力攻克大概念，虽然有时会让人不舒服，却能引发更牢固、更深入的学习。然而，在问责时代，教师发现很难腾出时间这么做，因为他们需要为考试做更多准备。詹姆斯·诺丁汉提供了一种清晰、简洁和基于研究的方法，帮助教师创建具有认知挑战性的课堂，以此吸引、激活和激励学习者。本书将带领每位读者穿越"学习坑"，挑战原有的信念，并引导读者思考和构建一种促进学生更牢固、更深入学习的创新方法。

——约翰·阿尔马洛德（John Almarode）
美国弗吉尼亚州哈里森堡市詹姆斯·麦迪逊大学教育学院教育学教授，
STEM 教育和拓展中心联席主任

在这个快速变化的时代，认知冲突是我们不断面临的挑战。本书为各年龄段的学习者提供了一个认识学习和参与学习过程的空间。让年轻的学习者有机会对抗"入坑"所带来的紧张，思考和谈论他们自己的学习，是非常有价值的。根据我的经验，"学习坑"这一理念切实可行！

——西蒙·菲西（Simon Feasey）
英国蒂斯河畔斯托克顿集镇索纳比巴德小学校长

在过去的 10—20 年里，"学习坑"已经成为最强大和最受欢迎的启发式学习法之一。未来 20 年里，本书将成为充分解释和应用该学习法的首选资源。它虽然偏重于课堂实践，却能很好地处理各种理论之间的联系，做到理论和实践相辅相成。

——巴里·J. 海默（Barry J. Hymer）
英国兰开斯特市坎布里亚大学教育心理学教授

本书是一部具有开创性的作品，每个教育工作者都应该读读这本书。书中丰富的例子清晰地描述了教师如何为学生创造条件，鼓励和支持他们深入理解复杂的概念。

——珍妮·多诺霍（Jenni Donohoo）
加拿大安大略省课程和评估政策处专家，《集体效能》作者

诺丁汉利用趋势研究为教育工作者开发了一个循序渐进的流程，帮助学生参与到自己的学习旅程中来。通过理解学生的态度和观点，教育工作者将在专业实践中获得力量，进而了解自己的学习旅程。

——卡伦·L. 贝蒂（Karen L. Beattie）
美国佛罗里达州新士麦那海滩镇奇泽姆小学校长

本书在实用工具、应用和基础理论结构之间找到了一个颇有价值的平衡。每个部分的体例都力求概念清晰，引导读者深入理解来自实践的原理。它非常适合那些计划有效利用"学会挑战"和"学习坑"来加深学生理解并支持他们进步的教师阅读。

——皮帕·莱斯利（Pippa Leslie）
英国兰开斯特市坎布里亚大学高级讲师，
QKS校区直升大学项目负责人

深刻、实用而精确——詹姆斯·诺丁汉告诉你如何让课堂成为年轻人喜欢的地方。

——盖伊·克莱斯顿（Guy Claxton）
英国伦敦国王学院教育学教授，《身体的智慧》作者

诺丁汉展示的真实课例，通过带学生出入"学习坑"来深化他们的思考。学校如能把"学会挑战"作为教学的一部分，将培养出深度思考者。本书为"元认知"这一老生常谈的术语赋予了新的吸引力。

——吉妮·巴卡（Genie Baca）
美国得克萨斯州阿马里洛伊市斯特里奇小学校长

学习是一个过程而不是终点，只有当我们把学习从"知道思考什么"转变为"知道如何思考"时，学习才能取得成功，詹姆斯·诺丁汉促使读者认识到这种转变的紧迫性。本书提供的框架和诸多实用策略，可供各个层次和学科的教育工作者用来培养学生的批判性思维和独立行动的心智。

——马利科·赖基（Mariko Yorimoto）
美国夏威夷州伊娃海滨凯米洛阿小学副校长

詹姆斯·诺丁汉这个名字几乎是"学会挑战"的代名词。这一研究把思考视为一种探究的过程，它更为人所熟知的是"学习坑"——学生在"坑"中学会迎接挑战，更熟练地思考。本书内容全面、翔实，包括让学生深度参与和合作学习的流程、课堂设计的实用建议等方方面面的内容，助力教育工作者将教育文化从输入和教学转变为学习和影响。

——朱莉·史密斯（Julie Smith）博士
咨询师，《评估教学领导力》合著者

詹姆斯·诺丁汉走遍世界，深谙学习之道。本书不仅是教师的必读书，也是学生的必读书，有助于他们理解和思考如何应对学习带来的挑战、兴奋和学习过程。

——萨默·豪沃思（Summer Howarth）
澳大利亚墨尔本市"教育变革者计划"学习设计和活动总监

本书以简洁明了的语言展现了一种将哲学探究引入日常学习的详尽方法。诺丁汉有力地证明了认知冲突的教学价值，并为K-12教师提供了使"学习坑"成为课堂工作核心部分所需的工具和理论。

——丹尼尔·菲舍曼（Daniel Fisherman）
美国新泽西州蒙特克莱尔州立大学教育基础系兼职教授

目录

"挑战性学习"的故事　/ 001

序言　/ 003

前言　/ 007

致谢　/ 009

重要术语　/ 013

第一章　导论

1.0　本章概览　/ 018

1.1　引入　/ 019

1.2　"学会挑战"快速指南　/ 022

1.3　基本价值观　/ 025

1.4　"坑"是"学会挑战"的核心　/ 037

1.5　本章要点　/ 039

第二章　"学会挑战"的实践

2.0　本章概览　/ 042

2.1　阶段1：找准概念　/ 044

2.2　阶段2：认知冲突　/ 046

2.3　阶段3：建构意义　/ 049

2.4　阶段4：反思总结　/ 053

2.5　何时、何地、如何　/ 054

2.6　本章要点　/ 056

第三章 "学会挑战"的文化

- 3.0 本章概览 / 058
- 3.1 推动者的作用 / 059
- 3.2 信任和尊重 / 061
- 3.3 学会如何学习 / 063
- 3.4 基本规则 / 066
- 3.5 "学会挑战"的美德 / 067
- 3.6 本章要点 / 069

第四章 找准概念

- 4.0 本章概览 / 072
- 4.1 概念的作用 / 073
- 4.2 识别概念 / 075
- 4.3 提取概念 / 081
- 4.4 创建问题 / 088
- 4.5 选出最佳问题 / 095
- 4.6 分享最初的想法 / 096
- 4.7 本章要点 / 099

第五章 认知冲突

- 5.0 本章概览 / 102
- 5.1 什么是认知冲突 / 103
- 5.2 为什么认知冲突是件好事 / 104
- 5.3 创造认知冲突 / 109
- 5.4 通过对话创造认知冲突 / 110
- 5.5 通过比较创造认知冲突 / 121

5.6 利用情境创造认知冲突 / 123

5.7 利用问题创造认知冲突 / 130

5.8 本章要点 / 136

第六章 建构意义

6.0 本章概览 / 138

6.1 建构意义 / 139

6.2 利用对话建构意义 / 140

6.3 十大有效的"坑工具" / 143

6.4 "学习坑"内的思维类型 / 165

6.5 顿悟时刻! / 169

6.6 本章要点 / 171

第七章 学习机制

7.0 本章概览 / 174

7.1 元认知 / 175

7.2 回顾问题 / 176

7.3 ASK 模型 / 180

7.4 本章要点 / 185

第八章 思维模式很重要

8.0 本章概览 / 188

8.1 "学会挑战"的思维模式 / 189

8.2 自我效能 / 190

8.3 表扬和"学习坑" / 195

8.4 本章要点 / 197

第九章 连接和视角

- 9.0 本章概览 / 200
- 9.1 SOLO 分类法 / 201
- 9.2 "儿童哲学"和"学会挑战" / 208
- 9.3 考虑有特殊教育需求的学生 / 210
- 9.4 在自己的学校引领"学会挑战" / 219
- 9.5 "学会挑战"的资源 / 235
- 9.6 本章要点 / 236

第十章 "学会挑战"的案例

- 10.0 本章概览 / 238
- 10.1 颜色 / 239
- 10.2 药物 / 243
- 10.3 宠物 / 247
- 10.4 社交网络 / 252
- 10.5 证据和凭据 / 256
- 10.6 风险 / 260

附录 / 266

概念索引 / 281

参考文献 / 284

译后记 / 288

"挑战性学习"的故事

2010年，我出版了第一本书《挑战性学习》(*Challenging Learning*)。我之所以用"挑战性学习"来命名，是因为它结合了我研究的两个关键主题，并且蕴含了紧密相关的双重含义——对传统学习方式发起挑战和让学习更具挑战性。

最近，我在欧洲和大洋洲的七个国家创立了一些组织，并用"挑战性学习"为它们命名。这些教育公司汇集了一些我认识的最好的老师和领导者。我们一起将最新、令人印象最深刻的研究，转化为幼儿园、中小学和大学的最佳教学实践。

本书探讨的焦点延续了上述两个主题：对传统学习方式发起挑战和让学习更具挑战性，但与《挑战性学习》相比，本书更关注供教师、支持人员和领导者使用的实用资源。本书虽提及理论，但侧重的是教学工具和策略。本书属于"挑战性学习"书系①，这套书涉及提问和最近发展区、对话和语言、思维模式和自我效能、职业发展辅导，以及领导力和组织等主题。

本书聚焦于"学会挑战"(Learning Challenge)这一模型及其在帮助学生思考和表达想法方面的作用。"学会挑战"的核心是"坑"。这是一个比喻，可以用来描述学习者在走出舒适区去探索复杂而令人困惑的想法或矛盾时的感觉。

"学会挑战"能够促进有意义的交流。它为参与者提供了思考和讨论学习的

---

① "挑战性学习"书系包括本书及《通过对话挑战学习》(*Challenging Learning Through Dialogue*, by James Nottingham, Jill Nottingham and Martin Renton)，《通过反馈挑战学习》(*Challenging Learning Through Feedback*, by James Nottingham and Jill Nottingham)，《创造挑战性学习思维模式》(*Creating a Challenging Learning Mindset*, by James Nottingham and Bosse Larsson)，《通过提问挑战学习》(*Challenging Learning Through Questioning*, by James Nottingham and Martin Renton)，《学会挑战课》(*Learning Challenge Lessons*, by James Nottingham, Jill Nottingham, Lucy Bennison and Mark Bollom) 小学版、中学英语语言艺术版、中学数学版和中学科学/STEM版。——译者注

机会，并促进深入理解，这往往是他们在繁忙的课程学习中难以实现的。最好的情况是，"学会挑战"可以成为学习良好思维习惯和沟通习惯的最佳方法之一。

你在读这本书的时候，会注意到我主要提到的是"教师"和"教学"，但请不要认为这本书只适合教师阅读。事实上，本书的目标读者不仅是教师，还包括支持人员和领导者。我只是用"教师"和"教学"这两个词来概括在学校工作的所有专业人员和不同的教学方法。

本书每一章都以"本章概览"开始。这是为了让你在深入了解我们的建议之前，有机会思考一下你当前的实践。和同事聊一聊你认为什么效果好（以及你是怎么知道的）、你想改变什么，以及在理想情况下，你希望自己的教学是什么样的，这无疑会帮助你更好地用本书进行反思，这也是本书的目的。

本书大多数章节都以"本章要点"结束。这一板块聚焦于教师的全部教学本领和判断力。一套完备的教学本领，或如一些教育领域的作家所称的教学策略工具包，对改进教学法至关重要。然而，教师仅有教学本领是不够的，还要具备良好的判断力。因此，尽管本书中的策略应该足以充实你的教学本领，但良好的判断力将来自你对自己经验的反思、与学生一起运用新策略的尝试，以及和同事的对话。"本章要点"的目的是帮助你反思。

作为一名教师、助教或领导者，你是对学生的学习最有影响力的人之一。当你还是一名中学生时，你换了一位又一位老师，你很清楚哪位老师对你的期望高，哪位老师对你的期望低；你也了解哪位老师很有幽默感，哪位老师你怀疑他从小就没笑过。今天也是如此。学生知道你的期望和理念是什么。因此，并不是政府、家长或课程塑造了文化（尽管他们都有影响），文化是由你来塑造的，所以你的行动才重要。

希望本书能激励你采取更专业的行动。

谨致以最美好的祝愿！

詹姆斯·诺丁汉

序 言

本书是由我的朋友兼同事詹姆斯·诺丁汉撰写的。詹姆斯和我负责督导世界各地许多学校的工作,我们志趣相投,都关注学习中的相同问题和难题,也都喜欢谈论啤酒、孩子、狗和各自钟爱的运动队的胜败荣辱(当然,我们对运动队的看法存在分歧)。詹姆斯对学校教育有深刻的见解,而且幽默风趣。最重要的是,为了改变孩子的学习生活,似乎没有什么挑战是他尚未准备好面对的。本书阐述了他多年的实践、研究、见解和思考,足见它被命名为"学会挑战"并非无缘无故。

教师和学生往往认为学习不应是一件难事。问问同事和孩子们,谁是最好的学习者以及为什么,太多人会指出,最好的学习者是那些"看起来一学就会"的人、那些似乎不需要尝试就能掌握的人,或者那些被认为"天生聪明"的人。然而,这些特性恰恰与学习无关。学习更是一种挑战。

学习就是在已知和未知之间徘徊。它包括承认我们尚不知晓,但通过努力和使用策略可以知晓的东西,有时还包括将我们认为自己已经知道的东西重组成不同的东西,并放弃一些以前的,甚至是宝贵的知识,以达成更深入、更灵活的理解。正如皮亚杰的名言——它意味着不平衡。也就是说,当理解的事物和遇到的事物间出现不平衡时,学习就会发生。失去平衡时,我们就获得了成长和发展的机会。

因此,教学的目的是创造不平衡、不和谐的环境,用不同的、更正确或更完整的概念挑战当前的思维方式。

遗憾的是,许多课堂并没有给人这样的感觉。在这样的课堂上,教师说个不停,教与学就是安静的"讲解和练习",让人感觉"工作"就是把事情做好而已。学生因此逐渐认识到,课堂上他们需要知道一大堆事情,并了解如何去做,而教师的职责就是将这些事情传授给他们。难怪那么多学生声称,最博学的人就是知道最多的人,难怪那么多测试和任务都聚焦于检测你知道多少,难怪那么多课堂对话都专注于获得正确的答案，也难怪那么多学生对这种"银行储蓄式"学习模式感到厌烦！

我最喜欢的一本书仍然是保罗·弗莱雷（Paulo Freire，1970）的《被压迫者教育学》（*Pedagogy of the Oppressed*），因为"可见的学习"理论基础的搭建很大程度上要归功于这本书。我的研究生朋友科林·兰克希尔（Colin Lankshear）向我介绍了这本著作，从那时起它就一直陪伴着我。这本书的一个基本观点是：学习者必须理解，强势话语的神话是如何压迫和将他们边缘化的；同时也要知道，这种神话是可以通过变革行动来超越的（Lankshear & McLaren, 1993, p.43）。

我最喜欢的另一本同时期著作是尼尔·波兹曼（Neil Postman，1969）的《教学：一种颠覆性活动》（*Teaching as a Subversive Activity*）。弗莱雷（1970）批评了当时（也是至今）占主导地位的学校教育模式："对学校内外任何层次的师生关系进行仔细分析，能揭示其根本的叙事特征。"（p.72）也就是说，在教师讲述、学生倾听这种模式下，"教师谈论现实，就好像它是静止的、静态的、孤立的和可预测的……[教师的]任务是用他的叙述'填充'学生"（Freire, 1970, p.72）。弗莱雷声称，教育正遭受"叙事病"（narration sickness）的折磨，语言变得铿锵有力，却失去了转化的力量。毫不奇怪，学生开始相信，学习就是从他人的知识和想法银行中提取存款，然后接收、归档和存储，以便某天有人来检查他们头脑中银行账户的状态。

有些学生喜欢这种教学形式，并建立了庞大的知识库，以便在需要时使用。有些家长欢迎教师把这些"存款"作为礼物赠送给孩子，而许多社会也欢迎这种安全、无挑战性和可管理的模式。弗莱雷认为，这种模式对发展批判意识来说用处不大，是压迫者维持现状的首选模式。最重要的是，这种银行储蓄式模式将不平衡最小化，很少让学生去观察或建立思想之间的关系，减少了学习对短时记忆的挑战，使学习变成死记硬背、拾人牙慧。

另一种选择是"学会挑战"。吸引、教育和激励学生与教师，让他们在建构对自己和周围世界的认识和理解的过程中，感受到应对挑战的兴奋。

很明显，我们上学是为了学习我们不知道或不理解的东西，而当我们在知道或自认为知道与不知道之间徘徊时，我们更有可能学习，进而在我们已知的事物和正在学习的事物之间建立新的联系。是的，这确实需要知识，需要建立一个"银行"，但我们还要利用这个知识银行建立思想之间的联系，建立已知和未知之间的联系。我们还要敢于将自己置于可能不知道下一步该做什么的环境，并让他人帮助我们在想法之间建立最佳联系。本书强调的是掌握大量知识（表层学习）和连接想法（深度学习）之间的平衡。教学的艺术在于知道什么时候强调表层，什么时候强调深度，什么时候从表层到深度，以及如何进一步将新的深度思考迁移到或近或远的情境。这就是诺丁汉所做研究的优势所在。它聚焦的并非表层，也并非深度，而是两者转化的时机。

例如，引导学生完成"学会挑战"需要在学习过程中的适当时间进行——学生掌握了太多信息，准备在想法间建立连接之时。正如这本书中提到的：

> 当一个人处于认知冲突的状态时，也就是说，当一个人产生了两个或两个以上对他们来说都有意义，但经过比较似乎又相互冲突的想法时，我们就可以说他已"入坑"……入坑代表着从只有一个单一的、基本的想法，过渡到产生多个尚未被分类的想法的情况。

就 SOLO 分类法而言，入坑就是从"多点结构阶段"（拥有许多想法）转向"关联阶段"（在想法之间建立联系）；或者用诺丁汉的概念来理解，就是从习得概念转向识别矛盾、检查所有选项、努力形成意义、做出连接和解释。

"学会挑战"不是万灵药。它需要在学习的特定阶段合理使用，需要大量的准备和安全保障，还需要学生和老师（在适当的时间）不断评估进步，据此判断它在从表层学习到深度学习的过程中是否产生了影响。

我要特别指出的是认知冲突阶段——类似于皮亚杰所说的"不平衡"。皮亚杰认为，在感到不舒服，意识到"我知道的东西可能不再适用"的时候，正是学习发生的时刻，也正是我们犯错、对某一误解提出质疑、发现眼前之事不符合已有认知和遇到必要的困难的时候。

当然，有些学生非常顺从，会做我们要求他们做的大部分事情。然而，当独自面对困难时，他们往往会失败（进而经常退缩）。这些学生需要拥有"学会挑战"的力量和技能。在穿越"学习坑"的过程中，教师可以测试学生的能力，要求他们证明自己的想法，质疑想法的真实性或有效性，寻求可证伪的假设，并用技能、活力和决心来应对挑战。

诺丁汉认为，教师的职责之一就是通过制造"摇晃器"——我们在离开自己的舒适区时所经历的晃动、不稳定的感觉——来创造认知冲突。这展示了挑战在学习中的重要性：学习并不总是一帆风顺的。这样的挑战表明了努力的重要性，使学习者建立了信任和冒险的信心、知道如何寻求和倾听反馈、学会质疑自己和他人、付出努力以及掌握评估进步的能力。这是一种思维方式，也是一组心智框架。

本书提供了非常多有价值的学习过程，旨在激发学习者体验学习的不同阶段，展示这些阶段的联系，并明确那些对学习能够产生影响的教学技术。詹姆斯·诺丁汉及其团队在世界各地的许多环境中对这些技术进行了尝试和测验，证明了它们的有效性。阅读这样一本将挑战重新引入学习的书，真是一件令人愉快的事。

我将把倒数第二段留给弗莱雷（1970）：

> 我们必须放弃银行储蓄式教学观，将学生视为有意识的主体。我们必须提出人类与世界的关系问题，发展对现实的批判性干预，与自己和他人对话，以打破任何禁锢现实和阻滞理解的确定性圈子。

最后的话，我要留给詹姆斯·诺丁汉。请继续读下去。

约翰·哈蒂（John Hattie）[①]

[①] 著名教育学者，澳大利亚墨尔本大学墨尔本教育研究所主任、荣誉教授，"可见的学习"教育理论的开创者。他的研究专注于教育效果的实证分析，涵盖数万项研究、数亿名学生样本，其提炼的影响学业成就的因素及其效应量，以及可见的学习心智框架等，为教育实践提供了科学依据，深刻影响了多国教育政策和实践，被誉为当代教育实证研究的标杆。——译者注

前言

本书描述了指导学生体验"学会挑战"的理论和实践。这是一本实用性很强的书,充满了使课堂变得引人入胜、发人深省且注重合作的各种创意。

从很多方面来说,写这本书花了太多的时间。毕竟,这个模型诞生于20多年前我教书生涯的早期。然而,这是第一本关于该模型的书。我很高兴自己等了这么久,这本书因此变得更好。如果我在这个模型刚刚引起人们注意时就动笔,那么它将只包含我在自己的学校尝试过的想法。现在,我可以分享完整的"学会挑战"给大家,因为它已经在世界上几十个国家成百上千的课堂上进行过尝试和测验。

"学会挑战"适用于所有教育工作者,是为那些希望培养学生的批判性、创造性、关爱性和协作性思维的教师、领导者与支持人员准备的。这个模型为学习者提供了一种思考和谈论学习的语言,它有助于培养参与者的修复力、智慧和自我效能。在被用作学习结构时,它可以提高教师的教学清晰度,提升教师对成功的期望。

> "学会挑战"是为所有希望帮助学生发展一门学习语言的教师、领导者和支持人员准备的。

本书涵盖从背景到原理,从学习文化的建立到挑战、激励和引导学生通过"学习坑"的技能等方方面面的内容。各章主题概括如下:

第一章:"学习坑"的故事和"学会挑战"

第二章:"学会挑战"的实际模样

第三章:如何创造一种挑战、尊重和理性的文化

第四章:如何用概念来丰富学习

第五章:挑战学生的有效方法

第六章:帮助学生理解周围世界的有效方法

第七章:发展元认知和实现反思的成熟技能

第八章：如何培养学生的自我效能

第九章：将 SOLO 分类法和"儿童哲学"（Philosophy for Children，简称 P4C）[①] 联系起来

第十章：帮助你充分利用"学会挑战"的六个完整案例

本书是"挑战性学习"书系之一，我很高兴能与这些才华横溢的有识之士一起完成本书系的写作。该系列的其他书分别聚焦于反馈、提问、对话和成长型思维模式，而本书可以看作这一书系的绝佳导论。

感谢你的阅读。

---

① 这是一种对发展儿童思维能力与学习能力、培养儿童主动思考习惯起着极大支持作用的教学方法，也是一种基于团队探究、哲思对话的教学方法。其探究活动提倡将批判性思维、创造性思维、关爱性思维和协作性思维这四种思维方式的培养融合起来。——译者注

致 谢

"学会挑战"深受约翰·杜威（John Dewey，1859—1952）和马修·李普曼（Matthew Lipman，1922—2010）的影响。杜威和李普曼都把思考与对话置于教育目标及教育实践的核心。他们把思考理解为一种探索的过程。杜威和李普曼的观点在我作为实习教师所接受的"儿童哲学"培训以及更广泛的教学培训中占有重要地位。这些经历极大地影响了我的思想。

"学会挑战"的理论基础很大程度上也要归功于教育心理学家列夫·维果茨基（Lev Vygotsky，1896—1934）的研究。他曾经写道，人与人之间的沟通过程会内化为言语思维。也就是说，一个人在

> "学会挑战"深受"儿童哲学"的原则和实践影响。

与他人对话时所产生的想法和经历的过程会对他未来的思维方式产生影响。这样一来，外部对话就变成内部对话，换句话说就是思考。这意味着，构成"学会挑战"基础的对话，不仅对当下的学习至关重要，而且对参与者今后的思维本质也至关重要。

在20世纪90年代，我提出了学习的四个步骤：找准概念（Concept）、认知冲突（Conflict）、建构意义（Construct）和反思总结（Consider）。它的效果不错，我的学生得以有目的地参与这些步骤。2003年，我看到约翰·爱德华兹（John Edwards）在一场国际思维会议上提到了"坑"的概念。正如我在第一本书《挑战性学习》（2010）中写的那样：

> "学会挑战"是从吉姆·巴特勒博士（Jim Butler）和约翰·爱德华兹博士的"转化学习模型"（Transformational Learning Model）发展而来的。他们在20世纪90年代开发了这个模型，以解释深度学习（或者说转化学习）为何常常伴随着初期的学业表现下降。面对有价值的挑战，人们很可能陷入巴特勒和爱德华兹所描述的"学习坑"，然后才会在态度、技能或知识方

面有所提升。随着巴特勒和爱德华兹将该模型应用于一系列情境，该模型不断发展。"学会挑战"描述了我自己对"坑"这个概念的理解。（p.185）

还有很多人对"学会挑战"产生了影响，其中最重要的是吉尔·波特（Jill Potter，现在叫吉尔·诺丁汉！）。她是我执教的学校之外第一个完全参与"学会挑战"，并将其应用于3岁孩子的人。从那以后，她撰写了各种各样的资源来支持"学会挑战"，包括本书中的许多想法。在她的编辑、挑战和完善下，我早期的想法才得以成为今天你们在这本书中读到的内容：一个不仅在理论上有效，而且在任何课堂上都能付诸实践的模型。

> "学会挑战"服务于3岁以上的学习者。

还有我的老朋友威尔·奥德（Will Ord）。他虽不属于"学会挑战"项目成员，但在促进人们准确解读和理解该模型方面做的工作比我认识的任何人都多。他的幽默感和发现想法本质的能力真令人赞叹不已。

还有罗杰·萨克利夫（Roger Sutcliffe）。那天我听约翰·爱德华兹讲"坑"的概念时，萨克利夫就坐在我旁边。在我早年当老师和培训师的时候，他是一位极好的指导者和鼓励者。还有史蒂夫·威廉姆斯（Steve Williams）。自从我开始写书以来，他在确保我的陈述合情合理、经得起严格检验方面，做得相当出色。如果我能让史蒂夫接受我的看法，我就能让任何人接受。还有马丁·伦顿（Martin Renton），他的评论、提问或下班后的短信总是提醒我，我们是同舟共济的。还有我的老同事保罗·迪尔洛夫（Paul Dearlove）、戴维·金尼蒙特（David Kinninment）、路易斯·布朗（Louise Brown）、迈克·亨利（Mike Henry）和乔安妮·纽金特（Joanne Nugent），他们用多种方式对"坑"的理念进行了相当巧妙的运用和改造。还有海伦·理查兹（Helen Richards），她一直和我同甘共苦，用鼓励和适当的讽刺帮助我脚踏实地，并提出许多改进建议。

还有艾瑟·兰菲尔特（Åse Ranfelt）、彭特·伦纳森（Bengt Lennartsson）、比特·森丁（Bitte Sundin）、博斯·拉松（Bosse Larsson）、卡里·伊莱亚森（Kari Eliassen）、玛丽安娜·斯科克弗尔（Marianne Skogvoll）、伊雯·蒙森（Øivin Monsen）和拉格希尔德·艾萨克森（Ragnhild Isachsen），这些年来我和他们就如何将"学会挑战"翻译成最恰当的丹麦语、挪威语和瑞典语进行了非常愉快的交谈。翻译的细微差别和疑难问题、他们提出的质疑和提供的文化视角，以及我们之间的友谊（这是最重要的），极大地帮助我更好地理解和调整自己的作品。

有一些学校在应用和分享"学会挑战"方面全力以赴，追求卓越。这些学校包括：英国的布鲁德奈尔小学和伯恩维尔初中，以及中洛锡安、诺森伯兰、纽卡斯尔和达勒姆的许多学校，澳大利亚的伊纳尔和坎贝瓦拉学校、玫瑰彩虹幼儿园，新西兰的道格拉斯公园学校、斯通菲尔德学校，挪威弗洛拉市和奥斯市的所有学校，瑞典诺尔雪平市的所有学校，以及美国弗吉尼亚州加入"学校—大学资源网"（SURN）的学校，等等——事实上，太多了，难以一一列举。这些学校从容不迫地接受了"学会挑战"，在此我要说声"谢谢"，感谢你们让所有努力变得有意义。

> 在网上搜索"学习坑"，你会发现"学会挑战"被用来支持和吸引世界各地学习者的数百种方式。

最后，我要对"挑战性学习"的优秀团队致以最衷心的感谢，特别是海伦、吉尔、露西、马克和萨拉，以及 Corwin 出版社的阿里尔·巴特利特。他们在方方面面都做得极为出色。

Corwin 出版社感谢以下审稿人的审读意见和指导：

约翰·阿尔马洛德（John Almarode）
美国弗吉尼亚州哈里森堡市詹姆斯·麦迪逊大学教育学院教育学教授
STEM 教育和拓展中心联席主任

西蒙·菲西（Simon Feasey）
英国蒂斯河畔斯托克顿集镇索纳比巴德小学校长

凯利·菲茨杰拉德（Kelly Fitzgerald）
美国得克萨斯州利安德市劳斯高中教学教练

巴布·皮奇福德（Barb Pitchford）
Corwin 出版社作者/顾问

米歇尔·托马斯（Michele Thomas）
英国威尔士彭布罗克郡彭布罗克码头社区学校校长

重要术语

以下术语在本书中的用法如下：

ASK 模型（ASK Model）：布卢姆教育目标分类学的现代版本。它将焦点集中在态度、技能和知识上。

态度（Attitudes）：对某事物的倾向或偏好。在学习方面，我们会尽量鼓励心怀好奇、坚决果敢、思想开放等态度。

辅导（Coaching）：一种提问、挑战、鼓励和引导学习者的教学方法。

认知冲突（Cognitive Conflict）：广义上指当一个人面对与之前的信念和想法相矛盾的新信息时产生的心理不适。

概念（Concept）：根据人们普遍接受的特征将事物组合在一起的一般观念。

建构（Construct）："学会挑战"第三阶段的简略说法。在这个阶段，参与者通过连接、解释、检查模式和关系来建构意义。

CRAVE 提问（CRAVE Questions）：受苏格拉底传统启发的提问技巧框架。

文化（Culture）：一群人的典型行为和信仰。用于培养积极的反馈文化。

对话（Dialogue）：交谈和探究。对话将交谈的社交能力与提出问题和创建答案的技能结合起来。

EDUCERE："education"（教育）一词的拉丁语词根。在本书中，我们把它作为七种思维——参与（Engage）、渴望（Desire）、理解（Understand）、创造（Create）、探究（Explore）、推理（Reason）、评估（Evaluate）的首字母缩写。

顿悟（Eureka）：这个词来源于希腊语，意思是"我找到了"。学生从"坑"里爬出来时感到豁然开朗，那么顿悟时刻就到来了。

固定型思维模式（Fixed Mindset）：来自卡罗尔·德韦克（Carol Dweck, 2006,

2012，2014）的著作。思维模式是人的一种自我认知或自我理论。固定型思维模式指的是一种信念，即相信天赋或多或少是由基因决定的。

概括（Generalization）：以一组明确的共同特征为基础的陈述。

成长型思维模式（Growth Mindset）：同样来自卡罗尔·德韦克的研究，指的是一种信念，即相信天赋是后天培养的，而不是与生俱来的。

知识（Knowledge）：对事实、真理或原理的了解。通常认为它与理解相差一步——"理解"是指一个人能够建立联系、做出解释和评估。

学习焦点（Learning Focus）：强调质疑、挑战、努力变得更好和打破个人最好成绩。这与依赖成绩、成就和击败他人的表现焦点形成了鲜明对比。换句话说，学习焦点是内在的，而表现焦点是外在的。

学习意图（Learning Intention）：在一节课或一系列课程结束时，学生应该知道、理解或能够做什么。

学习区（Learning Zone）：教学目标模型（Teaching Target Model），相当于维果茨基的最近发展区。

元认知（Metacognition）：字面意思是"有关思考的思考"，是反馈的重要组成部分。它鼓励学生思考自己是如何给予和接受反馈的，以及反馈信息是什么。

表现焦点（Performance Focus）：表现焦点注重成绩、成就和击败他人。这与强调质疑、挑战和打破个人最好成绩的学习焦点形成了鲜明对比。

坑（Pit）：一种比喻，用来形容一个人在头脑中同时产生两个或两个以上相互冲突的想法或观点时的混乱状态。

潜在能力（Potential Ability）：学生能力发展的可能性。它代表了最近发展区的极限。

预习（Preview）：让学生在课前提前了解将要学习的内容。这使他们能够提前做好准备，其影响可能是相当积极的。

过程（Process）：导向学习目标的行动。在教授学生如何学习和学习什么时，注重过程尤为重要。

反思（Reflection）：认真思考或斟酌一个想法、观念或反应。

自我调节（Self-Regulation）：一种控制冲动、战略性规划、三思而后行的能力。

自我评价（Self-Review）：学生给自己的反馈。

特殊教育需求（Special Educational Needs，简称 SEN）：对患有自闭症、唐氏综合征、注意缺陷多动障碍等疾病的学生的统称。

技能（Skills）：在任何特定的环境中，为获得理解、完成任务而开展必要过程的能力。

SOLO 分类法（SOLO Taxonomy）："可观察的学习结果的结构"模型（Structure of Observed Learning Outcomes）的首字母缩写。该模型描述了对学习内容的理解不断复杂化的程度，最初由约翰·比格斯（John Biggs）和凯文·科利斯（Kevin Collis）提出。

成功标准（Success Criteria）：学生达成学习意图所需的关键步骤或因素。包括要做、涉及或关注的主要事情。

分类学（Taxonomy）：代表教育过程预期结果的一种分类法。

理解（Understanding）：理解者的心理过程。它包括解释原因、结果和意义的能力，以及理解模式及其相互关系的能力。

摇晃器和摇晃不定（Wobblers and Wobbling）：描述认知冲突状态的易于使用的术语。

最近发展区（Zone of Proximal Development）：列夫·维果茨基用来描述介于实际发展和潜在发展之间的区域。

第一章
导论

> 就学生的思想而言,学校能够或需要为他们做的一切……就是培养他们的思考能力。
>
> ——约翰·杜威
> （John Dewey）

1.0 本章概览

本章的要点包括：

1. "学会挑战"鼓励学生研究矛盾和不确定因素，这样他们就可以更深入地理解自己在想什么。

2. "学会挑战"是学生更准确、更广泛地谈论和思考自己学习的参考框架。

3. "学会挑战"的核心是"坑"。当一个人对试图理解的事情产生了一系列悬而未决的、相互矛盾的想法时，这种状态就被称为"入坑"。

4. 学生没有想法的时候就没有入坑。入坑就意味着产生了许多尚未分类的想法。

5. "学会挑战"旨在帮助学生走出舒适区，从而探索更有意义、更持久的见解。

1.1 引入

"学会挑战"旨在帮助学生思考和谈论自己的学习。在某种程度上,它是维果茨基(1978)的最近发展区适合儿童的表达,因为它描述了从实际理解到潜在理解的转变。它有助于培养成长型思维模式(Dweck,2006),促使人们探索其他选择和矛盾之处,鼓励学生走出舒适区。

"学会挑战"不仅适用于所有学龄段的学生,也适用于成年人。最初,我开发这个模型的目的是帮助9—13岁的孩子理解不确定性在学习中的作用,后来我又将它的应用范围扩大到3岁以上的任何人。尽管直到2010年我的第一本书《挑战性学习》出版时这个模型才正式公布,但自20世纪90年代末以来,它已经在诸多教育会议和工作坊中广为流传。从那时起,它就激发了教育工作者、学生和家长的想象。它被收录进许多期刊、文章和书籍中,出现在世界各地许多教室的墙上,甚至登上了英国的《金融时报》(*Financial Times*;Green,2016)。

我认为"学会挑战"之所以受欢迎,是因为它使学习更有吸引力、更持久。从许多人告诉我的情况来看,这确实是一个关键原因。当然,这并不能解释整个故事。其他原因包括:它能够与约翰·哈蒂的《可见的学习——最大程度地促进学习(教师版)》(*Visible Learning for Teachers: Maximizing Impact on Learning*;Hattie,2011)和卡罗尔·德韦克的《终身成长:重新定义成功的思维模式》(*Mindset: The New Psychology of Success*;Dweck,2006)两本书很好地兼容;它有助于解释并发展SOLO分类法(Biggs & Collis,1982),还是构建"儿童哲学"和其他对话方法的有效途径。它可以引导元认知问题,比如,"我最终的答案与我早期的想法相比如何?""这次哪种策略对我最有效?""下次我在哪些方面可以做得更好?"它还为谈论和思考学习提供了丰富的语言和框架。

也许"学会挑战"受欢迎的主要原因是它简单易行,学校里最年幼的学习者也能听得懂;但它又足够复杂,足以让水平最高的学生感兴趣。虽然这也可能是一把双刃剑,导致人们产生一些"有趣的"误解,但既简单又复杂确实是"学会挑战"能够为如此多的人所接受的部分原因。

与许多模型一样,"学会挑战"起初并非你在

> "学会挑战"与约翰·哈蒂的"可见的学习"、卡罗尔·德韦克的"成长型思维模式"、马修·李普曼的"儿童哲学"以及比格斯和科利斯的"SOLO分类法"能很好地兼容。

本书中看到的模样。事实上，它最初是作为"教学目标模型"而存在的（见图1.1）。

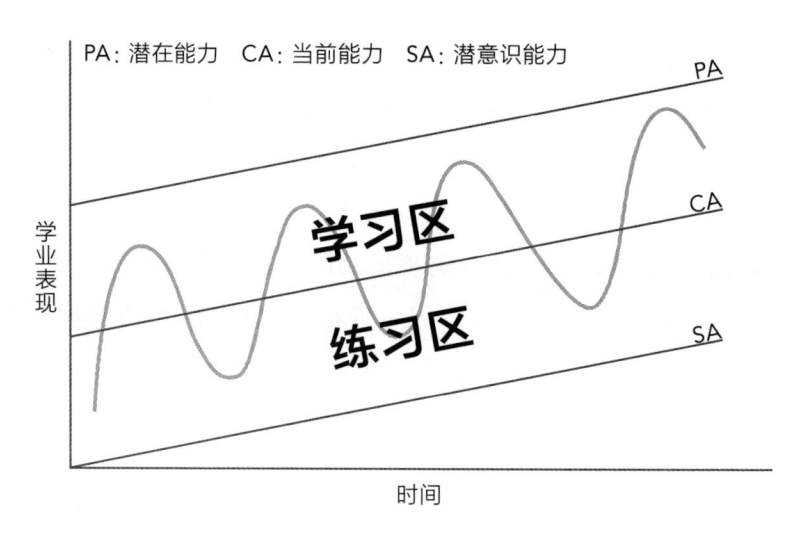

图 1.1 教学目标模型

在教学生涯早期，我创建了教学目标模型，向学生解释什么是进步。我是这样向他们解释的：

CA 线代表当前能力。这是你能够独立完成的上限。

SA 线代表潜意识能力。这是你能够自动完成的，是你不用想就能做的事，比如拿笔、正常行走、说出你的名字等。

PA 线代表潜在能力。这是你超越自己的舒适区所能达到的高度。通常来说，你需要接受挑战、获得支持才能够进入下一个发展阶段。

> "学会挑战"最初是作为"教学目标模型"而存在的，它本身就是对维果茨基最近发展区的说明。

学习骑自行车就是一个很好的例子。你骑的第一辆自行车后面很可能装有平衡器或训练轮。虽然你一开始也许会觉得很奇怪，但毫无疑问你很快就能掌握踩踏板的窍门，不久你就能轻松驾驭带有平衡器的自行车了。这种行为就处于我们所说的"练习区"。你不需要刻意去想，一上车就能把它骑走。

之后，家人会建议你把平衡器拿下来。这样一来会发生什么？你会摇来晃去，摔下车又爬上去。你可能会抱怨：既然有平衡器的时候更好骑，为什么要把它拿下来？尽管如此，你还是在家人的鼓励下坚持下去，直到最终掌握了骑车的窍门。在摇晃不定、感觉没把握、怀疑自己是否会成功的那段时间里，你一直处于"学习区"。最著名的教育心理学家之一列夫·维果茨基将这一区域称为"最近发展区"，但我们称之为"学习区"（如果你喜欢的话，也可以称之为"摇晃区"）。

这就是学习的全部：摇晃不定。如果你正在做你已经可以做的事情，那么你就是在练习，而学习需要你走出舒适区，超越你的当前能力（CA），尝试那些会让你摇晃不定的事情。待在舒适区稳扎稳打，做你已经会做的事情，这样可能会得到正确答案并完成工作。但我常常提醒学生，我们在这里是一起学习的，而不仅仅是一起做事的。所以我鼓励你抓住每一个机会去超越你的当前能力，并做好摇来晃去的准备。如果你正在摇晃不定，那么你就是在学习。如果你在学习，那么你就会茁壮成长。

> 学生一旦走出舒适区，就会开始摇晃不定。

学生对这个模型的反应一般都很好。他们能够感受到，去冒险、去尝试新鲜事物和犯错都是被允许的。这与他们先前在校园生活中形成的一种普遍观念——最重要的是把事情做对，即使这意味着他们要谨慎行事、做更容易的选择——形成了鲜明的对比。当然，我希望他们把事情做对，但我也希望他们学习。所以，如果要在做对事情和从错误中学习这两者之间做出选择，那么我无疑会选择后者。

然而，"教学目标模型"的一个缺点是，我用一系列波峰和波谷来表示练习和学习之间的运动（如图1.1所示）。学生通常会把它理解为一连串的高山和峡谷，而山顶代表了学习过程中最不稳定的部分。虽然这种理解在很多方面都是没什么问题的，但我就是觉得有些不太对劲儿。一方面，我试图用这个模型让学生相信，学习往往会让人感到模棱两可和含糊不清，但另一方面，它也会让学生回忆起攀上真正的山顶时常常会产生的成就感和满足感。

> "坑"会让人产生不确定和不舒服的感觉，而站在"山顶"会唤起成就感和兴奋感。这就是学习的"坑"比学习的"山"更有效的原因之一。

所以我知道必须改变，但我不确定该怎么做。

后来，我在听到约翰·爱德华兹谈论"坑"（参见"致谢"部分）时恍然大悟。我只需要把"教学目标模型"颠倒过来，把摇晃点变成一个坑，而不是一座山！这样一来，学习的不确定性和风险就可以用一个坑而不是一座山来表示。因此，"学会挑战"就演变为你今天看到的模型，它的核心正是一个"坑"（见图1.2）。

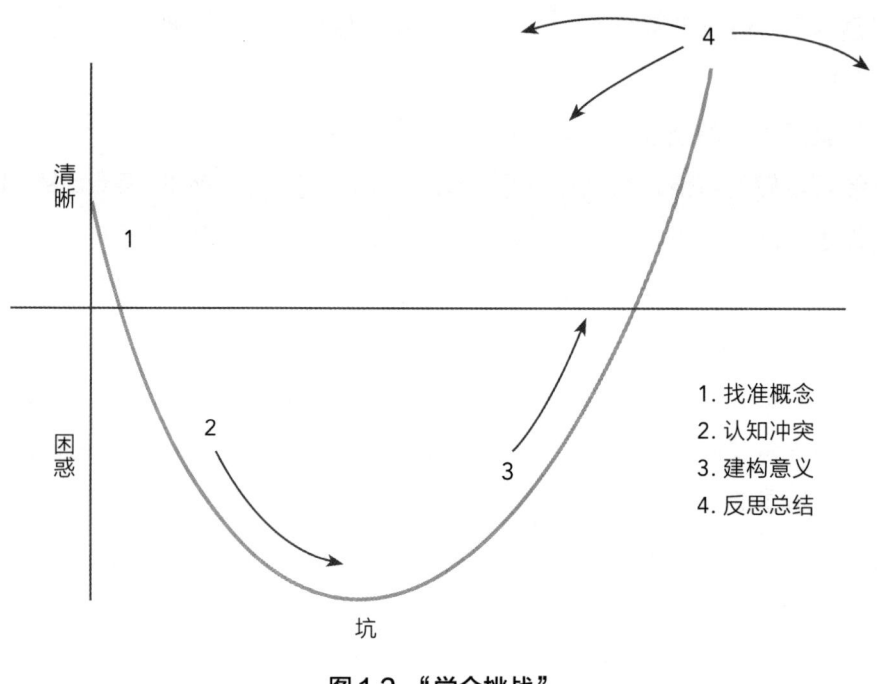

清晰

困惑

坑

1. 找准概念
2. 认知冲突
3. 建构意义
4. 反思总结

图1.2 "学会挑战"

1.2 "学会挑战"快速指南

"学会挑战"倡导挑战、对话和成长型思维模式。它为参与者提供了思考和谈论自己学习的机会。它鼓励深度探究，使学习者从表层知识走向深度理解。它鼓励学习者对因果关系和影响进行探索，对意义进行解释和比较，对细节进行分类和排序，对模式进行识别和分析。它可以培养学习者的修复力、决心和好奇心，还可以培育他们对学习的热爱。

> "学会挑战"旨在鼓励学生（即赋予学生勇气），让他们更好地了解自己和他人，以便清晰地思考，形成洞察力，进而更清楚地意识到自己是谁，自己的立场是什么。正如我的一个学生曾经说过的："在思考之前，你怎么知道你在想什么？"

"学会挑战"的核心是"坑"。当一个人处于认知冲突的状态时，也就是说，当一个人产生了两个或两个以上对他们来说都有意义，但经过比较似乎又相互冲突的想法时，我们就可以说他已"入坑"。

> 入坑代表着一个人处于认知冲突的状态。

有意识、有策略地在学习者的头脑中制造一种认知冲突的状态，是"学会挑战"的核心。以下示例是"学会挑战"中常见的认知冲突：

- 我相信偷窃是错误的，但我也相信侠盗罗宾汉做了好事。
- 告诉孩子奇数不能被平分，但三块蛋糕却可以被平分给两个朋友。
- 我认为杀死动物不人道，但我也吃肉。
- 幼童不应该和陌生人说话，但如果他们迷路了，我们却建议他们向警察或商店工作人员求助。

> 当一个人的头脑中同时产生两个或两个以上相互矛盾的想法时，认知冲突就会发生。

- 液体是一种可以自由流动的物质，沙子也能流动，却不是液体。
- 学生知道学习会帮助人们提升，但往往看不到学得更多的意义。
- 说谎不是一件好事，但写虚构的故事却被认为是好事。两者有什么区别呢？
- 食物是一种提供能量的物质，然而许多提供能量的东西（如阳光、鼓励）通常不被视为食物。
- 英雄是代表他人去冒险的人，但恐怖分子也是如此。
- 伸张正义是一件好事，而复仇被看成一件坏事。两者似乎都是为了找人算账，有什么区别呢？

- 在学生进行讨论时,我们希望他们尊重别人的想法。然而对于那些极端的观点,也许我们不应该给予尊重。

人们在思考这样一些认知冲突的例子时,就会入坑。在第五章和第十章中我们会举更多认知冲突的例子。

> 需要特别注意的是,当学习者没有想法的时候,他们就没有入坑。入坑代表着从只有一个单一的、基本的想法,过渡到产生多个尚未被分类的想法的情况。当学习者有目的地探索自己或他人思想中的不一致、例外和矛盾,以发现更丰富、更复杂的理解时,这种情况就会发生。

> SOLO 分类法可以帮助你理解"学会挑战"(反之亦然)。

用 SOLO 分类法的术语来表达,"入坑"代表学习的多点结构阶段,而"出坑"则代表学习的关联阶段(见 1.3.7 节和 9.1 节)。

这就是"学会挑战"的意义:让学习变得更具挑战性、更发人深省。换句话说,就是让人入坑!尽管这看起来有些反常,尤其在课程压力不断增加的情况下,但借助挑战,学习者将提高修复力和自我效能,并找到在学校内外学习所需的各种策略。在坑里,学生也将更深入、更具批判性、更有策略地思考。

"学会挑战"通常分为以下四个阶段:

> "学会挑战"的阶段 1 至阶段 4 直接对应 SOLO 分类法的阶段 1 至阶段 4。

阶段 1:找准概念

"学会挑战"始于一个概念。这个概念可以来自媒体、对话、观察或课程。对于你希望学生探索的概念,只要一些学生有最起码的了解,那么"学会挑战"就可以发挥作用。第一个阶段相当于 SOLO 分类法中的单点结构阶段(Biggs & Collis, 1982)。

阶段 2：认知冲突

"学会挑战"的关键就是在学生的头脑中创造认知冲突，让他们入坑。正是这种刻意制造的困境，让"学会挑战"成为挑战与探究、推理与理性的最佳范例。阶段 2 相当于 SOLO 分类法中的多点结构阶段和关联阶段（Biggs & Collis，1982）。

阶段 3：建构意义

在坑里待了一段时间后（我故意笼统地说"一段时间"，因为这取决于具体情况），学生将开始建立联系并建构意义。他们会通过琢磨各种选择、把想法联系起来、解释因果关系来做到这一点。这通常（虽然不总是）会让他们产生灵光一现的感觉，进而豁然开朗。这种顿悟是他们为穿越学习坑所付出的努力如此值得的原因之一。

阶段 4：反思总结

顿悟之后，学生应该反思自己的学习之旅。他们可以考虑自己如何从产生简单的想法（阶段 1）到识别更复杂、更具冲突性的想法（阶段 2），再到更深入地理解所有这些想法之间的相互关联（阶段 3），以此来做到这一点。现在到了阶段 4，他们可以思考将自己的新理解关联不同情境并加以应用的最佳方法。"学会挑战"的最后阶段相当于 SOLO 分类法中的拓展抽象阶段（Biggs & Collis，1982）。

1.3　基本价值观

许多价值观和信念为"学会挑战"打下了基础，下面我将谈谈最重要的几个。

1.3.1　挑战让学习变得更有趣

"学会挑战"的核心是这样一种信念：挑战使学习变得更加趣味盎然、更有价值。这与让学习变得更简单、更基础形成了鲜明对比。后者有一定的作用，但在很多时候并不理想。

> 将挑战与增加事情的难度联系起来可能会让人反感,而将挑战描述为让事情变得更有趣会对学生更有吸引力。

为了说明这一点,请比较图 1.3 所示的两条道路。正如你所看到的,左边的路是笔直的,你可能很快就会到达目的地,而右边的路障碍重重,你需要付出更大的努力才能达到目标。当然,如果你很赶时间,显而易见,你应该选择左边那条路。

图 1.3 挑战之路

> "学会挑战"鼓励参与者选择具有挑战性的道路。

> 选择更具挑战性的道路会促使人进行更具批判性、创造性和协作性的思考。

但如果让你选一条最有趣的路,你会选哪一条?哪条路看起来更引人入胜、更发人深省?哪条路最有可能促使你与他人讨论前进的最佳策略?哪条路最有可能让你兴致勃勃地想要回顾与重温?当你最终达到目标时,哪条路会给你最大的满足感?几个月甚至几年之后,你最有可能因自己曾付出了努力而想起哪条路?

希望你对这些问题的回答都是"右边那条"。如果不是这样的话,我要做的就不只是指导,还有说服的工作了！

这个比喻是描述"学会挑战"之旅的一种方式。接受"学会挑战"并穿越学习坑，就相当于选择了右边那条路。

> "学会挑战"提倡更严谨、更具探索性的学习路径，以此加深学生对概念的理解。

我不会在所有情况下或每节课上都提倡这种学习方式。在许多情况下，一个简单的答案就足够了。但我确实认为每个学生都应该经常参与"学会挑战"，这样他们就会像盖伊·克莱斯顿（2002）所说的那样："锻炼学习的肌肉。"

1.3.2 对话促进学习

> "学会挑战"依靠的是高质量的对话。在最好的情况下，对话是学习如何思考、如何说理、如何做出合乎道德的决定以及如何理解他人观点的最有效工具之一。它非常灵活，具有指导性、合作性和严谨性。如果做得好，对话可以成为参与者养成良好思维习惯的最佳方式之一。

对此，我和我的合著者在《通过对话挑战学习》（2017）一书中进行了更深入的探讨，这本书提到罗宾·亚历山大教授（Robin Alexander，2010）发现了以下几个事实：

1. 在许多学校，与写作、阅读和数学相比，对话被低估了。
2. 对话不会妨碍真正的教学。事实上，通过比较国际学生评估项目（PISA）和其他国际化

> 最好的情况是，"学会挑战"引发了参与者之间以及参与者与自己的高质量对话。

测试，他发现既利用对话教授更多内容，又在测试中保持好的名次是有可能的。

3. 对话是学习的基础，因为它允许学习者与知识和他人的思想进行互动、建立联系。通过对话，教师可以及时给予学习者反馈、指导和激励，从而最有效地干预学习过程。

4. 教育对话是一种特殊的对话形式，它使用结构化的提问来引导和促进学生理解概念。

"学会挑战"包括上文所述的这种具有反思性、相互尊重的对话。参与者关注的重点是相互挑战，提出适当的问题，阐明问题和议题，想象生活的可能性，预判事情的发展方向，评估备选方案，与他人互动和协同思考。

> "学会挑战"引发的对话促成了观点的社会建构。

我们还可以从理解的共同建构来描述这一点。许多理论家都提出过共同建构的思想，最著名的是列夫·维果茨基（1978）和杰罗姆·布鲁纳（Jerome Bruner，1957）。共同建构的观点可以用以下主要特征来描述：

- 学习和发展是一种社会性的、协作的活动。我们不是在真空中学习，而是通过模仿和与他人互动来学习。
- 社会建构与现实生活联系在一起，因为它关注的是与参与者密切相关的重要问题。
- 学习具有社会情境；参与者相互学习，并影响彼此的学习。

"学会挑战"也是如此。共同建构的这些特征可以用来辨别基于"学会挑战"或涉及"学会挑战"的课堂。

1.3.3 我们都会犯错

"学会挑战"鼓励所有参与者，包括教师或推动者，坦诚面对自己的错误，主动探索自己思维中的缺陷，以便一起学到更多东西。这意味着，在整个对话中，"我不确定""可能""也许"和"我想知道"这样的表达都应该得到鼓励。

在一些人看来，这类表达显得无知或缺乏主见。然而，在"学会挑战"的背景下，它们却能够彰显我们开放思想和检验假设的理想。

正如伯特兰·罗素（Bertrand Russell，1933）在一篇哀叹纳粹主义崛起的文章中所写的那样："问题的根本原因在于，在现代世界中，愚蠢的人自信满满，聪明的人则疑心重重。"又如爱尔兰著名诗人叶芝（W. B. Yeats，1919）在《再临》（*The Second Coming*）中所写："最好的人丧失了所有的信念，最坏的人充满了狂热的激情。"

> "学会挑战"依赖于开放思想的价值观和向他人学习的意愿。

因此，当你让学生参与"学会挑战"时，请鼓励并树立开放思想和不懈探索的价值观，因为它对这种方法的成功至关重要。

与这些理想密切相关的是这样一种观念：最终可能不会有一个公认的"正确"答案。虽然在大多数情况下，可以达成某种形式的一致意见，但有时，特别是在比较开放的哲学问题上，在特定的时间内无法达成令人满意的结论。但这并不是说这种经历没有多大价值，对此我们将在下一节中探讨。然而，值得一提的是：

> 有时参与"学会挑战"的人会跌进坑底爬不上来！他们不应该为此感到沮丧，也不应该产生被抛弃之感，因为可能还有其他人与他们一起入坑。相反，他们应该为发现了人生中一个尚未解决的重大问题而感到振奋。

1.3.4 过程与结果同样重要

学习的过程往往比得到正确的答案更重要，特别是在"学会挑战"的课堂上更是如此。"学习焦点"强调质疑、挑战、努力变得更好和打破个人最好成绩。与之相对的是取决于成绩、成就、展示自己的能力以及击败他人的"表现焦点"。

正如许多教师和学生证明的那样，太多学校主要关注表现（"分数才是最重要的"）。然而，表现的提升源于对学习的关注，而学习的发生并不总是

> 通过提问和挑战对方的想法而入坑的过程，是"学会挑战"关注的重点。得到答案是次要的。

源于对表现的关注。

> 如果你和学生专注于学习，那么他们的成绩也会提高。然而，如果你和学生只关注成绩，那么在学习的过程中他们可能会错过丰富的学习机会。

这就是为什么在"学会挑战"中，过程比得到正确的答案更重要。当然，理想的状态是，你能让学生深度参与学习，并帮助他们得到满意的答案。但如果学生坠入坑中还没出来，你也不用担心，这并不意味着他们没有从中获益。只要你不断鼓励他们超越最初的答案去寻找其他的解释，不断问"为什么""如果……会发生什么"这样的问题，不断把问题看作学习过程的一部分而不是敬而远之，不断建立联系、找到整体与部分的意义、寻找将想法迁移到其他情境的方法，他们就会提高自己的能力，而不是简单地证明自己得到了正确的答案。

1.3.5 哈蒂的学习心智框架

约翰·哈蒂目前是墨尔本教育研究所的荣誉教授和主任。他对数千项与学习有关的研究进行了开创性比较，因此闻名于世。他在影响深远的著作《可见的学习：对800多项关于学业成就的元分析的综合报告》(*Visible Learning: A Synthesis of over 800 Meta-analyses Relating to Achievement*；Hattie，2009)中，对800多项元分析中的138个影响因素进行了排序，其中涉及超过5万项教育研究。在后续著作《可见的学习——最大程度地促进学习（教师版）》中，他将影响因素列表更新为150个。后来他又在《可见的学习在高等教育中的应用》(*The Applicability of Visible Learning to Higher Education*；Hattie，2015)一书中，将列表更新为195个，比较了有关学习和成绩的影响因素的1200多项元分析。

在所有这些颇具影响力的研究中，有一个与学习的信念有关，哈蒂称之为"心智框架"(Mindframes)。到目前为止，哈蒂已经提出了十个心智框架。其中，"学会挑战"可以做出贡献的有以下几个：

> **我喜欢挑战**。哈蒂认为，我们应该让学生认识到挑战的好处。他发现，我们中太多人急于帮助学生，可是鼓励学生坚持不懈、从错误中吸取教训则是更好的做法。这个想法正是"学会挑战"的核心。

我参与积极的人际关系。哈蒂的研究表明，师生关系对学习的影响几乎是平均效应量的两倍。无论是师生关系还是生生关系，往往都会在共同穿越学习坑的过程中得到改善。的确，这是齐心协力的社会效应，也是教师和领导者在学生参与"学会挑战"后注意到的第一个好处。

我采用学习的语言。哈蒂发现，专注于学习（而不是专注于教学）与提高教育成果之间存在很强的关联。"学会挑战"为学生提供了一个机会，让他们以一种更易掌握、更实用的方式谈论非常抽象的学习概念。例如，入坑是对认知冲突或认知失调的简略表达，出坑是谈论社会建构的一种方式，而反思学习过程是让元认知策略成为课堂日常对话一部分的一种途径。

我参与对话，而非独白。"学会挑战"建立在通过对话进行挑战的基础之上。有的时候这种对话是内部的，更多的时候则是学生之间、师生之间进行的人际探索性交谈。他们谈论的是学习的概念、策略和态度——所有这些都是教育成功的基石。

我将学习视为一项艰苦的劳动。"学会挑战"通过增加学习的难度，让学习变得更有吸引力、更持久。它往往使用一个看似简单的概念，并以一种诱导和吸引学生的方式来揭示概念的复杂性。在探讨几个概念之间细微差别的过程中，学生最终会产生顿悟，从而相信努力是值得的，相信学习越困难就越能让人获得满足感。事实也正是如此。

> **我谈论的是学习而不是教学**。"学会挑战"重新聚焦于学习——学习什么、与谁一起学习和为什么学习。它为所有参与者（教师和学生）提供了一种丰富而通俗易懂的语言，以便他们能够更好地讨论学习。

1.3.6　德韦克的成长型思维模式

卡罗尔·德韦克是斯坦福大学刘易斯和弗吉尼亚·伊顿心理学教授。她的畅销书《终身成长：重新定义成功的思维模式》已经卖出了100多万册。2009年，她因在教育心理学领域的杰出贡献而获得了"爱德华·李·桑代克职业成就奖"。之前的获奖者有B. F. 斯金纳（B. F. Skinner）、本杰明·布卢姆（Benjamin Bloom）和让·皮亚杰（Jean Piaget），真是群贤毕集！

> 学生越多地经历"学会挑战"，就越有可能培养成长型思维模式。

她的研究重点是人们对天赋和智力所持的信念，以及这样的思维模式如何影响行为。她探究了人们形成不同思维模式的原因，以及这些不同信念对动机、修复力和成功的影响。

在几十年的研究中，德韦克教授描述了两种截然不同的思维模式：固定型思维模式和成长型思维模式。具有固定型思维模式的人认为天赋和智力是与生俱来、相对稳定的。他们会说"我只擅长这个，不会做那个"，或者"我天生擅长语言，但是一点儿也没有音乐细胞"。换句话说，拥有固定型思维模式的人要么相信你行，要么相信你不行，泾渭分明。

另一方面，具有成长型思维模式的人认为天赋和智力是靠后天培养的。他们不否认基因的作用，但认为天性只是起点，而不是决定性的品质。因此，拥有成长型思维模式的人可能会说："我有写作天赋，然而我尚未真正努力去学习一种乐器。"注意"尚未"这个词，这是一个在学习的语境中非常掷地有声的词。事实上，德韦克于2014年所做的TED演讲的题目就是"'尚未'的力量"（*The Power of Yet*）。该演讲的播放量已达500万次，我很荣幸将它介绍给大家。

> 拥有成长型思维模式的人更有可能享受挑战、投入学习、走出舒适区。

表1.1展示了固定型思维模式和成长型思维模式的一些差异，你在阅读的时候请注意，在"学会挑战"课堂上，我们鼓励和教导的是成长型思维模式的态度与行为。

表 1.1　固定型思维模式和成长型思维模式的比较

	固定型思维模式	成长型思维模式
信念	智力和能力是固定不变的，都是与生俱来的。	智力和能力是可以提高的，受到养育的极大影响。
优先考虑	证明自己，回避失败。	提升自己，吸取教训。
对挑战的反应	感到无能或自卑时，通过提升自我认同感的活动来获得心理补偿。	跃跃欲试，寻求建议、支持或新的策略。
座右铭	如果你真的很擅长某件事，就不需要尝试。 不用太努力，这样如果出了问题，你就有借口了。	无论你对某件事多擅长，总有可以改进之处。 不断努力，这样才有更多的机会取得成功和进步。

> "学会挑战"特别关注努力、尝试、冒险、寻找新策略、听取建议、寻求挑战、质疑自己与他人、坚持不懈和取得进步。所有这些都是成长型思维模式的基本态度和行为。

1.3.7　SOLO 分类法

SOLO 分类法代表"可观察的学习结果的结构"。它由约翰·比格斯和凯文·科利斯在《评估学习质量：SOLO 分类法》(*Evaluating the Quality of Learning: The SOLO Taxonomy*；Biggs & Collis, 1982)一书中首次提出。SOLO 分类法是一种根据复杂性对学习进行分类的方法，它反过来有助于我们确定学生理解的质量和深度。

> SOLO 分类法和"学会挑战"能够很好地兼容。

> 许多人使用 SOLO 分类法来描述学习者从表层知识到深度的情境性理解的过程，这也是"学会挑战"的一个目标。因此，这两个模型可以完美兼容。

无观点 SOLO 术语：前结构 "学会挑战"阶段 0	这是指学生对你选择的概念或主题毫无所知。在这个阶段，"学会挑战"不会起作用。在你让学生入坑之前，他们至少需要对讨论的概念有所了解。例如，你不可能让 6 岁的孩子陷入像"全球发展"这样复杂的概念坑中，但你可能让他们进入关于友谊或公平的概念坑。
单一观点 SOLO 术语：单点结构 "学会挑战"阶段 1	这是指学生对你选择的概念或主题有了一个想法或至少一套基本观念。在这个阶段，"学会挑战"已经准备好发挥作用了。一般来说，你可以先问这个概念的含义是什么。例如，"什么是朋友？"或"什么是全球发展？"只要有些学生（而不仅仅是那些非同寻常的学生）能够就概念的一两个事实给出一个合理、准确的答案，那么"学会挑战"就可以启动了。
多个观点 SOLO 术语：多点结构 "学会挑战"阶段 2	这是指学生对讨论的概念或主题产生了很多想法。在这个阶段，学生即使尚未入坑，也已经在朝这个方向前进了。一般来说，你可以帮助他们发现自己所说内容的矛盾之处或存在的问题，从而鼓励学生进入这个阶段。例如，"你说朋友是你认识的人，但你认识的很多人却不是你的朋友，不是吗？"或"如果全球发展水平等同于财富，那么那些儿童贫困程度较高的富裕国家呢？它们也同样发达吗？"
连接观点 SOLO 术语：关联 "学会挑战"阶段 3	这是指学生开始把自己的诸多想法联系在一起，并理解彼此之间的关系。用"学会挑战"的术语来说，这是学生建构理解、获得顿悟的时刻。有了豁然开朗的感觉，发现了学习的意义，学生就会获得成就感，他们的答案也明显更准确、更完善。
反思总结和归纳观点 SOLO 术语：拓展抽象 "学会挑战"阶段 4	这是指学生将自己的理解拓展并应用到新的情境中。用"学会挑战"的术语来说，这是学生希望将自己的新发现与过去的知识结合起来，以便更好地理解全貌的阶段。在这个阶段，他们还会根据自己的理解进行创新和创造性应用。

我们将在第九章深入探讨"学会挑战"和 SOLO 分类法之间的进一步联系。

1.3.8 学习的语言

> "学会挑战"的一个关键优势是，它能够用学生容易理解的语言来描述抽象概念，如元认知、定量学习、定性学习和认知冲突。

例如，大多数老师都学习过维果茨基（1978）的最近发展区，但是有多少学生会将维果茨基的术语挂在嘴边呢？然而，在"学会挑战"中，即使是最小的学龄儿童，也能在处于最近发展区时说："我掉进坑里啦！"

> "学会挑战"的语言简明易懂，有助于学生自发而真诚地谈论学习。

以下示例展示了"学会挑战"的参与者常用来帮助自己描述抽象学习概念的语言。

摇晃不定、摇晃器、入坑：用来描述认知冲突状态的便于使用的术语（见5.4.1）。

概念担架：用来描述对概念的含义和概念的应用提出质疑的行为（见5.6）。

脚手架：参与者用来理解学习的各种策略和工具的统称（见6.3）。

顿悟：一个人在努力工作后达到的豁然开朗的状态（见6.5）。

阶段1：一种不带偏见地描述概念的方式，涉及基础的、表层的知识（见9.1）。

阶段2："我入坑了"的另一种说法（见9.1）。

阶段3：表明学习从定量阶段到定性阶段的过程（见9.1）。

阶段4：表明参与者正在对学习旅程进行元认知回顾（见9.1）。

拆封：用来描述对概念或想法的潜在或隐藏方面的研究。

1.3.9 学习的结构

"学会挑战"之所以受欢迎，最常见的原因之一在于，它是一种规划和实施具有挑战性的、基于对话的课堂的有用工具。

当我还是一名新手教师的时候，我曾一次又一次地被告知课堂对话有助于

> "学会挑战"为对话提供了一个便于教师仔细规划课堂的结构。

学生学习。20多年后，看到哈蒂的研究，我发现这个建议无比正确：在"可见的学习"影响学业成就的因素中，课堂讨论排名第十，其效应量为0.82，相当于平均效应量0.4的两倍（Hattie，2015）。

然而，那时候我对开启任何远程、开放式课程都心存顾虑，因为我害怕无法预测可能会出现的话题或学生可能会提出的问题。我担心自己不知道问题的答案。我也感受到来自学校领导的压力，他们要求我为每节课的每一阶段都制订书面计划。有趣的是，领导们似乎并不乐意接受"和孩子聊聊天，看看会发生什么"的计划。

这就是"学会挑战"背后的驱动因素之一——创建一个框架，既能让我知道课堂的发展方向，又有足够的灵活性，让学生能够去探索自己感兴趣的、与他们密切相关的问题。因此，"学会挑战"让我得以预测一个对话驱动的开放式课堂应具备的阶段。

1. 确定一个关键概念。
2. 询问学生对这个概念的最初想法（通常是简单的、尚未得到充分挖掘的概念）。
3. 通过识别学生回答中的矛盾和例外来形成认知冲突。
4. 让学生通过寻找异同来比较各自不同的观点。
5. 帮助两人小组或多人小组选择一种思维工具，以便他们用来解释、整理和联系想法。
6. 对学生发起挑战，使他们能够对某个概念下一个经得起推敲的定义，以应对"如果"和"怎么样"的问题。
7. 考虑学生如何将最终定义应用于新情境，并反思学习过程。

这样的计划似乎更能使我的领导满意。更重要的是，它让我有信心在课堂上安全地引入对话，因为我很清楚课堂的走向！

第二章我们将更深入地探讨这个循序渐进的计划。

1.3.10 适用于每个人的学习

你可能已经注意到，本章有几处我提到，只要一些学生对关键概念有一定的理解，"学会挑战"就可以发挥作用。这是因为"学会挑战"本质上是合作的，它使参与者产生互相解释和提问的期望。那些最初不确定概念含义的学生更乐意听取更明智的同伴的解释。当然，前提是这些同伴并没有遥遥领先，他们使用的术语或语言不会让人无法理解。值得庆幸的是，除了极其特殊的情况，这种情况往往不太可能发生。如果这种情况确实发生了，那么你可以让处于中间水平的学生帮助落后者和超前者建立联系，并以让人更容易理解的方式解释或提问。在 9.3 和 9.4 节中我们将更深入地讨论。

> "学会挑战"适用于对所选概念有基本理解的所有学生。

事实上，通常是那些对功课不太自信的学生在"学会挑战"的早期课堂上表现得更出色。这并不是说那些成就更高的学生没有受益，只是他们倾向于在开始的几节课上坐在那里观望，权衡再三。或许他们太习惯于在课堂上"把事情做对"，以至于他们对缺乏明显的答案或解决方案的课堂感到困惑。或许他们担心自己在同伴面前显得不够"完美"。不管怎样，在"学会挑战"的课堂上，那些习惯于取得高分的学生往往在一开始畏缩不前，而那些在课堂上比较吃力的学生通常会如鱼得水。

这并不是说"学会挑战"所有人都可以拿来即用。有时候做出适当调整也是必要的。例如，患有自闭症的参与者可能会觉得标准的"学会挑战"方法过于开放和自由。就像任何其他教学策略一样，我们应该运用自己的专业判断和经验来调整这些方法，以便为所有学生提供积极和有益的学习体验。我曾工作于主流教育环境，也在特殊教育环境中教过书，我知道有时这做起来并不容易，却并非不可能。如果我们做对了，师生都将获益匪浅。我们将在 9.3 节中讨论这一点。

> "学会挑战"有时需要为有特殊教育需求的学生做出调整。9.3 节将进一步讨论。

1.4 "坑"是"学会挑战"的核心

我遇到的一小部分人说他们喜欢"学会挑战"，但不希望它使用"坑"这个

> "坑"这个想法完全符合挑战往往令人不安且不合常规这一特点。

概念。他们认为这似乎听起来过于消极。还有翻译方面的问题，因为有些语言中没有对应英文"pit"的词。这导致许多有趣变体的出现，如金矿、黑洞，甚至还有挂在旧炉灶上的铁锅。而在瑞典语中，对应"pit"的是一个粗鲁的词！

在本部分中，我将简要解释为什么"坑"这个术语和概念的使用是合理的，以及为什么我认为它是最有效的。

> "学会挑战"的目的是让参与者走出他们的舒适区。这是一个深思熟虑的战略目标。它不是偶然的，也不是捎带着做的事情。"学会挑战"的目的就是让他们走出熟悉的世界，去探索那些既不轻松也令人不那么舒服的想法和经历。这就是"坑"的想法如此有效的原因。

当学生入坑时，你应该预料到他们会感到不舒服。我不是说焦虑，也不是说过度紧张或害怕。我指的是满足的反义词。我的意思是刺激——在激励下更多地思考，更多地尝试，更多地质疑。这就是"学习山"或"烹饪锅"的想法并不奏效的原因——它们都不能唤起"学会挑战"试图创造的感觉或情境。"坑"之所以管用，是因为它虽让人感到不舒服，但不吓人。它虽具有挑衅性，但并不咄咄逼人。它会消耗你的时间和精力，但又能让你看到出去的希望——不像矿井那样会把你直接带到地下。

当然，"坑"并不适合所有用途。有些时候，最好让学生不受挑战地完成一项任务。这样一来，学生就不会出现那么多行为问题，老师也会有更多时间支持特定的个人，并且可以让一些学生在不必寻求帮助或思考太多的情况下就能实现目标，进而获得满足感。然而，这种方法也存在问题。如果学生待在舒适区的时间过多，他们就没有那么多机会去培养诸如修复力、毅力和决心等生活技能，不需要协同思考或寻找其他解决方案，也丧失了透过表象看本质或者冒智力风险的动力。

> "坑"代表着离开舒适区。虽然这种情况不应该总是发生，但确实是学习的普遍特征。

所以，这一切都关乎平衡：练习任务和挑战性任务之间的平衡，轻松得到答案的满足感和花时间进行大量试错从而获得顿悟之间的平衡，以及坐观世界变迁和跳入坑中看看能学到什么之间的平衡！

1.5　本章要点

除了概览中确定的要点外，本章还涵盖以下内容：

1. 虽然很多人更喜欢把"学会挑战"称为"学习坑"，但更准确的说法是，"学会挑战"包含"学习坑"。
2. 入坑代表着一种认知冲突的状态。在这种状态下，当一个人产生了两个或两个以上他们赞同，但经过比较似乎又相互冲突的想法时，他就入坑了。
3. "学会挑战"分为四个阶段：找准概念、认知冲突、建构意义、反思总结。
4. "学会挑战"对"可见的学习"心智框架有很大的贡献（Hattie，2015）。
5. SOLO分类法（Biggs & Collis，1982）和"学会挑战"之间也有很强的相似性。

调适 应用 迁移 回顾

顿悟！
你发现了！在这个阶段，你感受到的启迪和发现的意义是学习之旅的意义之所在。恭喜你坚持下来了！

反思总结
回顾学习历程。哪些策略效果最好？下次你会改变什么？你如何将新的理解应用于不同情境？

建构意义
找出你发现的所有关于概念的模式、关系和意义。通过排序、分类、分组或分级来加以区分。利用你的发现更精确地理解概念。

认知冲突
如果你已经发现了很多关于概念的正例和反例，并且意识到所选择的概念有多复杂，那么你就入坑了！这就是深度学习真正开始的地方。

简单学习 深度学习

找准概念
找到一个你稍微了解、值得探索的概念。

提出问题
找到与这一概念相关的问题和例外情况。你可以将这一概念与另一概念之间的细微差别和一个概念的适用范围，或者找到一个能涵盖所有情况的定义。

图 1.4 "学会挑战"的主要阶段

第二章
"学会挑战"的实践

2.0 本章概览

在本章中，我将从阶段1到阶段4完整地介绍"学会挑战"。这是为了鼓励你先全身心投入，尝试"学会挑战"，然后再回到本书中寻找让事情做得更好的方法。

在9.4.3节中，我将推荐"准备—射击—瞄准"的方法。即在尝试之前先做好准备，卸下会引发焦虑的心理负担，不要在一开始就想成为专家；然后试着做几次初步的尝试，进行射击；之后通过更有针对性地查询指南来更精确地瞄准目标。这种方法鼓励"现在就尝试，稍后再改进"。我认为这是一个非常实用的方法，原因在于：

1. 它减轻了我们许多教育者的担忧：我们应该是课堂上的行家里手。相反，这种方法鼓励我们与学生一起学习。
2. 当有实践经验可供反思时，人们会更容易领会细微差别和隐含信息。
3. 它完美契合了"计划—实施—回顾"这一经典的教育准则。

值得牢记的是，"学会挑战"的各个步骤并非一成不变，它们只是支持学生思考的建议。与所有教学过程一样，我们应根据学生、学习环境和教学目的对它们进行调整。

以下是最常见的步骤。加粗的步骤是每次进行"学会挑战"时都要采用的，而其他步骤是可选的或假定会出现的。

1. 培育"学会挑战"的文化（见第三章）。
2. 提醒学生注意对话的基本规则（见 3.4 节）。
3. 分享课程的学习意图（见 9.4.4 节）。
4. **与学生坐成一圈**（见 3.4.2 节）。
5. 分享刺激物，比如一幅图、一本书或一件物品（见 4.3 节）。
6. **找出最有趣的概念**（见 4.3 节）。
7. 就这些概念提出发人深省的问题（见 4.4 节）。
8. 选出最佳问题（见 4.5 节）。
9. **邀请学生分享最初的想法**（见 4.6 节）。
10. **鼓励学生倾听并做出适当的回应**（见 3.1 节和 3.5 节）。
11. **找出参与者想法中存在的矛盾之处**（见 5.3 节和 5.4 节）。
12. **探索其他选择并努力建构意义**（见 6.1 节）。
13. **连接想法并解释原因**（见 6.3 节）。
14. **就核心概念建构更复杂的理解**（见 6.3.3 节）。
15. 顿悟时刻来临（见 6.5 节）。
16. 回顾学习历程并尝试将学习内容应用于新的情境（见 7.2 节）。

2.1 阶段1：找准概念

> "学会挑战"需要从一个概念开始。基于4.1节中讨论的原因，光有事实还不够，"学会挑战"需要的是学生有一定了解的概念。

> "学会挑战"总是从一个概念开始。4.2.1节列出了"学会挑战"课堂上常用的概念。

艺术与设计、民主、凭据与证据、公平与公正、食物、好与坏、成长与发展、幸福、爱情、金钱、姓名与身份、数字、理论、真理，等等，都是比较好的概念示例。本书还探讨了更多的概念。为了向你展示将"学会挑战"付诸实践的经典方式，我以"真实"这个概念为例来说明。这是一个年幼的孩子和成年学生都会经常想到的概念。有许多方法可以提取或找到开始"学会挑战"的关键概念，本书稍后将探讨这些方法。现在，我只简单说说什么是概念。

概念：真实

"真实"是一个有趣的概念。一些哲学家认为，我们所有的体验（包括做梦）都是不同于（独立于人类体验而存在的）物理世界的真实。尽管它并非全球公认的观点，但它仍然是一个有趣的观点。它可能会引导学生区分真实和想象，或者区分有形的真实事物与抽象的事物。

> 这个例子展示了如何探索"真实"这类概念。

围绕该主题的有趣问题包括：

1. 如果我假扮成一名警察，那么这个角色扮演的哪一部分是真实的？
2. 如果狗哨发出的声音是人类听不到的，那么这个声音是真实的吗？
3. 历史事件的叙述往往存在至少两个不同的版本：一个来自胜利者，一个来自失败者。我们怎么知道哪个是事件的真实版本？
4. 你怎么知道什么时候你看到的东西是真实的，而不只是你"看到"的？
5. "真实"和"看法"有什么区别？

6. 当人们说那是一块假手表而不是真手表时，他们是什么意思？

7. 真人秀是真实的吗？

8. 有什么方法可以肯定外星人是不真实的？

9. J. K. 罗琳的"哈利·波特"系列故事在哪些方面是真实的？

10. 谎言会是真实的吗？

探索概念的另一种方法是看它的对立面；在本例中，这个对立面就是"不真实"。例如，塑料玩具、梦境、假币、魔法或民间故事在哪些方面是不真实的？尽管它们可能都被认为是不真实的，但不真实的方面却各有不同。如果我们引入著名的"鸭兔错觉"①之类的视错觉，情况就会更复杂。

要与学生开始一堂讨论"真实"的"学会挑战"课，你可以选择以上任何问题。或者你也可以这样做：找到一个真实的物体及其玩具版，例如一个真苹果和一个玩具苹果，然后把它们放在学生面前，让他们谈论面前的三个苹果——包括一个看不见的苹果（如图 2.1 所示）。一旦学生开始分享他们对这个概念的初步想法，这时候就可以创造一些认知冲突，将他们带入坑中了。

> 向学生展示一个真苹果、一个塑料苹果和一个看不见的苹果，并要求他们说出哪个或哪些是真实的。这是开始探索"真实"这一概念的好方法。

图 2.1 有几个真苹果

---

① 这是一个既可以看成鸭子又可以看成兔子的模棱两可的图画。——译者注

2.2 阶段2：认知冲突

"学会挑战"的第二个阶段关注的是有目的地在参与者的头脑中创造认知冲突。这主要是因为认知冲突的状态往往会刺激人们更深入、更迫切地思考自己的想法。相比之下，当人们有了满意的答案时，他们通常就会放松下来，感到没有必要再进一步思考。既然已经知道答案了，为什么还要多想呢？

> 认知冲突就是促使人们寻找解决方案或其他答案、尝试找出因果关系、寻求建议、思考两种方法的优点和缺点，等等。换句话说，创造认知冲突的目的是让人们去思考。

第五章将深入探讨创造认知冲突的更多原因，以及如何在学生的头脑中创造认知冲突。现在，让我们看看通过使用"摇晃器"（见5.4.1节）在学生的头脑中创造认知冲突的一种方法。

我们从图2.1所示的三个苹果开始。

如果你要问学生图2.1中的哪个苹果是真实的，可以参考这个对话示例。

你：你觉得这三个苹果怎么样？

学生：哪三个苹果？只有两个。

你：不，是三个（数出三个苹果，包括看不见的那个）。

学生：只有两个（指向可以看到的两个苹果）。

（你举起看不见的那个，假装抚摸它，然后闻一闻。）

学生：那不是真的。你只是在假装。

你：你为什么这么说？

学生：因为我们只能看到两个。

你：你的意思是能看到的东西才是真实的？例如，此刻，我看不到我的狗。这是否意味着它不再是真实的？

学生：不，它是真实的，因为你以前见过它，所以你知道它就在那里。它只是现在不在你身边。

你：好的，但是对于我以前从未见过的东西呢？比如中国的长城。这是否意味着它不是真实的，因为我以前没有见过它？

学生：你在电视上、网络上或照片上看到过，不是吗？

你：是的，但在电视上和网络上，我看到了各种各样绝非真实的东西！

（学生提及他们在网络上看到的不真实的东西。你可以针对其中最有趣的例子做出直接回应，也可以继续下面的对话。）

你：那我们先不考虑那个看不见的苹果。另外两个苹果呢？它们都是真实的吗？

学生：不，一个是真的，一个是假的。

你：什么意思？

学生：有一个是塑料的。

你：这是否意味着塑料的那个是不真实的？

学生：是的。

你：但这是否说明所有塑料制品都是不真实的？比如这把椅子。它是塑料的，那它也是不真实的吗？

学生：不！

你：那为什么这个塑料苹果是不真实的呢？

学生：是真实的。

你：所以它们都是真实的，对吗？

学生：是的。

学生：不是。

学生：我不确定。

通过类似这样的对话，你会让学生入坑。一旦他们入坑，你就可以使用以下有关"真实"的问题来加深他们的困境。

可以向 3—7 岁的学生提出以下问题：

- 当我们梳妆打扮时，我们是真实的吗？
- 你的梦境是真实的吗？

- 玩具是真实的吗？玩具车或塑料动物呢？
- 我们看不到的东西是真实的吗？
- 你怎么知道某个东西是真实的还是不真实的？
- 电视是真实的吗？

可以向7—11岁的学生提出以下问题：

- 真实和活的有什么区别？
- 当你照镜子时，你在镜中的影像是真实的吗？
- 需要看到、触摸到、感觉到、闻到或尝到某样东西才能知道它是真实的吗？
- 故事什么时候是真实的？
- 你认为的和你朋友认为的真实的东西一样吗？
- 天空是真实的吗？
- 彩虹是真实的吗？

可以向11—14岁的学生提出以下问题：

- 某物可以同时是真实的和不真实的吗？
- 现实和感知之间有什么区别？
- 你如何决定何时相信你所看到的？
- 现实、真理和事实之间有什么联系？
- 不存在的东西可能是真实的吗？
- 死去的人仍然是真实的吗？

可以向14—18岁的学生提出以下问题：

- 现实和虚拟现实之间有什么区别？
- 真人秀节目的什么是真实的？
- 在梦中，我们进入了不同的现实吗？
- 如果某事尚未发生但不可避免，那么它是真实的吗？

- 阿尔伯特·爱因斯坦说:"现实只是一种幻觉,尽管是一种非常持久的幻觉。"这句话是什么意思?什么是真实的,或者说我们相信什么是真实的?哪个更重要?
- 想法是真实的吗?它是唯一真实的东西吗?
- 我们怎么知道自己的感知是真实的?
- 思维和物质,哪个更真实呢?

2.3 阶段3:建构意义

> 当学生一起在坑中努力寻找答案时,他们将开始通过社会建构来创造意义。为此,他们将寻找模式,建立连接,思考因果关系,找出异同点,组织、区分、关联和分析他们的各种想法。最终他们将会得出某种解决方案,可能是"正确"答案,但通常来说更可能是利用现有资源所能找到的"最佳"答案。

为了帮助学生完成建构意义的过程,你可以提供以下一种或多种"坑工具"。在6.3节中我还会给出更多可供选择的工具。

> 表2.1展示的思维活动示例,有助于学生思考不同类型的真实。

2.3.1 帮助幼儿建构意义的"坑工具"

以下工具适合3—7岁的学生。

表2.1 概念判断表

	真实	不真实	不确定	原因
玩具				
芭比娃娃				

续表

	真实	不真实	不确定	原因
外星人				
塑料货币				
泰迪熊				
在镜子中看到的东西				
闭上眼睛能看到的东西				
听不到的声音				
影子				
视错觉				
情绪				

适合幼儿的维恩图

> 维恩图可以帮助学生思考概念。如果两个圆圈一开始是分开的，那么即使幼儿也可以使用。

虽然维恩图更适合大一些的学生，但它也可以帮助幼儿思考概念。如果你使用两个圆圈，并且一开始将它们分开，那么它们帮助学生思考的作用就尤其明显。只有当学生发现某些物品可以同时填入两个圆圈时，你才可以提示他们将圆圈重叠起来试试。

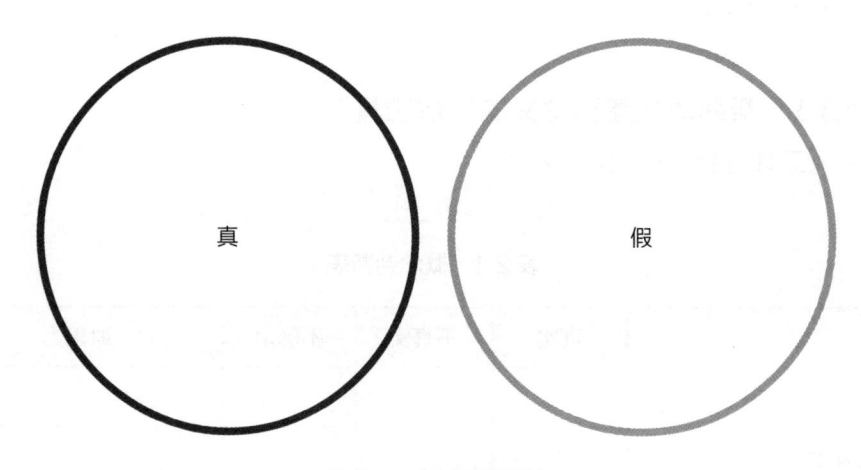

图 2.2　概念维恩图

你可以让孩子们将以下物品填入圆圈中,这有助于幼儿区分真实和虚假的范畴。

玩具钱	玩偶鞋	塑料香蕉
真钱	房子的照片	代表隐形物体的纸
书	画有房子的画	假装盛有饮料的空杯子
镜子	玩具房子	玩具茶壶
儿童服装	香蕉	茶包

你也可以问他们以下问题,这有助于他们思考真假之别。

- 真正的护士和我们装扮而成的护士有什么区别?
- 想象类游戏(imaginary play)和运动类游戏(physical play)有什么区别?
- 所有的游戏都是假的吗?如果是这样,是否意味着游戏就是不真实的?
- 装扮成某人(如超级英雄)和穿衣服有什么区别?
- 如果装扮是假的,那装扮这件事是不真实的吗?
- 如果你和朋友一起做游戏,是否意味着你什么都没做?
- 做游戏和假装有什么区别?

2.3.2 适合小学生的"坑工具"

以下工具适合7—11岁的学生。

大一些的学生可以使用下面这条概念线来判断什么是真实的。

真实   不真实

图 2.3　概念线

将下列词语和概念放在图 2.3 所示线条的适当位置。关于使用概念线的进一步说明,请参阅 6.3.6 节。

角色扮演	假装	伪造	装扮
詹姆斯·邦德	怪兽	玩具兵	宠物
玩具娃娃	天空	梦	思绪
规则	言语	假想朋友	电视
新闻	影子	外星人	假表
爱	幸福	愤怒	玩笑
恐怖主义	运动	游戏	残疾
网友	名称	照片	艺术

> 概念圈是对思考概念非常有用的"坑工具"。

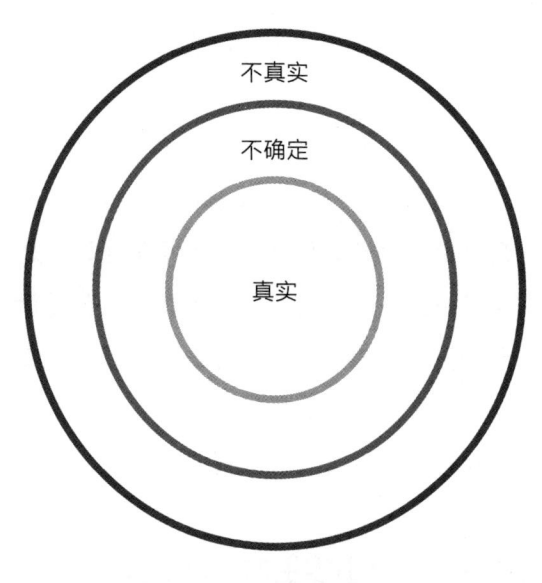

图 2.4 概念圈（不真实 / 不确定 / 真实）

> 学生需要确定将这些想法放到概念圈中的哪个位置最合适。

将下列词语和概念放在图 2.4 中相应的圆圈中。关于使用概念圈的进一步说明，请参阅 6.3.7 节。

虚假的	艺术照	摔跤	信念
真的	逼真的	太空旅行	拳击
复制	现实的	假装的	太空观光
国际法	实体模型	错误的	好的
网络游戏	校规	太阳	真诚的

地球母亲	电子游戏暴力	远古众神
电视	假冒的	虚拟现实
祈祷	伪造的	广告

2.3.3 适合青少年的"坑工具"

以下工具适合 11—18 岁的学生。

描述下列每项中两个概念之间的异同。

- 真实与不真实
- 现实与真相
- 事实与虚构
- 真实与想象
- 现实与感受
- 真人秀与电视新闻
- 真实与死亡
- 真实与超自然
- 现实与感知
- 真实与编造
- 真实与假装
- 真实与可感知
- 现实与虚拟现实
- 真实与活着
- 真品与复制品
- 真实与逼真

找到解决方案

一旦学生找到了模式、建立了联系、思考了因果关系、找出了异同点,以及组织和分析了想法,那么他们就会接近答案。有时可能是正确答案,但通常来说更可能是利用现有资源所能找到的最佳答案。6.3.3 节的图 6.4 展示了学生可能创建的解决方案的示例。

> "学会挑战"不需要用一个解决方案来结束,但许多学生发现这样做有助于思考。

2.4 阶段 4:反思总结

> "学会挑战"的第四个也是最后一个阶段是思考学习之旅。虽然你应该鼓励学生在整个"学会挑战"的过程中思考他们的想法,但第四阶段也是运用元认知的好时机。

艾伦·纽厄尔（Allen Newell）在他的《认知的统一理论》（*Unified Theories of Cognition*；Newell，1991）一书中指出，问题解决分为两个层次：使用策略解决问题以及思考如何选择和监控这种策略。正如他所说，良好的问题解决往往不仅取决于策略的执行，还取决于策略的选择和监控。这是描述元认知的一种方式。我将在第七章深入探讨其他方式。

> 这些问题可以帮助学生在整个"学会挑战"的过程中反思他们的学习之旅。

有助于思考学习之旅的元认知问题

- 你最初认为真实是什么意思？
- 一开始你对自己的回答有多大信心？
- 哪些挑战让你重新思考？

- 我们如何判断某个事物是真的还是假的？
- 某个事物可以同时是真实的和不真实（或虚假）的吗？
- 我们如何确定自己的生活是真实的？
- 未来是真实的吗？
- 是什么帮助你理解你入坑后的想法？
- 你如何确定自己还没有接受简单的答案？
- 现在你对真实的看法和开始时有何不同？
- 你还有哪些关于真实的疑问？
- 这次你使用的哪些策略可以在你下次入坑时提供帮助？

2.5 何时、何地、如何

本章我们已经分享了"学会挑战"的一个经典课堂实例，第十章还会提供六个更完整的例子。同时，我认为最好考虑一下何时、何地以及如何发起"学会挑战"。

可以说，有些人喜欢一周的每天都从头到尾进行一次完整的"学会挑战"。有些人会在整个主题的教学过程中设计一系列"学会挑战"片段。有些人会在课堂上抓住机会，即兴发起"学会挑战"并放手去做。还有些人会在课堂上完成

"学会挑战"的第一、二、三阶段,然后将第四阶段设置为家庭作业;或者将第一阶段设置为预习活动或家庭作业,然后在课堂上完成第二、三、四阶段。问题是,即使做最简单的改变,仍然有很多方法可以开展"学会挑战",这完全取决于你如何组织。

作为学校领导者,我曾经鼓励教师采用以下方法:

- **第一学期**。每位教师每周至少上一堂独立的"学会挑战"课,无须将其整合到现有的学习计划中。学习意图来自更广泛的教育目标,如学习态度和学习技能,而不是来自某个学科基于知识的目标。
- **第二学期**。每位教师每周在常规学习计划中安排一次完整的"学会挑战"。例如,历史老师这一周与高年级学生研究"真理"这样的概念,下一周则与低年级学生研究"国家"这样的概念;或者小学老师这一周选择"友谊"这样的素养概念,下一周则选择"证据"这样的科学概念。
- **第三学期**。每位教师都抓住恰当的时机开展即兴的"学会挑战"。他们不用安排任何一堂完整的课,而是尝试将这种方法融入常规课程。理想情况下,他们每周至少能找到一两次机会。
- **第四学期**。我任职的学校只有三个学期,但我支持的许多学校有四个学期或两个学期。因此,在这个阶段,教师可以为全班各个小组安排"学会挑战"。例如,每个协作小组都使用不同的"学会挑战"概念,或者更可能的是,只有几个小组使用相同的概念,而班上其他学生一起完成一系列不同的任务。协作小组的人数一般为三至六人,最好是三至四人。

如果按照这个顺序进行,在早期阶段,你将有机会在不受课程限制的情况下培养引导技能。在后期阶段,你将积累抓住时机的经验,能够将"学会挑战"融入学生的日常学习。这样一来,你既有时间练习和放松,又有时间完善和规范,可谓两全其美。

至于每次"学会挑战"的时长,取决于学生的经验和成熟度。通常持续时间为 40—75 分钟,如果时间和注意力允许,有时可以更长。

至于"何地"这个问题,"学会挑战"几乎适

> 典型的"学会挑战"课堂持续时间为 40—75 分钟。但对于最年幼的学生,将有些课堂分成两个较短的部分较合适。

用于任何组织者与参与者，通常由幼儿园、中小学或大学的工作人员——教师、领导者和支持人员开展"学会挑战"，有时青年领袖、家长和商人也会尝试这种方法。尽管我在本章中分享的例子非常依赖语言并且侧重于哲学类概念，但这并不意味着"学会挑战"仅限于这种情况。正如我将在整本书中分享的那样，"学会挑战"适用于不同类型的概念和不同目的。只要你想让人深入思考，那么这种方法就适合你。

2.6 本章要点

除了概览中确定的要点外，本章还涵盖以下内容：

1. "学会挑战"始于一个概念。事实不足以让学生入坑。
2. "学会挑战"的核心是认知冲突，其目的是让人多思考。
3. 建构意义以便出坑，涉及建立联系，思考因果关系，找出异同点，以及组织、区分、关联和分析想法。
4. 元认知在"学会挑战"中起着重要作用，涉及让学生思考自己的想法。我将在 7.1 节中详细讨论。

第三章
"学会挑战"的文化

教育的一个主要目的在于开放思想和开发智力。根据获取知识的能力来定义,智力取决于敏锐的好奇心,而智力的开发有赖于挥洒好奇心的自由。

——吉杜·克里希那穆提
（Jiddu Krishnamurti）

3.0 本章概览

本章聚焦于培育"学会挑战"文化的最佳方法,包括制定基本规则以确保学生相互尊重和积极互动、确定"学会挑战"将培养的技能和态度等内容。

本章的要点包括:

1. 作为推动者,你需要确立"学会挑战"的文化。你的职责包括通过提问,表现出兴趣,质疑观点以及询问意见、理由、示例和比较来鼓励和引导学生。

2. 如果你要求学生将一个人发言和其他人回应之间的等待时间延长至三秒或更长,你会看到积极的效果。

3. 在"学会挑战"的参与者中培养信任和尊重的方法,包括幽默、谦逊、趣味、挑战等,而不包括得分。

4. "学会挑战"最重要的目标之一是教会学生学习的技能和原则。

5. "学会挑战"将受益于广泛的智力价值,如明晰表达、善解人意、保持理性等,并且可以在培养这些价值的过程中发挥重要作用。

3.1 推动者的作用

我将首先探讨推动者（facilitator）在创建适合"学会挑战"的文化方面所起的作用。现在，我假设这个角色将由你来扮演，但随着时间的推移，我希望学生能越来越多地扮演这个角色。

一旦了解了推动者的作用，我们将探讨你期望所有参与者需要培养的行为和态度。

请注意，我谨慎地使用"推动者"一词。许多人将这个词理解为使事情变得更容易的人，但是在许多方面，这与"学会挑战"课堂上这一角色的职责背道而驰。正如我在 1.3.1 节和 5.2 节中解释的那样，"学会挑战"的课堂致力于让学习变得更具挑战性、对学生提出更高的要求。重点绝不是"推动者"这个词所暗示的那样，让事情变得更容易。然而，也许我们可以说，推动者的存在是为了设计学习过程，而不是让学习过程本身变得更容易。推动者应该让课堂变得更加简单直接，但同时对参与者的认知也提出了更高的要求。

话虽如此，推动者最重要的职责之一是向参与者表明，你将他们视为可以贡献有趣且有价值的想法和行动的思考者。

> "学会挑战"推动者的作用是设计学习过程，以便参与者倾听、挑战、提问和互动。

作为推动者，你应该采取鼓励的立场，向学生表明以下态度：
- 我对你们的想法感兴趣，并尊重你们的想法。
- 我会通过倾听、提问并鼓励你们详细阐述来表达我的兴趣。
- 我相信你们可以提出相关问题、观点，说明理由，举出例子并进行比较。
- 我将尽我所能对你们的问题、理解、兴趣和价值观做出回应。
- 我正在创建一个课堂社区，在这个社区中，我们是一群思考者，可以一起解决问题，并努力找到最佳答案，获得最佳理解。
- 我们都应该有足够的安全感去进行智力冒险。

> 玛丽·巴德·罗发现，教师在问完一个问题后再问下一个问题的平均等待时间不到一秒钟。

在为"学会挑战"营造合适的氛围时，推动者的另一个重要职责是表现出耐心。根据玛丽·巴德·罗（Mary Budd Rowe，1973）的研究，教师在提问后的平均等待时间是一秒钟或更短。学生没有太多时间思考，教师也没有表现出多少耐心！

应该鼓励"学会挑战"的所有参与者去思考、阐述和停下来思考。为此，罗提出了一个非常简单的方法，那就是引入"等待时间"。她观察到，教师在听取学生的回答前至少等待三秒钟，在学生回答后再等待三秒钟，这样做的效果可能是惊人的：

> 将等待时间增加到至少三秒会对学习产生巨大的影响。

- 优势小组的解释时间增加了五倍，劣势小组的解释时间增加了七倍。
- 更多学生自愿回答问题且做出适当回答的数量大大增加。
- 不回答和回答"我不知道"的数量从30%下降到不到5%。
- 学生提出的问题增多了。
- 学生在学业成绩测试中的分数趋于上升。

罗的研究在今天仍旧具有现实意义。它对"学会挑战"的课堂具有双重意义，因为这样的课堂往往依赖于高质量的对话。同样值得注意的是，自20世纪70年代以来，罗的研究在许多国家被重复过很多次，其研究结果都是一致的：在典型课堂上，学生只有很少的时间来处理信息、组织语言和整理想法，因此，他们在对话中能做出的贡献是有限的。

> 在"学会挑战"期间，不要害怕沉默！沉默可以给参与者更多思考的机会。

增加参与者的等待时间对推动者也有好处。罗伯特·斯塔尔（Robert Stahl，1990）注意到，当等待时间增加到三秒时，教师的教学会获得以下改进：

- 教师的提问策略往往更加多样化、更加灵活。
- 教师减少了问题的数量，提高了问题的质量（和多样性）。
- 教师提出了需要学生进行更复杂的信息处理和更高层次思考的其他问题。

顺便提一句，你可以在我和同事合著的《通过对话挑战学习》一书中找到更多关于这项研究的信息和若干建议。

增加思考时间的一个典型方法是使用"思考—配对—分享"（Think-Pair-Share）策略。这是一种简单而有效的方法，可以让学生有时间处理他们的想法，并选择有益于对话的语言。该策略通常遵循以下步骤：

> "思考—配对—分享"是增加等待时间的有用策略。

- 有人提出一个问题。
- 参与者自己思考至少三秒钟。
- 参与者两人一组讨论可能的答案。
- 邀请参与者自愿向大家分享自己的想法。

这种方法的好处是，学生将有更多机会在回答之前准备和练习自己需要的语言。学生先独立准备，然后口头表达自己的想法，再将其与其他学生的想法进行比较，这样他们就有时间排练并形成自己的观点。这反过来又会让学生更愿意贡献自己的想法，更好地使用准确的学科语言，更愿意进行智力冒险。所有这些都应该在"学会挑战"的课堂上得到鼓励。

3.2 信任和尊重

安东尼·布里克和芭芭拉·施奈德（Anthony Bryk & Barbara Schneider, 2002）等人的研究表明，滋养信任关系是改善学生学习的关键特征之一。他们所说的信任是指对一个人的可靠、仁爱和诚实所持的坚定信念。

当信任成为"学会挑战"的一部分时，学生将感到自己有能力冒险、犯错、表达意见和相互协作。

作为推动者，你可以采用以下方法建立信任和尊重。

3.2.1 挑战，而非战胜

"学会挑战"很大程度上得益于苏格拉底式的教育传统。苏格拉底经常提出一系列问题，来帮助人们反思自己的基本信念和知识范围。这种提问不是为了战胜别人或证明某人是错的。事实上，苏格拉底质疑他的雅典同胞，并不是因为他傲慢地认为自己是对的、别人是错的，而是因为他希望找出阻碍通往真正智慧的矛盾和误解。

> "学会挑战"遵循苏格拉底式的提问传统，其目的是促进理解，而非战胜别人。

"学会挑战"也是如此。它的目的不是让学生因自己不知道而难过，也不是让他们因入坑而担心——实际上恰恰相反。

> "学会挑战"旨在让参与者更深入、更积极地思考自己的学习。它提倡探索精神，以识别复杂性和微妙之处。这与战胜别人无关，而与意识、理解以及整合新想法有关。

3.2.2 幽默和谦逊

幽默和谦逊很难在一本书中就能表达出来，但它们绝对是"学会挑战"的关键因素。

如果在"学会挑战"期间你给人的印象是，试图审问学生，试图怀疑或反对他们的假设，那将是既傲慢又令人沮丧的。相反，你应该采取轻松和谦虚的态度。

> 幽默和谦逊将帮助"学会挑战"的参与者以更尊重他人、更周到的方式相互交流。

这意味着你需要使用诸如"抱歉，我不明白"或"对此我不是很清楚"之类的措辞。你需要和学生一起欢笑而不是嘲笑学生，承认你不知道所有答案，提出朴实的问题，用恰当的语调和肢体语言让学生觉得在坑中有你陪伴，他们并不孤独。

3.2.3 好玩的游戏

当你读完 2.2 节中的对话示例时，你可能会觉得我似乎在建议你忽悠学生。也许有一定的道理。我确实提倡在"学会挑战"的课堂上耍些小花招，但仅限于与幼儿互动的有趣方式，绝非采用骗人的方式。想一想"耳后变出硬币"之类的把戏，而不是"趁你不注意从手腕上偷手表"之类的把戏！

有趣的是，"challenge"（挑战）一词的词根来自拉丁语 calumnia，它的原意就是"把戏"！

3.3 学会如何学习

人们之所以会对"学会挑战"犹豫不决，往往是因为他们不确定自己的目的。一般来说，他们很想尝试，但现有的课程已经被塞得满满的，他们不明白如何往里面加其他内容。

回答这个问题的一种方法是将"学会挑战"看成基于过程的学习，它教会人们如何学习和学习什么。如果我们有意识地关注学习方式，互相传授学习技能和原则，就可以提升学习速度和学习深度。

> "学会挑战"侧重于教参与者如何思考而不是思考什么。

2003 年在保加利亚参加"儿童哲学"大会期间，我意识到，我们需要更加仔细地考虑和关注如何学习。在活动期间，我应邀给一群当地青少年上了一节课，供其他代表观察。

在这堂课的开场，我讲了猎人汉克和弗兰克被一只会说话的熊追赶的虚构故事。然后，孩子们提出了一些哲学问题，并从中选出他们最喜欢的问题："为什么要为他人牺牲自己？"经过短暂的安静思考后，我邀请一位跃跃欲试的年轻人首先讲述他的初步想法。他是这样说的：

> 在我看来，"牺牲"是这个问题中最重要的概念。我认为有人可能会基于本能、冲动或直觉而牺牲自己。当然，其中两个因素属于认知领域，一个因素属于情感领域，所以我想我们需要先确定在特定情况下更有可能产生作用的是哪个因素，然后才能有效地回答这个问题。

所有代表都对这个男孩在思考和分析"牺牲"这个概念时表现出的自信点头称赞，而我就像一只被车灯照到的兔子——我当然没料到会有这样的回应！

为了给自己争取一些思考时间，我让青少年们讨论本能、冲动和直觉有什么共同之处。其间，我请一位友好的哲学家建议我下一步该怎么做。

讨论结束后，我请一位女孩给出她们小组的答案。她回答"本能、冲动和直觉有一个共同点：它们都是香水的名字"，此刻她成为我最喜欢的学生。（终于有人跟我心有灵犀了！）

长达一个小时的讨论结束后，我奔向组织者，抱怨他们安排了这一切："你们早该告诉我，你们邀请来听课的是来自保加利亚各地最有才华的哲学家！"他们笑着解释说，他们只是邀请了当地的志愿者来参加，并没有刻意选拔。

我问："那他们怎么这么善于思考呢？"他们回答："因为老师在他们很小的时候就开始教他们如何思考。"我反驳道："英国的孩子也是这样，但我还没有遇到像你们的学生这样善于思考的。"他们的回答起初让我很恼火，继而让我很感兴趣，最终鼓舞了我。他们是这样回答的："从我们在西方国家看到的情况来看，你们似乎没有教孩子们如何思考；相反，你们只教他们思考什么。"

我在世界各地的学校工作得越多，就越觉得保加利亚老师可能是对的。

> 创造认知冲突是一种创设学习环境的方法，在这种环境中，学生想要学习如何思考。

例如，如果我在孩子们小学毕业时（9—11岁）问他们偷窃是对还是错，他们都会回答是错的。如果我接着问："如果偷窃是错的，为什么大家都认为罗宾汉是好人？"他们总是反驳说："因为他劫富济贫。"这样说也许没有什么太大的争议。但如果我进一步提问："如果我偷东西，比如说从银行偷，然后将偷得的钱分给穷人，那么我是好人吗？"他们回答的几乎都是"是"。孩子们似乎很少被这样一个事实困扰，即偷任何人的钱，无论这些钱用来做什么，都是违法的。

我想知道这是否表明保加利亚的老师可能是对的——太多的孩子接受的教育是思考什么，而不是如何思考。

然而，教学生如何思考感觉像是一个抽象的概念。也许最简单的描述方法是，想一想我们在面临艰难选择时都会使用的一种思维策略：列出优点和缺点。

> "学会挑战"使用思维结构帮助参与者做出更深思熟虑的决定。

在头脑中创建这个结构对所有人来说都很常见，但这个结构不是我们与生俱来的。它是我们后天习得的，且已经成为我们的"思考工具"之一。通过提问、给出反例、询问原因、证明答案、对听到的最后一个想法做出反馈等方法，"学会挑战"使我们得以建立思维结构的模型。所有这些都是新的思维结构，"学会挑战"鼓励你有目的、有策略地建立模型并向学生传授这些技能。

又如，我经常注意到老师和家长会表扬孩子们说了"正确"的话——"杀生是错误的""我们必须始终友善待人""你永远不应该说谎"，等等。从表面上看，这似乎是合理的。毕竟，我们希望年轻人有道德，做正确的事情。然而，如果他们面临两难境地，但到目前为止他们只知听从指示，会发生什么呢？这样的困境可能是一边吃肉一边坚持认为杀生是错误的，也可能是即使会伤害到别人也选择说实话，还可能是即便面对种族歧视或欺负朋友的人也选择友善对待。那怎么办呢？

许多家长会回答说，他们相信自己的孩子会做正确的事情。但是，除非孩子学会了如何独立做出有道德的决定，否则他们怎么知道什么是正确的呢？换句话说，如果他们没有学会如何独立思考，他们怎么可能有道德呢？

> "学会挑战"是教学生如何思考、如何讲道理、如何做出有道德的决定以及如何理解他人观点的好方法。它具有极强的灵活性、指导性、协作性和严谨性。在最佳状态下，"学会挑战"是培养学生良好思维习惯的最佳方式之一。

这也得到了研究的支持。学会学习的策略——也称为元认知和自我调节方法——可以对学习产生非常大的影响。事实上，许多系统评价和元分析一致发现，与元认知和自我调节相关的策略可以显著地影响学习。尽管这些研究大多是针对语言或数学学科，但在科学等学科领域，也有证据表明该方法具有广泛的适用性。

> 元认知是"学会挑战"的一个关键特征。

2009年和2012年国际学生评估项目的分析结果表明，那些通常知道如何学习的学生和那些不知道如何学习的学生的阅读成绩相差107分——相当于两年多的学校教育。

3.4 基本规则

"学会挑战"在很大程度上依赖于对话。事实上,该模型与高质量的探索性对话有着千丝万缕的联系。

然而不幸的是,鲁珀特·维格利夫(Rupert Wegerif,2002)发现,课堂上进行的大量对话都没什么教育成效,也无助于拓展学生的技能和理解。似乎许多学生并没有通过对话来加强合作——也许他们并不知道如何去做。

为了帮助改善这种情况,维格利夫(2002)提出了以下基本规则,作为提高对话质量的基础。

3.4.1 谈话规则

- 我们分享各自的想法并倾听对方的意见。
- 我们一次只谈一个问题。
- 我们尊重彼此的意见。
- 我们给出理由来解释我们的想法。
- 如果有不同意见,我们会问"为什么"。
- 如果可能的话,我们尽量在最后达成一致意见。

> 基本规则有助于提高"学会挑战"的对话质量。

请记住,这些是谈话的规则。它们与班级行为规范不同。如果你也有班级规范,那么应该将它们与谈话规则分开,这样学生就知道谈话规则是用来帮助他们学习如何交谈的,而不是学习如何表现的。两者可能会有一些交叉,但重要的是保持每套规则的独立性和独特性。

当然,这些规则并不是一成不变的,你也不必生搬硬套。事实上,让学生自己设定一套规则可能会更好。无论采用哪种方式,你都应该确保学生有机会讨论规则的含义,并就规则的准确措辞达成一致意见。

确保将你们确定的基本规则在显著位置展示,以便参考和提醒。这看起来没有必要,但研究人员发现,一套简单的、共同认可的、经常被提及的基本规则对提高对话质量和抓住对话重点的影响,要远大于那些已经确立但不经常被提及的规则。在"学会挑战"中，学生经常被分为较小的协作组，此时情况尤其如此。

3.4.2 学会挑战圈

当学生围成一圈时，"学会挑战"的效果最好。学生要学会彼此回应，就需要面对面看到对方。让学生在课桌前排成一排或在老师面前挤成一团不是一个好主意，但在很多小学很常见。你一定不希望物理环境这样的基本因素与你想做的事背道而驰。

> 当参与者坐成一圈时，"学会挑战"的效果要好得多。这样做既可以改善非语言交流，也可以促进语言交流。

如果你有一大群学生，那么你可以考虑把他们分成两个圈——内圈和外圈，如 4.6 节所述。内圈的学生可以参与"学会挑战"的对话，外圈的学生可以做笔记，反思内圈同学使用的技能和"坑工具"，也可以收集想法，以便在轮到他们进入内圈讨论时使用。每隔 5—10 分钟，你可以请学生互换位置，让内圈的人移到外圈、外圈的人移到内圈。当交换位置时，你也可以留出时间让交换位置的两个人交换一下看法。《通过对话挑战学习》一书介绍了这个方法的变式以及你可以用来支持学生的资源。

无论学生是围成一个大圈还是分成两个圈，请确保你也全程参与。"学会挑战"是"一起"思考，而不是学生在思考，你却在旁观。如果你也是学会挑战圈的一员，那么这对学生理解协作学习是很有说服力的。

不幸的是，如果你是站着的，学生是坐着的，它就会释放同样有力但相反的信息。虽然这在课堂上是常见的状态，但它意味着一种"我说了算，我说，你听"的权力关系。这与"学会挑战"并不匹配。请尽你所能安排空间，让所有人——学生和你——都能坐在一起共同思考。

3.5 "学会挑战"的美德

"学会挑战"在培养广泛的智力美德方面可以发挥重要作用，并将受益于此。以下是一份详尽的美德清单，我建议你选择其中一两个作为每次开展"学会挑战"的重点。

> 每次开展"学会挑战"，最好只关注这一长列美德中的一两个。

社交敏感：包括如何以适当的社交方式回应他人（尊重和自信、使用试探性语言、认真倾听、给予支持、轮流发言和鼓励他人）。

智力敏感：包括如何使用批判性、创造性、逻辑性、顺序性、结构性和语义性程序来培养思维质量。

积极协作：包括如何反对和支持他人，以提高每个人的思维质量。

保持一致：包括如何搭建自己的思维结构，以及如何识别他人思维中的一致性和非一致性。

明晰表达：包括如何清楚地表达想法，以便他人理解并做出适当的回应。

善解人意：包括如何以他人的方式理解想法，有时还要站在他人的角度思考。

辨别和选择：包括如何识别和区分不同类型的反应——无论是与疑问、难题有关还是与参与者有关——以及如何做出最恰当的回应。

学会抽象：包括如何从具体思维转变为抽象思维，并将抽象见解应用于具体概念。

保持理性：包括如何对合乎理性和符合逻辑的要求做出适当的回应，并辨别理由的好与坏。

井然有序：包括如何根据合乎理性和符合逻辑的要求，按正确的顺序处理问题。

合情合理：包括如何用充分的理由支持自己的观点，并期待他人也能如此，无论意见是否一致。

聪明睿智：包括如何做出平衡的判断，以做出智慧和公平的决定。

坚韧不拔：包括为寻求真理，如何在他人反对时坚定地捍卫自己的立场。

思想开放：包括如何表现乐于改变想法的意愿，以及如何对他人的想法持开放态度。

自我批判：包括如何对自己的推理质量进行分析性反思，并找到改进的方法。

从容面对不适：包括如何挑战他人和接受他人的挑战，即使会引起不适，也要学会适应。

心怀好奇：包括如何带着好奇心应对认知冲突，以及如何积极地、有策略地处理问题。

全局视角：包括如何从整体来考量对话，并考虑自身和他人在其中所扮演的角色。

独立自主：包括如何独立思考，根据理由是否充分做出判断，而不是做别人认为正确的事情。

养成习惯：包括如何将所有这些智力美德和社会美德融入你生活的方方面面，而不是仅仅为了应付"学会挑战"的课堂。

3.6 本章要点

除了概览中确定的要点外，本章还涵盖以下内容：

1. 分享想法、互相倾听、给出理由和解释、一次谈论一个问题、尊重彼此的意见等谈话规则可以提高"学会挑战"的质量。
2. "学会挑战"是参与者养成良好思维习惯的好方法。
3. 许多看似相反的思维习惯实际上是相辅相成、彼此依存的。这些习惯包括：既坚韧不拔，又思想开放；既积极协作，又独立自主；既自我批判，又能从容面对不适。

找推概念

简单学习 / 深度学习

现在你正在思考多少个概念?哪一个是最有感的、关系最密切的或最令人困惑的?让我们把你的概念称为"X"。你为什么选择它?

提出问题

X是什么?我们如何知道X的合义?概念X和概念Y有什么区别?什么时候X是好的/坏的/不同的/相关的/不相关的?有没有可能总是使用或从不使用X?如果X意味着Y呢?

顿悟!

你现在对X的理解有多清楚?是什么让X比你最初想象的更复杂?你能给那些还没有找到答案的人什么建议?

反思总结

你如何将概念X应用于另一种情况?你应用来穿越学习坑的哪些策略在下次也能发挥效用?

建构意义

比较所有描述概念X的方法,哪种最有效?如果你对所有关于概念X的想法进行排序,你会优先考虑哪个(哪些)?

认知冲突

你能从概念X中发现什么问题?如果你说概念X意味着Y,那么Y总是意味着X吗?在哪些方面你对X的定义是行不通的?

调适 / 应用 / 迁移 / 回顾

坑

图3.1 运用概念推动"学会挑战"

第四章
找准概念

4.0 本章概览

本章重点介绍概念的重要性，以及为什么概念是"学会挑战"这样的思维活动的最佳起点。

本章的要点包括：

1. 如果课堂侧重于概念，那么学生就有更多的机会去质疑、提问、挑战和思考。事实固然有用，但概念更容易让思考者踏上探索之旅。

2. 概念是思考的基础，它使我们能够认识一个事物并将其与另一个事物区分开来。

3. 每门学科和每个主题都包含大量概念。在 4.2 节和 4.2.1 节中，你会发现"学会挑战"中最常用的一些概念。

4. 从日常用语或学生正在阅读的书籍中提取概念特别有效。在 4.3 节中有如何做到这一点的实例，表 4.2 和附录则列出了可以提取概念的推荐书籍。

5. 你应该帮助学生确定基于关键概念的问题。4.4 节介绍了做出这种尝试的技巧。

6. 图 3.1 概述了可以用来帮助学生思考概念含义的问题。

4.1 概念的作用

> "学会挑战"始于一个概念。光有事实还不够。"学会挑战"的目的是在学生的头脑中创造认知冲突。为此，你需要从一个概念开始。

对某事物有概念意味着能够认识它，并能够将它与其他事物区分开来。"我多大了"是一个事实性问题；"我老吗"则是一个概念性问题，因为它需要探索意义、用途和解释。这就是概念的妙处，也是我说你需要一个概念来开启"学会挑战"之旅的原因。

> 在确定了一个概念之后，"学会挑战"的重点是找出矛盾之处和细微差别，从而使逐渐形成的一般原理和理论更加准确、完整。

林恩·埃里克森（Lynn Erickson）和洛伊斯·兰宁（Lois Lanning）于2013年提出的"知识结构"明确了"概念"和"事实"之间的区别，如图4.1所示。

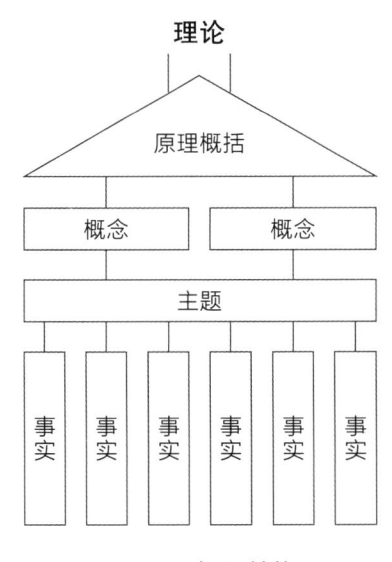

图4.1 知识结构

来源：The Structures of Knowledge and Process. 引自 *Transitioning to Concept-Based Curriculum and Instruction: How to Bring Content and Process Together* (p.25), by H. Lynn Erickson and Lois A. Lanning, 2013, Thousand Oaks, CA: Corwin. Copyright 2014 by Lynn Erickson，经许可引用。

当然，我并不是说事实无关紧要。只是当我们关注事实时，任何由此产生的困境往往都是短暂的，因为我们可以相对容易地确定正确答案。

我在这里谈论的事实是被人们普遍接受的事实。例如，蔬菜是食物，华盛顿是美国的首都，J. K. 罗琳是《哈利·波特》的作者。尽管学生可能还不知道所有这些事实，但这些说法可以很快得到验证。这样一来，创造一个让学生深入思考且引人入胜的困境的希望就会非常渺茫。

将事实与诸如"艺术是个人的主观感受""复仇不等于正义"或"不存在原创思想"等说法进行比较。读到这些说法的时候，你可能已经开始质疑它们的合理性和准确性了。学生也会如此。一般来说，他们会将事实当作需要学习的东西，将概念当作需要质疑和思考的东西。

尽管如此，在事实陈述中往往可以找到一些概念。就拿我之前举的例子来说，蔬菜是食物，华盛顿是美国的首都，J. K. 罗琳是《哈利·波特》的作者。在这些事实陈述中，有一些概念值得作为"学会挑战"的一部分来探索。

在"蔬菜是食物"这个例子中有两个概念：蔬菜和食物（尽管可以说还有第三个概念：动词"是"）。我可能会问学生："什么是食物？"当然，这似乎是一个愚蠢的问题，或者至少是一个答案显而易见的问题，但实际上有相当大的空间来创造一些认知冲突。

问学生："什么是食物？"学生可能会回答："我们吃的东西。"你可以问："这是否意味着我们吃的所有东西都是食物？例如，假如我不小心吞下了一个笔盖，那它会变成食物吗？"当然，他们可能会说不会，这时你就可以要求他们给出另一个定义。当他们给出更多答案（比如，给我们提供能量的东西、我们种植的东西、农民生产的东西、维持我们生命的东西等）时，你就可以帮助他们找到反例，然后将他们带入坑中。

同样的原则也适用于"华盛顿是美国的首都"这一事实。我在这里选择的概念是首都。如果你问学生什么是首都，他们可能会说是最重要的城市、历史最悠久的城市、最大的城市、总统居住的城市，等等。作为回应，你可以使用下一章中描述的一些技巧来寻找反例，从而在学生的头脑中创造认知冲突。

"J. K. 罗琳是《哈利·波特》的作者"与之类似。这个例子中的概念就是作者。学生可能会将作者解释为提出想法的人（非小说类作家呢？）、写出文字的人（报道他人言论的记者呢？）、出版书的人（出版商的角色与作者的角色有何不同？），等等。

值得探索的概念数不胜数。下面我将介绍一些在"学会挑战"中更受欢迎的概念。

4.2 识别概念

概念就在我们身边。事实上，在日常互动中，我们每天都会用到大量概念。这些概念可能包括以课程为中心的概念，如上面提到的那些，还可能包括日常对话中的概念，一旦你开始倾听，就可以发现它们的踪影。下面是我们在学校里常听到的表达，其中就包含着值得探索的概念（主要概念以粗体显示）。

> 下面列出的是日常互动中使用的各种概念。每一个都可以构成"学会挑战"的基础。

这不**公平**。
我们还是**朋友**吗？
请你**帮助**我好吗？
别**骂**我了！
那是**欺凌**。
你现在在**想**什么？
别**做白日梦**了，专心点儿！
不要**孩子气**了！
那是一件**愚蠢**的事情。
那是迄今为止**最好**的一个。
为什么**愁眉苦脸**？
看到你这么**开心**，真好。
多么美妙的**聆听**。
谁**知道**答案？
拜托，请遵守**规则**！

我只是**开个玩笑**。
这是件**好**事情。
多么棒的**团队**。
一定要好好**分享**。
你们现在都可以**回家**了。
你说的是**实话**吗？
那是一种**运气**。
告诉我哪里**错**了。
一起**玩**得很开心。
能**解释**一下你做了什么吗？
一起**努力**吧。
我不**明白**。
别再**搬弄**是非了。
我们需要互相**尊重**。

上面每个概念都可以用来开启"学会挑战"课堂。我这样说是因为它们中的每一个都可以用来创建开放的探索性问题，从而邀请学生更仔细地研究其含义。以"这不公平"为例。这句话家长和老师听得太多了！我们可以将它转化为"怎么才算公平"这个问题，然后开始对话，将学生带入坑中。

下面是我最近主导的一堂课，此类对话是"学会挑战"课堂上经常遇到的。

我：怎么才算公平？

学生：每个人都得到自己想要的东西。

我：当下正在举行的奥运会呢？每个人都会在那里得到自己想要的东西吗？

学生：不会！

我：请继续谈谈。

学生：每个人都想赢得金牌，但不是每个人都能做到，所以这意味着不是每个人都能在奥运会上得到他想要的东西。

学生：是的，只有最优秀的人才配得上奖牌，所以这是公平的。

我：那么我们是不是可以说，公平意味着得到应得的东西？

学生：是的。

我：但是那些更想得到它的运动员呢？他们比任何人都更努力地训练。他们必须克服更多困难才能参加奥运会。也许他们多年来不得不在没有资金支持的情况下勉强度日。难道他们不比那些情况相反、拥有你所希望的所有优势的运动员更应该得到奖牌吗？

学生：不好说。他们确实更应该得到，但这不是体育。体育比赛的奖牌应颁发给最优秀的运动员，而不是看谁最应该得到。

你：那么体育是公平的吗？

学生：是的，体育是公平的。除非运动员作弊。

学生：如果获胜者并不总是最应该得到奖牌的人，那怎么可能公平呢？由于裁判失误而获胜的球队呢？

学生：或者靠药物作弊获胜的运动员呢？（这名学生说出了一位以药物作弊而闻名的运动明星）

学生：这就是生活！生活是不公平的。

我：哇，这是一个非常有力的陈述。你这话是什么意思？

学生： 从来没有一种情况对所有人都是公平的。总会有人占了上风，或是有人比他人更应得，或是有人没有得到自己想要的东西。

我： 那么有人说"这不公平"是什么意思呢？他们是在陈述显而易见的事情吗？比如"地球是圆的""太阳是热的"。

学生： 也许他们的意思是，与正常情况相比，这更不公平？

学生： 但是，如果从来都不公平，那怎么可能更不公平呢？

我： 但是肯定有一些情况我们可以称为公平，不是吗？

学生： 我们不知道。看来我们入坑了！

对话进行到这里，我把学生分成三人一组，让他们举例说明我们如何理解公平这个词。以下是他们的提议：

1. 如果人们得到应得的东西，那就是公平的。
2. 如果一切都平等，那就是公平的。
3. 不伤害任何人或任何事，那就是公平的。
4. 如果人们对结果满意，那就是公平的。
5. 如果遵守所有规则，那就是公平的。
6. 如果受影响的每个人都认为是公平的，那就是公平的。
7. 没有什么是绝对、完全公平的。

然后，全班再次聚在一起，依次研究了这些提议，并试图为每条提议找到反例。在第五章和第六章中，我将向你展示如何深入探究和出坑的后续内容。

请记住，这一切都来自"这不公平"这一看似平常的说法。这展现了概念引发思考的潜力。事实上，正如马修·李普曼（2003）在他的精彩著作《教育中的思维》（*Thinking in Education*）中所写的："概念是思想的载体，是延续思想的实体。"（p.181）

4.2.1 适用于"学会挑战"的概念

在哲学中，"概念"和"观念"通常分为七大类：

形而上学：什么是真实？什么是存在？

包括现实主义、唯心主义、现象主义和普世主义。

认识论：什么是可以被认识的？以何种方式认识？

包括信仰、真理、意见，怀疑主义，理性主义以及经验主义。

伦理：什么是好 / 坏？什么是对 / 错？

包括美德、功利主义、利己主义和相对主义。

心灵哲学：如果有心灵，它是什么？

包括唯心主义、二元论、唯物主义、一元论和副现象论。

美学：什么是艺术？

包括形式论、唯心主义、制度论和意向论。

政治哲学：人们应该如何生活在一起？

包括柏拉图、霍布斯、洛克、卢梭和密尔的理论。

科学哲学：什么是科学，什么不是科学？

包括归纳法、演绎法、证伪法、范式和外在主义。

> 下表显示了在"学会挑战"课堂上，学龄学生最常用的概念。

当然，这些都是非常宽泛的类别，许多书都有深入论述。就"学会挑战"而言，你可能更熟悉以下与学科相关的概念类别，因此它们也许更有用。

表 4.1　与学科相关的概念类别

艺术类		
艺术	想象力	看法
美	印象派	原色
颜色	光明与黑暗	真实
复制	含义	复制品
表现主义	音乐	超现实主义
公民教育		
勇敢 / 勇气	公平	和解
欺凌	声望	责任

续表

社区	自由	复仇
良知	朋友	权利
后果	友谊	风险
胆略	仇恨	天赋
文化	是	真相
民主	正义/罪有应得	价值
职责	人生选择	福利
企业	爱	意志
平等待遇	国家	
设计技术		
受众	优雅	目的
经济	市场	简单
有效性	独创性	价值
幼教（3—7岁）		
友善	成长/变化	真实
选择	健康	相同
做梦	家	形状和空间
情绪	卫生	超级英雄
公平	语言	说谎
童话	我	思维
朋友	宠物	
英语（语言/文学/戏剧）		
愤怒	善良	诗歌
反英雄	英雄	政治
侠义	荣誉	力量
民主	正义	浪漫
困境	语言	故事
戏剧	爱	动词
公平	疯狂	

续表

人文（历史/地理/社会科学）		
可生物降解	证据	国家
边界	全球化	贫困
起因	历史	种族
文化全球化	家/地点	河流
文化	解释	社会多样性
民主	正义	游客
帝国	迁徙/移民	真相
平等	山脉	城镇化
数学		
论证	零	形状
连续	数字	显著
等于	奇数	尺寸
无穷	质数	单位
合乎逻辑	概率	价值
度量	比例	
传媒		
娱乐	合法性	社交媒体
游戏	道德	
知识	现实	
现代外语		
沟通	全球化	国籍
文化	身份	理解
外来	语言	
体育		
竞争	公平	运动
状况	运动会	成功/失败
信心	表现	天赋
药物	赛跑	团队

续表

宗教教育		
信仰	命运	传统
文化	道德	真理
信任	宽容	价值
科学		
可生物降解	探索	相同（克隆）
起因	公平测试	科学
发现	力	重要
药品	遗传	物种
元素	人类	理论
证据	发明	宇宙
进化	知识	垃圾
实验	证明	

> 整本书中，我在说明如何在课堂上应用推荐的方法时，还会用许多其他概念进行举例，你可以查阅书末的概念索引。

4.3 提取概念

为开启"学会挑战"选择所需概念的最佳方法之一是"EDUCERE 学习法"。在拉丁语中，educere 是词根，"education"（教育）一词即源于该词根，其本义为"引出"。因此，与其一开始就给学生一个概念，不如帮助他们从故事、图像、物体或经历等合适的刺激物中提取概念。

> 让学生找出他们在故事、图像或乐曲中注意到的概念，是开启"学会挑战"的最佳方法之一。

> 请记住,"学会挑战"应该从学生能理解的概念开始,这样他们才可以产生认知冲突。如果他们对某个概念一无所知,就不会形成任何冲突,你也就不能把他们带进坑里。这意味着采用让学生从刺激物中提取概念的 EDUCERE 学习法可以达到事半功倍的效果:他们的参与不仅会催生归属感,还揭示了他们对哪些概念的探讨做好了准备。

也就是说,有一些概念可能乍一看比较容易理解,但实际上并非如此。例如,我见过很多低年级学生试图用尺子测量东西,但他们似乎没有意识到需要从刻度零开始量起(或者如果测量的起始值不是零,那么在计算最终测量结果时就要考虑起始值)。

如果我们透过现象看本质,那么就可以说,这个情境可以提取的概念是"总是从同一点开始",而不是"零"。如果我们以赛跑或投掷比赛为例,哪怕是最小的学龄儿童也会明白,要想准确测量,任何比赛或任何人都必须从同一点开始。之后,我们就可以说,零等同于从同一点开始。问题的关键在于,即使学生还不知道如何表述或应用概念,他们也可能比我们预期的更了解这个概念。因此,即便学生第一次没有做出准确的反应,也不要太快否定一个概念的适用性。

图 4.2 可以为学生提取概念提供一个很好的起点。

> 让学生识别这张卡通图中的主要概念。

图 4.2　提取概念示例图

你可以给学生看这幅图，然后问他们以下问题：

- 这幅图的主要思想是什么？
- 这幅图让你想到了什么？
- 你认为这幅图的作者想描绘什么故事？
- 你认为坐下来的那个人在想什么？
- 你会如何描述站在桌子周围的人？

> 这些问题有助于学生从图像中梳理出主要概念。

当学生主动说出他们的想法时，记录下他们提到的每个概念，然后将这些概念写在黑板上供大家参考。试着在收集概念和表明你重视每个人的贡献之间取得平衡。我的意思是，学生说出的并不一定是概念。例如，一个学生在回应图 4.2 时可能会说："这个食物看起来不太好。"由此你可以写下"食物"和"好"的概念。或者，如果另一个学生说"真恶心"，你可以请他再解释一下，也许他会说"我不喜欢豌豆"。对此，你可以写下"味道"作为他暗示的概念。

确定某个词是否为概念的一种方法是将"是什么"放在这个词的后面。如果这样生成的问题可以引发深刻的探索性讨论，那么这个词可能就是一个概念。虽然这不是一种万全的方法，但在缺乏更细致入微的技巧的情况下，作为开启探究的方法，它往往已经足够好了。

以下是一群学生对图 4.2 中的卡通形象提出的一些想法，括号中的是"是什么"的问题，粗体字是我在黑板上写下的概念。

- 中间的男孩很贪心。（贪心是什么？）**贪心**
- 也许他们都是朋友。（朋友是什么？）**友谊**
- 他看起来很快乐。（快乐是什么意思？）**快乐**
- 他们在学校里，因为他们穿着校服。（学校是什么？校服是什么？）**学校、校服**
- 为什么最胖的那个孩子得到了所有食物？他不需要那么多食物！（食物是什么？公平是什么？需要是什么？）**食物、公平、需要**

特别是对年龄较大的学生来说，一句引语有时就可以形成很好的刺激，便于你从中提取一些概念。比如：

我们听到的一切只是观点，而不是事实。我们看到的一切只是视角，而不是真相。

——马可·奥勒留（Marcus Aurelius）

音乐可以是灵感的一个重要来源，不过要警惕那些概念太多的歌曲。约翰·列侬（John Lennon）于1971年发行的《想象》（*Imagine*）是一首很棒的歌，但歌词中包含太多想法，学生可能很难从中挑选出最重要的。

"读写小屋"网站（The Literacy Shed；www.literacyshed.com）在教师中很受欢迎，因为它汇聚了大量可以激发写作灵感的视频剪辑。其中许多视频对提取概念同样有用。

> 我们可以从引语、视频、歌词和绘本中提取适合"学会挑战"的概念。

也许最受欢迎的刺激物类型是绘本。虽然绘本往往被认为只适合低龄儿童，但我发现很多绘本实际上也适用于大一些的学生。表4.2列出了我的团队在"学会挑战"课堂上最喜欢使用的一些绘本，并指出了故事的核心概念以及适用的年龄范围。

请记住，只是从书封中就可以提取多达10—15个概念。如果学生一开始感到吃力，你可以让他们想象主要人物的想法和情绪，或思考作者的意图。用这种方式，你可以帮助他们透过现象看本质，找到一些更隐秘的推断和假设。

这里我列出了10本书，附录中还列出了50本书。

表4.2　从书中提取概念

绘本信息	概念	年龄	概要和潜在问题
《真正的男子汉》 （*Boys Are Best*） 曼纽拉·奥尔特 （Manuela Olten）	性别 刻板印象 先天/后天 区别 理解 误解 力量 同等 最好	4—11	两个自信的小男孩认为所有女孩都很傻，还怕鬼。可当他们说到鬼的话题时，他们也开始害怕，由此意识到自己并不那么完美！ •男孩和女孩的想法是否不同？ •男孩和女孩是否是同等的？ •如果是同等的，是否意味着就是平等的？

续表

绘本信息	概念	年龄	概要和潜在问题
《奶酪属于你》 (Cheese Belongs to You) 亚历克西斯·迪肯 (Alexis Deacon)	权力/地位 拥有 统治 等级制度 分享 适者生存 法则 自然法则 谁捡到归谁 礼貌 嫉妒 贪婪	5—12	一只老鼠发现奶酪并最终决定礼貌地与大家分享。 • 如果你拥有某样东西,那么它就是你的了吗? • 只有在别人允许的情况下,你才有权力吗? • 如果我们不与他人分享,我们就是贪心的吗? • 总需要有人当"老板"吗?
《了不起的杰作》 (The Most Magnificent Thing) 阿什莉·斯拜尔 (Ashley Spires)	试错 坚持不懈 挫折 完美主义 创造力 看法 反馈 发明 对与错 成功与失败 易错性 计划和目标	7—13	一个小女孩上了一节思维模式课。她发现自己把一切搞得乱七八糟,而且她做的东西可能与她脑子里想的不完全一样,但它仍然是一件最了不起的杰作。 • 常规是什么意思? • 制作是什么意思? • 你能毁坏什么东西? • 小女孩在哪些方面表现出成长型思维模式? • 小女孩在哪些方面表现出固定型思维模式? • 尝试并犯错是否比一开始不尝试更好? • "最好的时刻"是什么意思? • 你的个人目标是什么?哪些潜在的障碍会阻碍你实现目标?
《不是一个盒子》 (Not A Box) 安托瓦尼特·波蒂斯 (Antoinette Portis)	洞察力 创造力 想象力 假想游戏 现实 谎言 经验 质疑	4—12	这是一个关于一只小兔子和一个纸盒玩得很开心的故事。小兔子用想象力将盒子变成它想要的样子。 • 如果你在现实生活中没有经历过,你怎么能想象得到呢? • 我们的想象是有意识的还是潜意识的?

续表

绘本信息	概念	年龄	概要和潜在问题
《怕黑的猫头鹰》 （The Owl Who Was Afraid of the Dark） 吉尔·汤姆林森 （Jill Tomlinson）	害怕 想象力 经验 看法 自然	4—9	仓鸮宝宝"扑通"怕黑。遇到了许多路人之后，扑通深受鼓舞，意识到黑暗是顶好的！ • 为什么小男孩觉得黑暗很刺激？ • 你喜欢一些可能会吓到别人的东西吗？ • 什么是借口？ • 为什么有人会找借口？ • 扑通被怂恿去调查他听到的声音。在父母不知情的情况下去某个地方，这是个好主意吗？
《失而复得》 （Lost and Found） 奥利弗·杰弗斯 （Oliver Jeffers）	孤独 友谊 假设	4—11	企鹅是走丢了、感到孤独了还是在寻找朋友？为了找到答案，小男孩开始了一场刺激的冒险。 • "走丢"是什么意思？ • 为什么男孩认为企鹅走丢了？仅仅是因为他难过吗？ • "有些鸟就是那样"是什么意思？ • 失望是什么感觉？ • 这个男孩是如何发现南极的？
《集邮者》 （The Stamp Collector） 珍妮弗·兰蒂尔 （Jennifer Lanthier）	力量 想象力 共情 友谊 言论自由 审查制度 艺术 入狱 希望 洞察力 看法 热情	6—16	这本书讲述了一个关于政治压迫、言论自由和用故事来改变生活的精彩故事。 • "压迫"是什么意思？ • 压迫如何表现出来？ • 什么是人权？ • 什么是言论自由权？ • 言论自由权的关键方面有哪些？
《瓶子里的心》 （The Heart and the Bottle） 奥利弗·杰弗斯 （Oliver Jeffers）	情绪 悲伤 死亡 好奇 惊奇 探索 爱	5—13	小女孩打算把她的心从玻璃牢笼中解救出来，但是多年的自我保护使瓶子变得坚不可摧，需要年轻人的天真无邪和无限惊奇才能打开。 • "相似"是什么意思？ • "好奇"是什么意思？ • "好奇"与"惊奇"有什么不同？

续表

绘本信息	概念	年龄	概要和潜在问题
	年轻人 失去 自我保护 依恋		• 一个人如何感到愉悦？ • "把心情写在脸上"是什么意思？ • 你真的能保护你的心吗？ • 为什么椅子不再是空的？
《爱心树》 (*The Giving Tree*) 谢尔·西尔弗斯坦 (Shel Silverstein)	自然 自然秩序 给予和索取 利他主义 礼物 爱 幸福 父母 牺牲 寂寞 礼仪 自我牺牲 无私 讲道理 责任	5—14	这本书讲述了一个男孩和一棵树的故事。男孩每当需要什么东西的时候，就会来找大树，最后大树很悲伤，因为自己已经没什么能给男孩了。 • 做让别人快乐的事能让你快乐吗？ • 我们需要别人来让自己快乐吗？ • 有可能同时感到快乐和悲伤吗？ • 某种行为真的可以是无私的吗？ • 你认为这个男孩自私吗？为什么？ • 有什么词可以形容那些不顾自己而不断付出的人吗？ • 你认识从不期望任何回报的人吗？ • 为什么你认为这棵树在把自己的树干给了男孩之后不开心？ • 你是否曾经放弃过一些你希望自己没有放弃的东西？ • 当你得到某样东西时，你是否觉得自己应该回报些什么？ • 你能在对别人生气的同时爱他们吗？ • 你需要别人的帮助才能快乐吗？ • 你需要理由才能快乐，还是无缘无故就可以快乐？
《毕古》(*Beegu*) 亚历克西斯·迪肯 (Alexis Deacon)	独处 孤立 抛弃 感到孤独 欢迎他人	3—12	毕古的宇宙飞船被困在地球上。现在她迷路了，四处游荡。这本书让你通过一个不知情的局外人的第三只眼看我们的世界。 • 是什么让人感到孤独？ • 独处和孤独是一回事吗？ • 一提到孤独，你会想到什么样的人？ • 感到孤独和享受独处有什么区别？

4.4　创建问题

在找到一些值得探索的概念后，下一步就是帮助学生创建关于这些概念的问题。这将有助于学生积极思考这些概念，并在引导他们入坑前，为他们提供发表初步看法的很好的机会。

请注意，只有当你有时间上完整的"学会挑战"课时，才需要用这一步。如果时间紧张，或者你的目标是让学生尽快入坑，那么你可以跳过这一步。事实上，如果你教的是低龄儿童，那么你可能还用不上这个步骤。然而，如果你能抽出时间去做，那么这个步骤的积极影响会是强大而持久的。想象一下，学生有好奇心、善于反思并能通过提出很棒的问题来表达自己的想法——这就是你和学生一起反复经历这个步骤所能产生的影响。

图 3.1 提到了可用于开始探索概念的各种问题，它们是：

> 这些问题可以帮助学生反思他们选择的概念。

- 现在你正在思考多少个概念？
- 哪一个是最有趣的、关系最密切的或最令人困惑的？
- 你为什么选择这个概念而不是另一个概念？

- 你的概念是什么意思？
- 你如何知道你的概念是什么意思？
- 你的概念和另一个概念有什么区别？
- 什么时候你的概念是好的/坏的/不同的/相关的/不相关的？
- 有没有可能总是使用或从不使用你的概念？
- 如果你的概念有其他含义，怎么办？

如果你觉得这些问题有用，那么我建议你将图 3.1 作为快速参考指南分享给学生。或者你可以给他们提供表 4.3 中的一些问题主干。通过整合，学生应该能够提出发人深省、值得探索的概念性问题。

表 4.3　问题主干

问题主干	示例
什么是……	什么是信仰？
是什么让……	是什么让事情变得真实？
你会是……	如果有人窃取了你的身份，你会是同一个人吗？
我们怎么知道什么是……	我们怎么知道什么是恐惧？
总是或从不……	我们应该总是说实话吗？
如果……会怎么样？	如果没有好奇心会怎么样？
……是否可能？	既快乐又悲伤是否可能？
什么时候……	什么时候我们可以说一个人是成年人？
谁……	谁来决定什么是美？
我们可以……	没有语言，我们可以思考吗？
为什么我们说……	为什么我们说"行胜于言"？
……有什么区别？	对和错有什么区别？

如果学生是第一次参与"学会挑战"，我建议你只向他们提供三四个这样的问题主干。然后，你可以每次增加一两个，直到他们熟悉所有问题主干。之后，你可以把整套问题主干写在一张卡片上或者挂在墙上，供他们上课时参考。

让学生将其中一个问题主干与他们先前确定的一个或多个概念配对，从而生成发人深省的问题。然后，他们可以尝试不同的搭配，直到他们提出一个自认为值得探索的问题。

例如，如果学生在看过图 4.2 后选择了"贪心"这一概念，那么他们可能会利用表 4.3 中的一些问题主干，创建以下问题（粗体字是问题主干中的关键短语）。

- **什么是**贪心？
- 贪心**总是**坏事吗？

- 贪心和渴望**有什么区别**？
- **什么时候**对某样东西的渴望会变成贪心？
- **你如何确定**什么是需要，什么是贪心？
- 如果每个人都贪心**会怎么样**？
- 每个人**都是**贪心的吗？
- **你怎么知道**某人是否贪心？
- 既贪心又善良**是否可能**？
- 贪心的**对立面**是什么？
- 贪心是**违反**法律的吗？
- 贪心是**反**社会的吗？
- 贪心是**正常的**吗？

> 这些问题主干对创建有趣的概念性问题从而开启"学会挑战"是最有效的。

表4.3中的每个问题都可以很好地开启"学会挑战"。它们似乎都有可能引发各种各样的观点，催生想法、假说、猜想和假设。而且每个问题都把一个看似平常的概念变成对解释、可能性和意义的挑战。

当你记录学生的问题时，最好在问题旁边注明提出者的名字以备将来参考，这可以让他们拥有主人翁意识，也方便你在某个特定问题需要澄清或拓展更多细节（如背后的思考）时，一眼就能看出这是谁提出的问题。

学生熟悉了这种练习后，你应该改变程序。例如，你可以按两人一组或三人一组将全班学生分组，让每个小组先内部讨论出一个问题，然后将问题记录在一张纸上或个人白板上。这将使更多学生积极参与问题的生成过程，并最终提高问题的质量。

你还可以鼓励学生准备一个反思本，记录下他们感兴趣的问题。这样做既有助于学生记住之前的问题，又有助于你根据他们所提问题的质量来发现他们取得的进步。

顺便说一句，如果有小组提出了多个问题，那么请他们选出自认为最好的一个。你的目标应该是全班不超过七个或八个问题，因此，如果从一个小组中选取多个问题，那么其他小组的机会就会减少。

4.4.1 问题示例

我和学生从 4.2.1 节的每个类别中选择两个概念，并将它们与表 4.3 所示的一些问题主干相结合，从而创建出一些问题示例，如下表所示。

> 这部分展示了在不同课程领域可用于开启"学会挑战"的问题类型。

表 4.4　与学科相关的问题类型

艺术类	
艺术 • 什么是艺术？ • 如果没有艺术，生活会怎么样？ • 艺术和音乐有什么区别？ • 艺术和创造力有什么区别？ • 什么时候某样东西开始成为艺术？ • 什么时候某样东西不再是艺术了？ • 如果学校禁止艺术会怎么样？	**美** • 谁说什么是美？ • 什么是美？ • 什么时候美是一件坏事？ • 人们应该关注美吗？ • 一切都可以是美的吗？ • 我们应该谈论美吗？ • 不美是否可能？ • 既美又丑是否可能？ • 美可以是视觉之外的东西吗？
公民教育	
真相 • 什么是真相？ • 我们应该总是说真话吗？ • 如果没有人知道真相是什么会怎么样？ • 总是说真话是否可能？ • 真相和事实有什么区别？ • 真相和诚实有什么区别？ • 我们如何知道什么是真相？	**复仇** • 人们为什么要复仇？ • 复仇总是一件坏事吗？ • 复仇是正当的吗？ • 复仇和正义有什么区别？ • 什么时候可以复仇？ • 你可以在不做坏事的情况下复仇吗？ • 复仇应该被定为非法吗？ • 复仇是一种本能反应吗？
设计技术	
受众 • 什么是好的受众？ • 受众和反馈之间有什么区别？ • 是否总是有受众，即使只有你一个人？ • 拥有完美的受众是否可能？ • 多少人才能称为受众？ • 在没有人的情况下，你能有受众吗？ • 动物可以成为受众吗？	**有效性** • 有效和高效有什么区别？ • 谁说什么时候某件事是有效的？ • 每件事都有效果吗？ • 每件事都应该有效果吗？ • 没有效果是否可能？ • 有效性重要吗？ • 有效性和优势是一样的吗？ • 在无效的事情上产生效果是否可能？

续表

幼教（3—7岁）	
宠物 • 什么是宠物？ • 任何东西都可以成为宠物吗？ • 人可以成为宠物吗？ • 如果每个人都必须养宠物会怎么样？ • 每个人都应该养宠物吗？ • 什么时候养宠物是一件坏事？ • 宠物必须是活物吗？ • 你可以养一只想象中的宠物吗？ • 买宠物总是要到宠物店吗？ • 什么是好的宠物？	**友善** • 你应该总是保持友善吗？ • 你应该总是让别人和你一起玩吗？ • 友善是什么样子的？ • 友善对别人来说意味着什么？ • 善良和友善有什么区别？ • 我们怎么知道别人何时是友善的？ • 我们应该总是对别人友善吗？ • 总是保持友善是否可能？ • 你可以做到既友善又令人讨厌吗？

说谎
- 我们怎么知道什么是谎言？
- 什么是谎言？
- 我们应该说谎吗？
- 如果认为某人在说谎，但实际上他说的是真话，那么这是谎言吗？
- 什么时候谎言不是谎言？
- 谎言和观点有什么区别？
- 人们为什么说谎？
- 说谎和不说真话有什么区别？
- 你可以在一言不发的情况下说谎吗？

英语（语言 / 文学 / 戏剧）	
浪漫 • 浪漫和爱情有什么区别？ • 浪漫总是一件好事吗？ • 学校应该教浪漫吗？ • 身处浪漫之中而不自知是否可能？ • 为什么莎士比亚要写浪漫？ • 是什么让人们对浪漫感兴趣？ • 是什么让浪漫主义诗歌吸引人？	**故事** • 故事和事件有什么区别？ • 如果没有故事会怎么样？ • 不用讲故事的方式教孩子是否可能？ • 故事总是有开头、中间和结尾吗？ • 我们怎么知道什么故事才是最好的？ • 如果故事必须是真实的会怎么样？ • 语言的发展取决于故事吗？

续表

人文（历史 / 地理 / 社会科学）	
家 • 住所和家有什么区别？ • 家是某个人的归属吗？ • 家一定是实体吗？ • 万物都有家吗？ • 人总是需要一个家吗？ • 我们应该将流浪定为非法吗？ • 什么时候有家是一件坏事？ • 既无家可归又拥有一个家是否可能？ • 把某个地方称为家，你必须住在那里吗？ • 拥有多个家是否可能？	**平等** • 平等是公平吗？ • 平等和公平有什么区别？ • 人人平等是否可能？ • 不平等是好事吗？ • 我们怎么知道是否实现了平等？ • 平等只是一种心态吗？ • 平等是否意味着给每个人同样的东西？ • 渴望平等与渴望成功是一样的还是相反的？ • 如果我取得了一些成就，这是否会阻碍平等？ • 平等与个人主义可以共存吗？
传媒	
社交媒体 • 应该允许孩子使用社交媒体吗？ • 社交媒体正在扼杀谈话的艺术吗？ • 网络欺凌比身体欺凌更糟糕吗？ • 在社交媒体上交流真的可以被视为一种社交活动吗？ • 使用社交媒体，你是否必须公开你的真实身份？ • 社交媒体必须使用网络吗？ • 社交媒体和新闻之间有什么区别？ • 脸书上的联系人真的应该称为朋友吗？ • 如果人们停止使用社交媒体，世界会有什么不同？	**娱乐** • 娱乐和信息有什么区别？ • 娱乐总是主观的吗？ • 旁观者眼中的娱乐是什么？ • 没有娱乐是否可能？ • 没有快乐也可以娱乐吗？ • 只有当你乐在其中时才算娱乐吗？ • 如果有人觉得某件事很有趣，而你不觉得，它还是娱乐吗？
数学	
数字 • 如果数字不存在会怎么样？ • 没有人，数字会存在吗？ • 是否存在找不到数字的情况？ • 没有数字你可以解数学题吗？ • 如果你在使用数字，你就是在解数学题吗？ • 数字和数学之间有什么区别？ • 世界的存在仅仅是因为数字吗？ • 数字会停止吗？	**价值** • 万物都有价值吗？ • 价值和数字有什么区别？ • 价值是一个关系概念吗？ • 价值和有价值有什么区别？ • 价值为一个常量是否可能？ • 非人类生物能理解价值吗？ • 如果万物都没有价值会怎么样？

续表

现代外语	
外来 • 外来和不同有什么区别？ • 外来是什么意思？ • 你必须来自另一个国家才算是外国人吗？ • 当我们谈论异物时，我们指的是什么？ • 在自己的国家成为外国人是否可能？ • 是否应该强制学习一门外语？ • 全世界都使用一种通用语言是件好事吗？ • 社会多样性是好事吗？ • 如果没有外来的事物会怎么样？	**语言** • 没有语言你可以思考吗？ • 语言和交流有什么区别？ • 每种生物都有语言吗？ • 在没有语言的情况下生存是否可能？ • 如果地球上没有人类，是不是就没有语言了？ • 如果我们没有语言，一切还会有名字吗？ • 如果我们没有语言，是不是就不能准确交流了？ • 没有语言，我们会有情感吗？ • 说外语能帮助你体验不同的情绪吗？ • 如果是这样，是否意味着你说的语言越多，你的情绪就越多？
体育	
成功 • 成功意味着什么？ • 一定要赢才能算成功吗？ • 成功就是要做到最好吗？ • 什么时候成功会是坏事？ • 成功和竞争是密切相关的吗？ • 既成功又失败是否可能？ • 没有成功，就不会有失败吗？ • 总是成功是否可能？ • 我们应该总是追求成功吗？	**竞争** • 竞争会让生活更美好吗？ • 没有竞争，就没有成功吗？ • 竞争是人类的产物吗？ • 竞争是一种生存本能吗？ • 如果每个人都赢了，就不再有竞争了吗？ • 没有竞争就没有创新吗？ • 决定什么是公平竞争重要吗？ • 是任何竞争都能做到公平，还是总会有人占上风？
宗教教育	
道德 • 道德和法律有什么区别？ • 宗教和道德可以分开吗？ • 道德总是根据所处的环境而变化，还是存在普世道德？ • 万物都应该有道德目的吗？ • 一生都保持道德是否可能？ • 道德是一个主观概念吗？ • 世界主要宗教之间的道德有何不同？ • 道德和礼仪有什么联系？ • 学校应该教授道德吗？ • 道德和价值观有什么区别？	**信仰** • 相信某个东西重要吗？ • 没有信仰，或者没有信仰本身就是一种信仰，这是否可能？ • 是不是相信的人越多，事情就越可信？ • 如果某件事被证实了，这会阻碍它成为一种信仰吗？ • 信仰和信念有什么区别？ • 我们应该与他人分享我们的信仰吗？ • 与他人的信仰不同是好事吗？ • 共同的信仰可以巩固友谊吗？ • 信仰和价值观有什么区别？ • 你的父母在多大程度上决定了你的信仰？

续表

科学	
证明	**科学**
• 要证明一件事，你需要有物证吗？ • 谁说什么是证明？ • 科学是否总是需要证明？ • 证明是科学和宗教的区别吗？ • 什么时候证明会是一件坏事？ • 已经被证明的东西有可能被推翻吗？或者这会是相反的证据吗？ • 你需要多少证据才能证明？	• 什么是科学？ • 科学只是数学的另一种形式吗？ • 科学何时开始，数学何时结束？ • 没有观察你可以搞科研吗？ • 科学总是与进步联系在一起的吗？ • 搞科研必须有科学思维吗？ • 你认为科学最终会回答所有问题吗？ • 只有科学家才能搞科研吗？ • 一个国家如果禁止科学会是什么样子？ • 科学的对立面是宗教吗？ • 什么是社会科学？

4.5 选出最佳问题

如果你已经为学生创造了创建问题的机会，那么你还需要帮助他们选择能带他们入坑的最佳问题。因此，从每组收集一个问题后，请给学生时间公开表达自己的看法。你可以请问题提出者简要介绍自己的问题，也可以让学生自愿发言，说说为什么他们认为选出的问题是一个特别好的问题。

问题公布后，请学生投票。在前几节课中，鼓励他们选择自己喜欢的问题可能就够了。然而过一段时间，你应该鼓励他们选择最佳问题。要做到这一点，你们需要就什么是最好的达成一致意见。例如，最棘手的问题、最发人深省的问题，或者最有可能引发一系列意见和分歧的问题。

> 一开始，学生通常会选择他们最喜欢的问题。然而随着时间的推移，你应该鼓励他们确定标准，以便他们能够选出最佳问题。

下面是另外一些标准：

• 能够提供最广泛的答案选择的问题
• 与学生生活中最重要的概念有关的问题

- 能够提出最具争议性概念的问题
- 最有可能引发不同观点的问题
- 不能用简单的"是"或"否"来回答的问题

> 选择一个问题来开启"学会挑战"有很多方式,你可以从"全票制"做起。

哪个问题最好可能并不明显,在某些方面可能无法确定。然而,选择标准并利用这些标准做出决定的过程本身就是一件值得做的事情。

在投票方面,有很多方式可以选择。以下是一些常见的做法:

- **一票制**。每人投一票。选择获得最多选票的问题进一步讨论。
- **全票制**。每个人都可以任意投多次票(需要提醒年幼的孩子,如果他们给每个问题都投了票,就不会有问题脱颖而出了)。对于刚参加"学会挑战"的小组来说,全票制往往是最好的投票方式。
- **多票制**。每个人都有限定数量的投票机会,比如三票,那么就可以给不超过三个问题投票。
- **单一可转移票制**。把问题放在地上,要求每个学生站在其中一个问题的旁边。这种方法效果很好。然后,你可以要求站在得票数最少的问题旁边的学生从得票数领先的几个问题中选一个重新投票。

4.6 分享最初的想法

在这个阶段,我们要做的就是鼓励学生分享他们对所选问题的第一反应。

在邀请几位自告奋勇者分享最初的想法之前,给所有学生一些思考时间。抵制过早提出问题或发起挑战的诱惑。鼓励学生尊重别人,专心聆听。

不要强迫每个学生发言!

> 人们普遍认为，我们应该努力确保每个学生在每次讨论中都能至少说一件事。这是毫无意义的，因为有些人在什么都不说的时候可以更好地思考（而有些人则发现多说话能促进思考）。

在凯瑟琳·库克·布里格斯（Katharine Cook Briggs）和她的女儿伊莎贝尔·布里格斯·迈尔斯（Isabel Briggs Myers）的研究中，我们可以找到对上述现象的一种解释。在第二次世界大战期间，她们创建了"迈尔斯—布里格斯性格类型指标"（Myers-Briggs Type Indicator，简称 MBTI；见 Conoley & Kramer, 1989），以帮助女性确定她们在战时状态下最自如和最有效的工作类型。这一研究的基础是卡尔·荣格（Carl Jung）的理论。

在 MBTI 评估工具提出的四对偏好中，有一对偏好侧重于外向和内向的区别。研究发现，有些人倾向于"行动—反思—行动"（外向），而其他人则倾向于"反思—行动—反思"（内向）。或者换一种说法：内向型思维通过思考来说话，外向型思维通过说话来思考。

当然，MBTI 是一项性格测试，因此我们应该谨慎对待。它也与环境有关：我们有多少人在被拖到完全陌生的派对上时是内向的，而在自己的派对上做主人时却是外向的？环境显然很重要！因此，说我们一直是这样的人或那样的人是不对的。

关键在于，有些人（包括学生）通常会发现他们在什么都不必说的时候可以更好地思考，而有些人通常会发现多说话有助于自己厘清思路。这与许多学校里的讨论形成鲜明对比。在这些讨论中，老师一开始就说："我要把这只猫头鹰毛绒玩具传一圈。你拿到它时才可以说话！"

> 试图让所有学生都说话是不诚实的。"学会挑战"的重点是思考，有些人在不需要说话的时候会尽全力思考。

想象一下，如果你是一个内向型思考者，希望自己能够静静地想一想讨论的话题，可你偏偏首先拿到了那只玩具，你会怎么做？每个人都会满怀期待地看着你，但你还没来得及思考该说些什么。随着压力的增加，你的老师会提醒你说"过"（如果你愿意的话）。问题是，你知道如果你真的这样说了，那么每个人都会认为你是个笨蛋。与此同时，在圆圈的另一边，有一个外向型思考者急切地想说些什么，话语和想法简直要从身体的每一个孔窍中喷涌而出！最终，外向的学生大声说了出来，而老师却因为他违反了规则而大加指责。

哦，这就是教学的乐趣（是的，很多次，我就是那位老师）！

下面是一些更好的对话方式，可以鼓励学生以内向和外向的方式思考。

- **思考时间**。给每个人一点儿时间来整理自己的想法或（非常安静地）与旁边的人分享自己最初的想法。
- **暂停**。在"学会挑战"进行到一半的时候暂停，给大家留出一些思考时间，可以是一个晚上，也可以是一天中的一小段时间。暂停的好时机是投票完成后，这样学生就可以思考选出的问题了。
- **内圈和外圈**。如果你的学习小组超过20人，这个方法特别有效。将学习小组分成两半，让一半学生坐在内圈讨论，另一半学生坐在外圈记录。外圈的学生可以用思维导图、概念图或类似的方式记录对话，也可以记下自己的想法。如果你每隔一段时间就会交换内圈和外圈，也许每10分钟左右交换一次，那么每个人都有机会静静地思考，如果他们愿意的话也可以发言。

> 设置内圈和外圈，可以为参与者提供更多思考时间。

当然，如果有些学生不说话，很多老师可能还是会担心。可即使学生说话了，我们也不能确定他们是否专注！许多学生已经学会了一些措辞和策略，目的是让你觉得他们很专注，而实际上他们的心思却跑到了很远的地方。因此，无论你是和一个学生讨论，还是和整个小组的学生讨论，我都建议采取以下方式：

- 暂停和留出思考时间。
- 使用可能性语言。"或许""也许"或"我在想"之类的说法可以培养开放的思想和探索的精神，这对探究至关重要。
- 提醒学生最重要的是思考问题。只要每个人都这样做，那么是否与他人分享自己的观点，就取决于个人的决定了。

一旦学生开始分享他们最初的想法，就引导其他人做出鼓励性回应，并在同学分享内容的基础上继续讨论。这可以通过以下一种或多种方式实现。这些方式有助于培养参与者的倾听技能。

- **重复—转述—关联（RPC）**。一个学生表达了他的最初想法后，让其他人逐字逐句地重复他所说的话，或用不同的方式转述同一件事，抑或将他所说的话与自己的想法关联起来。
- **释义**。一个特别有效的策略是通过询问其他人是否明白来回应学生的发言。有些学生会觉得自己听懂了，所以请他们解释一下。如果只有你和发言者在讨论，那么你可以试着解释一下你的理解。无论采用哪种方式，都要确保询问最初的发言者是否真的是这个意思。通常情况下，解释会接近原意，但并不完全准确，这给了最初的发言者进一步澄清他们想法的机会。这种策略还告诉我们，一个人说话的原意与别人如何理解之间往往存在明显的差异。
- **同意**。通常一个简单（且有效）的做法是，要求每个参与对话的人最开始几次回答时以"我同意……，因为……"开头，因为这要求参与者认真倾听别人的意见。

4.7 本章要点

除了概览中确定的要点外，本章还涵盖以下内容：

1. 如果学生从他们最感兴趣的概念中创建了一系列问题，那么应该给他们机会选择最佳问题进行探究。
2. 为了选出最佳问题，他们可以投票，或者确定判断最佳问题的标准。
3. 一旦确定了最佳问题，你就应该给学生时间来分享他们最初的想法。不要挑战他们，也不要指望每个人都发言。对他们来说，最重要的事情是思考问题的可能含义，以及他们可能遵循的探究途径。
4. 在创建问题阶段没有硬性规定。只要你已经帮助学生确定了一个值得探索的有趣的概念，那么你就为迎接"学会挑战"的第二阶段做好了准备。

步骤 1：找准一个概念

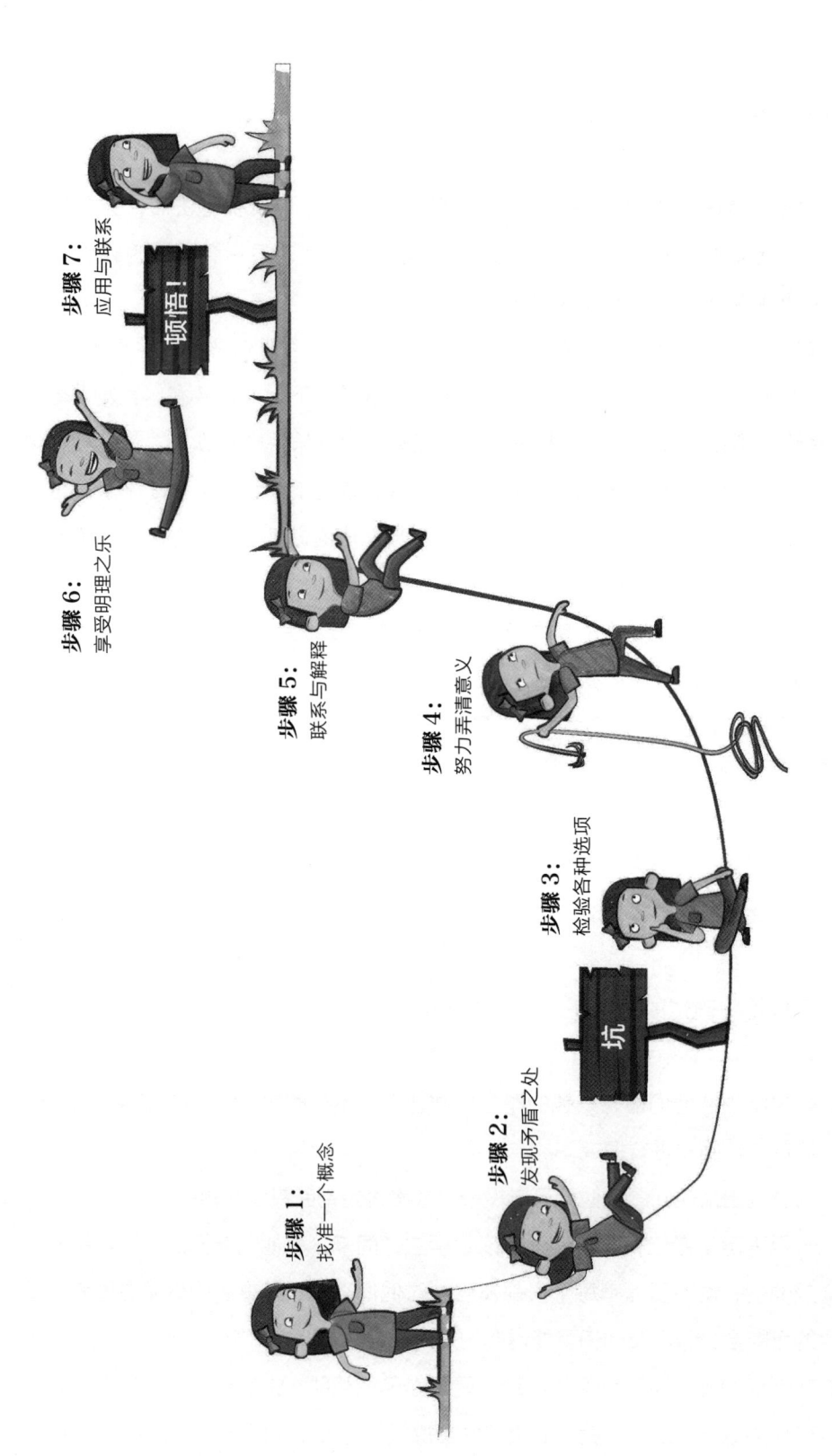

步骤 2：发现矛盾之处

步骤 3：检验各种选项

步骤 4：努力弄清意义

步骤 5：联系与解释

步骤 6：享受明理之乐

步骤 7：应用与联系

顿悟！

坑

图 4.3　理解的七个步骤

第五章

认知冲突

5.0 本章概览

本章的重点是讨论认知冲突的作用：它是什么，为什么可以帮助学生学习，以及如何有效地形成认知冲突。

本章的要点包括：

1. "学会挑战"的核心是认知冲突。

2. 认知冲突是一个人同时持有的两个或两个以上的想法或观点之间存在分歧。

3. 认知冲突促使人更迫切、更有目的地思考。

4. 创造认知冲突有一个道德目的，即帮助人变得更加明智、更加深思熟虑。

5. 创造认知冲突的方法有很多，包括对话、将两个或多个概念放在一起比较，以及在不同的情境中考虑概念。

6. 学生产生了认知冲突，就可以说自己入坑了。

5.1 什么是认知冲突

当发现矛盾并检验选项时,认知冲突就会产生,如图 4.3 中的步骤 2 和步骤 3 所示。从字面上看,认知冲突就是一个人内心的冲突,也就是说,一个人同时持有的两个或两个以上的想法或观点之间存在分歧。这种冲突可能令人不安,但与此同时,它也会引发更多的反思和对假设的质疑。

例如,如果我们问学龄儿童罗宾汉是否是一个"好人",他们最有可能回答"是"。"罗宾汉是个好人"是一个观点。然而,假如再问他们,"如果班上有人从超市偷东西,然后把钱捐给穷人,这种做法对吗",通常他们的回答是否定的。这就催生了第二个观点:偷窃是不对的。

> "学会挑战"的核心是"坑"。这个坑代表了一种认知冲突的状态。

"罗宾汉是个好人"和"偷窃是不对的"这两个观点之间的冲突造成了紧张,促使孩子们更多地反思自己的信念。

图 5.1 展示了另一个例子,这次教师要求学生回答"什么是朋友"这个问题。图中人物的第一反应是将朋友视为自己信任的人。这是一个观点。然后,小

观点一
朋友就是我信任的人。

观点二
很多人不是我的朋友,但我也信任他们。

图 5.1 认知冲突示意图

组中的另一个人提出，有许多人可以信任，但不能算作朋友，例如应急服务人员。这是另一个观点。两个观点之间就形成了认知冲突。

请记住，学生需要接受两个或两个以上对立的观点，即使是暂时的，否则认知冲突就无法形成。这就是为什么"学会挑战"要从学生至少有一点儿了解的概念开始。如果他们对概念一无所知，那么就不会有什么冲突，你也就无法把他们带到坑里！

> 这也解释了为什么你即使认为学生是错误的，也不应该说出自己的观点。例如，如果你的一个学生说"打人是可以的"，那么无论你多么强烈地反对这个观点，为了达到"学会挑战"的目的，你也不应该表现出来。相反，你应该鼓励其他参与者想出反例。无论你是否同意学生的观点，你都应该这样做。这个过程的完整性和成功有赖于参与者能够在无拘无束的情况下探索想法。

描述这种价值观的一个好方法是："不是我们的所有问题都得到了回答，而是我们的所有答案都受到了质疑。"

正如我在3.3节中提到的，我并不是建议你停止向学生传授社会的价值观。我所提倡的是，你应该利用"学会挑战"来教会学生如何思考，这样，通过教育过程，学生就能学会思考什么以及如何思考。

5.2　为什么认知冲突是件好事

"学会挑战"的第二个阶段是在参与者的头脑中创造认知冲突。如2.2节所述，创造认知冲突的目的是促使人们更深入、更迫切地思考自己的想法。

第一章的图1.3是描述认知冲突的一种有效方式。左边的道路代表简单而直接的任务，没有认知冲突；右边的道路代表更有挑战性的任务，经常会形成认知冲突。

现在让我们再次展示这幅图（如图 5.2 所示），更详细地比较一下这两者。左边的道路可以说代表了许多学生在课堂上走的路线。这并不是诋毁教师职业，也不是说这总是一条不好的道路。问题是，随着课程被塞得越来越满，以及考试压力越来越大，我们中有太多人觉得有义务（甚至是被迫）引导学生沿这条路走下去，以便他们能尽可能顺利、高效地找到答案。他们没有时间停下来思考。相比之下，右边的道路虽然困难重重，更耗时，但也更吸引人、更发人深省。

图 5.2 "学会挑战"之路

当然，我并不是说绝不应该让学生走更平坦的道路。事实上，我们要求他们一遍又一遍地重复许多技能，例如，背诵乘法表，目的就是让他们更容易、更自如地运用这些技能。即便如此，鼓励学生走上更具挑战性的道路肯定有很多好处。

> 图 5.2 中右侧的道路更具挑战性，类似于处理认知冲突带来的挑战。

以下是带领学生踏上"学会挑战"之旅的优势（如图 5.2 中右侧道路所示）：

- 促使学生更多地思考自己的学习历程。
- 促使学生更有目的、更有重点地解决问题。
- 鼓励学生相互合作,以便取得更大进步。
- 将学生置于具有挑战性的环境中,从而培养修复力、决心和韧性。
- 迫使学生提问、阐述、联系、预测、排序和验证。
- 对学生提出更高的要求,让他们反思自己的学习策略,并思考下一步的行动(元认知)。
- 当学生最终达到学习目标时,他们的成就感就会得到提升。

以下引文为我列出的优势增加了另一个维度,同时也证明了挑战的好处。

> 如果学生不费力就可以理解所学内容,那么他们就不太可能在六周的时间内记住。[引自迪伦·威廉(Dylan Wiliam)2016年在 deansforimpact.org 上发表的博客文章]
>
> 记忆是思想的残余。[引自丹尼尔·威林厄姆(Daniel Willingham)2009年在杂志上发表的《问问认知科学家:什么能提高学生的记忆力》(Ask the Cognitive Scientist: What Will Improve a Student's Memory)一文]
>
> 当学习者很好地完成学习任务时,他们可能会比完成得不好时更快地忘记;良好的教学可以为学习者创造"必要的困难"。[迪伦·威廉在上述博客文章中引用了罗伯特·比约克(Robert Bjork)于1994年发表的《人类训练中的记忆和元记忆因素》(Memory and Metamemory Considerations in the Training of Human Beings)一文]

我在这里和书末参考文献中都写出了这些引文的出处,因为我认为这些文章和这些观点本身一样有趣。

第一句话出自迪伦·威廉的一篇文章,他是反馈领域最著名的研究者之一,这篇文章发表在 Deans for Impact 网站上。第二句话出自丹尼尔·威林厄姆。当你下次需要向一个痴迷于成绩的同事或学生证明你开展"学会挑战"的合理性时，你就可以给他们看这句话，并提醒他们，"学会挑战"非但不会让学生的进步放慢，反而有可能提高学生的考试成绩！思考更多，学生就可能记住更多；记住更多，他们就可能考得更好。最后一句话还是出自迪伦·威廉，但他引用了心理学教授罗伯特·比约克的话。我真希望我能想到"必要的困难"这个说法，它真是描述"学会挑战"的好方法！

所有挑战和记忆得以形成的核心是认知冲突。一旦学生面对生活中很重要的概念时产生了相互矛盾的想法，他们将更投入地研究学习材料，并在未来很长一段时间内记住学习内容。

5.2.1 认知冲突的道德目标

认知冲突还有一个道德目标，即帮助人们变得更加明智和深思熟虑。一开始就让学生认识到认知冲突的存在，会迫使他们反思自己的假设和矛盾，从而变得更加明智。我之所以这么说，是因为生活中存在许多人们无能为力的矛盾，例如，肉食者认为杀生是残忍的，开着一辆污染严重的大型汽车的司机认为应该解决全球变暖问题，老板一边提倡工作与生活的平衡，一边希望每个人都能加会儿班。

让我们回过头来想想学校的环境。表 5.1 列出了我在学生中常常听到的一些相互冲突的观点。

这些观点存在于许多学生的脑海中，有时不管它们也许会更容易，然而逐个审视冲突可以带来很多好处。首先，思考我们生活中的许多矛盾可能是有趣的，而且常常是相当有趣的。其次，这样做可以用一种愉快的方式帮助学生学习如何解决冲突和做出决定。

> 帮助年轻人处理认知冲突有很多道德原因。

同样值得记住的是，"critical thinking"（批判性思维）的词源是"kritikos"，希腊语中它是"做出判断"的意思。因此，如果你鼓励学生分析争论的不同方面，以期他们做出理性的判断，那么你也会让学生熟悉批判性思维的一个核心程序。

表 5.1 观点冲突的例子

观点	相冲突的观点
如果我被欺负了，我应该告诉老师。	如果我被欺负了，我应该反击。
偷窃是不对的。	罗宾汉做了一件好事。
你永远不应该说谎。	表达诚实的看法可能会冒犯他人。
毒品是非法的。	香烟和酒精都含有有害成分。
你应该总是帮助你的朋友。	过度的帮助会使人变得依赖别人。
我应该独立思考。	我应该听长辈的话。
人多好办事。	人多烦恼多。

审视并摆脱困境可以帮助学生培养冲突解决策略和智慧。这听起来像是一个相当夸张的说法，但如果你愿意的话，请考虑一下：我们多长时间代表学生做一次决定，结果无意中剥夺了他们发展自己智慧的机会？

一个经典的例子是，我们看到两个学生在打架，于是上前阻止，让他们做出解释。他们都说对方欺负自己。我们提醒他们，受到了欺负应该告诉老师，老师会出面制止。他们通常回答说，父母建议他们反击恶霸。这就形成了两个相互冲突的观点：如果我被欺负了，我应该告诉老师；如果我被欺负了，我应该反击。

现在考虑一下你会如何应对这种情况。你有多大可能会说我们很多人说的话："虽然你父母那么说，但你现在是在学校，你就应该遵守学校的规定。"

这样说似乎是正确的。毕竟，作为老师，我们确实需要让我们的学生遵守校规。但这个建议不经意间也传达了一个信息：忽略争论的一方，按你说的去做！这是什么人生教训？

> 许多学校课程教学生的是思考什么，而"学会挑战"则通过教学生如何思考来做出平衡。

就过程而言，我说的"不要听你父母说的话，照我说的做"和一个毒贩说的"不要相信学校教你的东西，把毒品吃下去，它会让你嗨到极致，第一次试用我还会免费"有什么不同？

请记住，我并不是说让学生遵守校规就像毒贩贩卖毒品一样坏！我想说的是，在这两个例子中，建议人们忽略争论的任何一方而做出相反的决定，其过程都是相同的。冒着危言耸听的风险，这难道不是导致纽伦堡审判中最常见的说法——"我只是按照别人告诉我的去做"的部分原因吗？

这就是我说教学生审视和解决认知冲突具有道德维度的原因之一。这个过程可以帮助他们学会如何做决定，倾听反对意见，试着理解别人的观点，等等。

当然，我不提倡从一开始就通过分享纽伦堡审判的故事或思考应对欺凌的正确方式，让学生审视认知冲突。学生积累了很多"学会挑战"的经验之后，才可以这样做。我建议你从 4.4 节和 4.4.1 节以及第十章中选择认知冲突不太明显的例子开始。

5.3 创造认知冲突

图 4.3 中的步骤 1、步骤 2 和步骤 3 指出了创造认知冲突的一些方法。这里有一些其他方法：

对话：通过对话揭示一个概念的复杂性（见 5.4 节）。
比较：比较选定的概念与其他概念，包括使用同义词和反义词（见 5.5 节）。
情境：反思概念在不同情境中的不同用法，特别是当下的事例（见 5.6 节）。

本节将深入探讨这些方法。阅读时，我建议你标出你认为最适合自己学生的技能或例子。我发现它们都非常有用，但不是在同一时间发挥作用，当然也不是在所有情境下都有用。例如，我认为对话可能对口齿伶俐的学生最有效，而拓展的学习内容可能对英语学习者更有效。

记住，最终的目标是让认知冲突自发地出现，甚至无须教师指导，由学生有目的地创造出来。但这不太可能马上发生，这就是本书中的许多例子将教师确定为主角（特别是在对话示例中）的原因。然而，随着时间的推移，在从你挑战学生，到学生相互挑战，再到每个学生挑战自己的过程中，你会看到学生明显的进步。挑战的最后表现形式——学生挑战自己——可以被认为是反思和元认知的基础。

> 在这本书中，许多认知冲突的例子都将教师作为主角。随着时间的推移，学生应该发挥越来越大的作用。

5.4　通过对话创造认知冲突

对话是让学生入坑的一个很好的工具。它非常好用，因此我和同事写了《通过对话挑战学习》一书来分享一些最好的对话方法。

此外，如果你在网上看过介绍"学会挑战"的动画短片（Nottingham，2015），你就会注意到许多例子都是基于对话的。下面是用对话创造认知冲突的两个例子，都是我和一些学生实际交流的记录。第一个是与7岁孩子的对话，第二个是与14岁孩子的对话。

与7岁孩子的对话如下（记录的是我们在"学会挑战"中关于奇数的讨论）：

我： 2、7和8，哪个数字和其他两个不同？为什么？

安德鲁： 7，因为它是个奇数。

我： 奇数是什么？

卡罗琳： 不能被2除的数字。

我： 所以如果我有7美元，你是说它不能被一分为二吗？如果我把7美元分给两个人，每人会有多少？

夏洛特： 每人3美元50美分。

我： 所以7可以被一分为二，那它就是偶数喽？

谢尔盖： 不！

我： 那么什么是奇数呢？

谢尔盖： 它被一分为二后不能有余数。

我： 但是7美元除以2也没有余数呀？

丹尼尔： 但50美分不是一个整数。你把一个奇数除以2不能得到一个整数。

我： 你是说50不是一个整数吗？

苏妮塔： 50美分不算。

我： 这个（一枚50美分的硬币）不是完整的吗？为什么不是呢？在我看来它是完整的。

苏妮塔： 但它不是一整美元，是半美元。

我： 那么奇数是什么呢？

本： 它是一个不改变单位就不能除以2的数。

我：你能举个例子吗？

本：如果我有 7 张一美元的钞票，那我得先把其中一张一分为二。

我：这是不是意味着某样必须分成两半才能与他人分享的东西才是奇数？

本：是的。

我：但是如果我有一张 10 美元的钞票，我也得把它平分才能分享，那么这就说明 10 美元是奇数吗？

本：不能。

我：那 5 块蛋糕呢？如果我有 5 块蛋糕，我能把它们平均分给两个人吗？

哈利：是的，当然。

我：那么 5 块蛋糕是奇数还是偶数呢？

哈利：奇数。

我：但是我可以把它们分成两等份。

丹尼尔：但是那两份不是完整的。你必须把其中一块切成两半。

苏妮塔：对，也许奇数可以一分为二，但只能是一半？

谢尔盖：是，但半美元硬币不是一半，而是一枚完整的硬币，跟蛋糕不一样。

卡罗琳：啊，这太难了！

与 14 岁孩子的对话如下（记录的是我们在"学会挑战"中关于勇敢的讨论）：

我：勇敢是什么意思？

萨拉：直面恐惧。

我：但如果我害怕横穿高速公路，但我还是这么做了，我勇敢吗？

埃莉：不，那太愚蠢了。你必须做一些好事来表现勇敢。

我：比如杀人？

凯尔：那可不是好事。

我：但是很多士兵之所以被授予勋章，是因为他们能够奋勇杀敌。

凯尔：是的，但那是他们的工作。

我：所以如果我做本职工作，就是勇敢了？我现在就是在工作，这说明我很勇敢吗？

维贾伊：不，先生，你不是在工作，你只是想把我们弄糊涂。［我很想问他，为什么认为试图迷惑（或挑战）他就不是老师的工作，但我不想偏离话题。]

我：所以如果你只是在做本职工作，你就不算勇敢，对吗？

苏妮塔：那消防员呢？他们是勇敢的人。

莫莉：我爸爸是一名消防员，他就是坐在那里玩电脑游戏。

我：但一旦有需要，想必你爸爸也会去救人和灭火吧。

莫莉：当然！

我：那么他勇敢吗？

莫莉：我想是的。

我：还有谁能告诉我，为什么莫莉爸爸的工作需要他勇敢地去完成？

本：他把别人的生命放在第一位。

我：好吧，但是大多数父母都会把孩子的生命看得最重，尤其是在遭遇危机或危险的时候。他们勇敢吗？

珍妮：算是吧。但这是意料之中的事，不是吗？

朱莉娅：什么意思？

珍妮：把孩子的生命看得比自己的生命重要。理当如此。

我：但是当消防员冒着生命危险去救别人的时候，这不正是人们意料之中的事吗？这就是他们出现在那里的目的，不是吗？

珍妮：没错，但感觉不一样。我无法解释，但确实如此。

我：有人能帮帮珍妮吗？你觉得她可能是什么意思？

布兰登：你是说那很正常吗？像预期的那样？

珍妮：也许吧。消防员冒着生命危险去救别人是很正常的。父母把孩子看得比自己重要是很正常的。

我：那么勇敢是正常的事情了？

萨拉：不。勇敢是不正常的，否则我们为什么要谈这个话题？这就像指着某些人说他们是人类。他们当然是了，所有人都是。所以如果每个人都很勇敢，那我们为什么还要提呢？如果每个人都很勇敢，我们为什么还要设立见义勇为奖？我认为它是不寻常的。

凯尔：那要看你说的勇敢是什么意思了。

我：确实！那它到底是什么？谁能说说勇敢是什么意思？

学生：（哎呀）我们又掉进坑里了！

阅读上面的对话，请注意，我不断提问并指出学生论点中的不一致，并不是想表现自己或以任何方式贬低他们；从社会和道德角度看这都是值得怀疑的，而且会适得其反。我的目标是让年轻人找到最初答案的例外，这样他们就需要反复推敲，从而发展洞察力，增强心理韧性，进而进行更多的思考。

例如，如果我让 7 岁的孩子解释什么是奇数，然后接受他们的第一个答案（"不能被 2 除的数字"），那么他们就不需要想太多且很可能回答的是死记硬背的答案。在对话中，我引导学生考虑，虽然我们说"奇数不能被 2 除"，但很明显在某些情况下并非如此，例如，7 美元就可以被分成两份，每份 3.5 美元。这就是我试图设置的认知冲突：两个想法都有意义但又相互冲突。这最终会引出更合理的答案，并培养条分缕析所需的语言表达能力。

在与 14 岁孩子的对话中也存在类似的情况：一方面，"勇敢"意味着直面恐惧，但另一方面，这样做也可能是鲁莽的（或者像我的学生所说的，是"愚蠢的"）。在这个例子中，学生不断地添加更多认知冲突：既然这么多人把别人的生命放在第一位，那么勇敢就是"正常的"，但它又不可能是"正常的"，否则我们就没必要讨论它或奖励勇敢的人了。同样，他们所说的话存在矛盾，一种认知冲突的状态由此形成。

5.4.1　摇晃器

在对话中创造认知冲突的最好方法之一是使用我所说的"摇晃器"，我用这个词来唤起我们在学习骑自行车时所体验的摇晃感。我在 1.1 节中对此做过更多的解释，但我想在这里总结一下，我指的是当我们离开舒适区时所体验的摇晃不定的感觉。正如我在整本书中所描述的那样，"学会挑战"就是鼓励学生走出自己的舒适区，进入学习坑，从而更好地理解那些对他们的生活很重要的概念的复杂性和细微差别。摇晃器是一个很好的工具，可以帮助你做到这一点。

> 摇晃器是在"学会挑战"参与者的头脑中创造"摇晃"的技术。

在你往下阅读之前，我建议你回顾 3.2 节，以确定策略的使用方法。在那部分我提到，"学会挑战"无关战胜，而是摇晃不定；它无关贬低他人，而是幽默和谦卑；它不是要证明谁是错的，而是要找到看待熟悉概念的新方法。

摇晃器 1：如果 A=B

询问某事是什么，不管学生说什么，反过来举出一个与其矛盾的例子，以此检验这种说法。

问题：什么是勇敢？（这是 A）

回答：直面恐惧。（这是 B）

问题：如果我直面恐惧（B），这是否意味着我很勇敢（A）？例如，横穿一条交通繁忙的公路。

这个过程看起来是这样的：如果 A=B，那么 B=A 吗？ A 是你正在考虑的概念，在这个例子中是"勇敢"。B 是学生的回答，在这个例子中是"直面恐惧"。

现在添加一个与定义相冲突的示例。例如，"横穿一条交通繁忙的公路"确实需要直面恐惧，但通常不会被认为是勇敢的。

注意，你不能用反例来证明他们是错的，而要试着找到一个能让学生重新思考的例子。

摇晃器 1 的实例

如果欺负（A）意味着伤害他人（B），那么这是否意味着如果我伤害了他人（B），那么我就在欺负（A）？例如，如果我在体育比赛中犯规伤了人，是否我就在欺负？

如果公平（A）意味着对每个人一视同仁（B），那么这是否意味着如果我对每个人一视同仁（B），我就是公平的（A）？例如，如果我给婴儿和成年人一样多的食物会怎么样？或者即使只有一半学生做错了事，我仍给所有学生同样的惩罚？

如果正义（A）就是保持天平平衡（B），那么如果我们确保天平平衡（B），就是在维护正义吗（A）？例如，报复呢？或者杀死一个杀人犯、偷小偷的东西，等等。

> 摇晃器 1 的这些例子将概念作为 A，将学生给出的答案作为 B。

如果家（A）是你父母住的地方（B），那么这是否意味着你父母住的地方（B）就是你的家（A）？例如，如果你的父母决定搬到另一个国家，而你没有和他们一起去呢？

如果一首诗（A）是押韵的（B），那么这是否意味着押韵的（B）都是诗（A）？例如，cat 和 mat 是押韵的，但把它们放在一起是一首诗吗？

如果食物（A）是你吃的东西（B），这是否意味着你吃的东西（B）就是食物（A）？例如，如果你把笔帽吃了怎么办？吞下一只苍蝇呢？

摇晃器 2：非 A

让学生感到摇摆不定的另一种方法是在"如果 A=B"后面加一个否定的假设，这样公式就变成了：如果 A=B，那么如果 B 不成立，则 A 也不成立吗？

A 是你正在考虑的事情，例如，"朋友"。B 是一个学生的回答，例如，"和我一起玩的人"。所以这一次，为了创造认知冲突，我们问：这是否意味着如果你今天没和你的朋友一起玩（非 B），你们就不是朋友（非 A）？

> 摇晃器 2 在学生的回答中添加了一个否定的假设，以此判断这个想法反过来是否也成立。

摇晃器 2 的实例

如果孩子说公平（A）是都一样（B），那么如果我们并非都一样（非 B），这是否意味着不公平（非 A）？例如，你和我是不同的，原因在于我们的眼睛颜色、发型、手臂长度等都不一样。

如果梦（A）是我们睡着时的思考（B），那么如果我没睡着（非 B），是否意味着我不能做梦（非 A）？例如，我们在半梦半醒间做梦呢？做白日梦呢？我们努力实现的梦想呢？

如果民主（A）是与多数人保持一致（B），那么如果大多数人不同意（非 B），就不是民主了吗（非 A）？例如，某个国家有太多选民拒绝投票，结果总统和总理以大约 30% 的得票率赢得了选举。

如果说谎（A）是指某人没有说真话（B），那么如果我说了真话（非 B）是否意味着我没有说谎（非 A）？例如，如果有些人说没有外星人，但几年后证明其他星球上有外星人，那该怎么办？他们是在说谎还是在说真话？

如果朋友（A）是我信任的人（B），那么这是否意味着我不信任的人（非B）不能成为我的朋友（非A）？例如，那些你不相信会准时的朋友呢？那些你永远不会告知秘密或托付照顾宠物的人呢？这是否意味着他们不是你的朋友？

摇晃器 3：从一般到具体

你可能需要在概括和具体的例子之间切换，这样才能使前两种摇晃器，特别是摇晃器"非A"发挥作用。例如，如果你问什么是朋友，学生回答"好人"，那么问"这是否意味着坏人就不是你的朋友"就显得很奇怪，因为答案几乎是肯定的！但你要是从一般（G）转向具体（S），这种摇晃器仍然会起作用，并给学生更多理由去思考。

下面是另外两个例子，主要概念为A，学生的第一个答案为B，概括为G，具体例子为S。

> 摇晃器 3 测试的是某事是否总是正确的（概括），或者是否只在某些情况下相关（具体的例子）。

问题：什么是朋友？（A）

回答：好人。（B）

问题：朋友总是（G）善待彼此吗？

举例：如果你的朋友今天对你不好（S），这是否意味着你们不再是朋友了（G）？

问题：什么是生物？（A）

回答：生物生长（B）、呼吸和排泄。

问题：如果某种生物在几个月内没有生长（S），这是否意味着它不是活的（G）？

举例：一种植物在整个冬季都不生长（S），但在春季又开始生长，这是否意味着在冬天它不是活的？

摇晃器 4：可量化

如果学生提出的主张是可量化的，那么你可以要求他们明确具体的数量。这种方法并不常用，但它真的可以帮助你创造认知冲突。

> 摇晃器 4 测试的是某事的真实程度（其数量）。

在下面的例子中，可量化的摇晃器被标记为 Q。

问题：什么是朋友？（A）
回答：你认识很久的人。（B）
问题：多长时间？（Q）
回答：大约两年。
问题：如果我认识某人两年了（A），这是否意味着我一定会和他成为朋友？（B）
回答：不是。
问题：如果我认识某人时间并不长（非B），比如三周（Q），那是否意味着我不能和他做朋友？（非A）
回答：不是。但是你认识一个人的时间越长，你就越有可能和他成为朋友。
问题：真的吗？

5.4.2 对话示例

这里有一些在对话中用摇晃器创造认知冲突的例子。你也可以在 2.2 节和《挑战性学习》这本书中找到例子。

在下面的前两个例子中，我用 A 代表主要概念，B 代表学生的主要答案，非 A 代表概念 A 的对立面，非 B 代表答案 B 的对立面，G 代表概括。

所有例子都来自学生和老师之间的实际交流记录。

概念：知识

适合 9—10 岁的学生，选取的是以"知识"为主题的"学会挑战"课堂片段。

老师：知识（A）是什么意思？
亚当：知道一些事情（B）。
老师：如果我知道你的名字（B），那是否意味着我了解你（A）？
亚当：是的。
老师：但是我了解你跟你妈妈了解你一样吗？

蕾切尔：不，那不一样。

老师：有什么不同？

蕾切尔：亚当的妈妈很了解他，你对他了解得不多。

老师：怎么不多？

亚当：你知道她的意思。我妈妈非常了解我。她认识我的时间比你认识我的时间长得多。

老师：这是否意味着你认识某人或某事的时间越长，你对他（或它）的了解就越多（Q）？自从我的牙齿从嘴里长出来，我就认识它们了，这是否意味着我非常了解我的牙齿？

塔斯：我想是的。

老师：但是你认为我比牙医更了解我的牙齿吗？

塔斯：当然不是。你的牙医是牙齿专家，当然也了解你的牙齿。

老师：但是我的牙医没有我认识自己的牙齿时间长（Q）。事实上，我大约在两年前换了牙医，这样一来，你还认为这个新牙医更了解我的牙齿吗？

安妮塔：对，不过那是不一样的。她了解牙齿，所以她看到你的牙齿后就会比你更了解。

老师：这是什么意思呢？

安妮塔：你的牙医学过牙齿相关知识。她知道所有牙齿的名称、用途以及它们应该是什么样子。

老师：所以她了解我的牙齿，因为她知道很多关于牙齿的事实？

卡利姆：没错。

老师：那么如果我知道太阳系中所有行星的名字（B），这是否意味着我了解这些行星（A）？

埃莉：不，意思是你知道相关知识，但并不意味着你了解它们。

老师：怎么可能呢？我记得我们一开始说过知识（A）就是知道一些事情（B）？

山姆：知道一些事情，也就是知道一些事实（B）。例如，我知道地球是圆的。

老师：这是一个非常有趣的想法。过去人们"知道"地球是平的，那么我们能对他们的知识说些什么呢？

弗朗西斯：他们错了。他们的知识是错误的。

老师：但是我记得我们说过，知识就是我们认为正确的东西。那么知识怎么会是错的呢？

保罗：知识（A）是你当时认为正确的（B）。

穆罕默德：但是如果我认为我能飞，那并不意味着就是正确的，对吗？

保罗：是的，那意味着你被骗了。

老师：也就是说，当时我们的祖先知道地球是平的，实际上他们是被骗了？

保罗：那么，什么是知识呢？

概念：文化

适合13—14岁的青少年，选取的是以"文化"为主题的"学会挑战"课堂片段。

老师：什么是文化？（A）

西蒙：一群人。（B）

老师：我们是一群人（B），这是否意味着我们是一种文化（A）？

西蒙：差不多吧。

老师：那么我们都属于同一种文化吗？

穆罕默德：不，不是所有人。我们中的一些人肤色不一样，还有一些人相信不同的事情。

老师：这是不是说所有黑人都属于一种文化（A），而所有白人都属于另一种文化（A）？

雷切尔：不，那是种族问题，与文化无关。

老师：有什么区别？

沙赫娜：种族是你的肤色，而文化（A）是你相信什么和你如何行动（B）。

老师：如果文化（A）与你相信什么有关，那么如果我们都相信某个足球运动员是世界上最棒的，我们是否都属于同一种文化（A）？

塔斯：不，那只是关于足球的。

老师：难道就没有足球文化了吗？（非B）

塔斯：有，但那与喜欢足球有关。

安娜：喜欢穿运动衫、运动鞋之类。

艾莉森：我穿运动服，但我讨厌足球，所以我不属于足球文化，对吧？

老师：那么回到最初的问题（什么是文化？），文化（A）是否就是一群喜欢同样的东西，也许也穿同样的衣服的人（B）？

维贾伊：对，没错。

老师：但是喜欢同样的东西、穿同样的衣服的人不一定来自同样的文化，不是吗？比如，去看泰勒·斯威夫特（Taylor Swift）现场演出的人呢？大概他们都喜欢同样的人（泰勒），也许都穿着泰勒的巡演T恤。

安妮塔：那不算，不过你想想哥特人就知道了。他们都穿黑色衣服，喜欢同样的音乐。

安娜：不，我们没有。

安妮塔：你是说你不属于哥特文化？

安娜：不，我没那么说，因为我属于哥特文化，但我也属于青年文化，甚至属于学校文化，不是吗？但是，来自相同的文化，并不意味着就一定喜欢同样的东西、做同样的事情，甚至穿同样的衣服。

老师：那么文化是什么意思呢？

概念：公平

适合6—7岁的学生，选取的是以"公平"为主题的"学会挑战"课堂片段。

孩子：这不公平！

老师：为什么？

孩子：因为不是所有人都得到了纸杯蛋糕。

老师：为什么我要发给每个人？

孩子：你不这样做是不公平的。

老师：但这是我的纸杯蛋糕，我当然可以把它们送给我喜欢的人吧？

帕特里克：但你为什么选了这五个人？

老师：他们是我最喜欢的学生。这有什么不对吗？

凯瑟琳：作为一名老师，你不应该有偏爱。

老师：所以你可以有自己喜欢的，而我就不行？为什么不行呢？

孩子：老师应该确保一切公平。

老师：意思是我应该对你们所有人一视同仁吗？

孩子：是的，当然。

老师：那是不是不管你们在学习上付出了多少努力，我都应该给所有人打 A？

孩子：不是的，但是……

老师：那大人和小孩呢？他们应该受到同样的对待吗？

孩子：是的。

老师：所以孩子，即使是幼儿，也应该去工作，对吗？

孩子：不对。

老师：为什么不对呢？这样才公平！

孩子：但是孩子们不应该工作。那是他们的爸爸妈妈应该做的。

老师：那是不是说我让你帮忙打扫教室是不公平的？我们应该指望别人帮我们收拾吗？

孩子：不，但是……

5.5 通过比较创造认知冲突

创造认知冲突的一个很好的方法是将两个或多个概念放在一起比较。这种方法不太依赖于对话，所以你可能会发现某些学生群体更喜欢这种方法。在"学会挑战"的初期，这个方法也可以让你放心，因为你可以在见到学生之前准备一些需要比较的概念。

在前面展示的对话示例中，一组学生正在思考文化的概念。针对这个主题，我为你准备了一些可供比较的概念：

> 比较概念之间的异同是理解概念细微差别的好方法。

- 文化与家庭
- 文化与团队
- 文化与语言
- 文化与群体
- 文化与社群
- 文化与宗教
- 文化与派系
- 文化与文明
- 文化与种族
- 文化与部落
- 文化与帮派
- 文化与传统

- 文化与民族
- 文化与环境
- 文化与美食
- 文化与期望
- 文化与教养
- 文化与寓言

上述清单汇集了文化的同义词,但我们同样可以看看反义词,例如:

- 文化与个人
- 文化与独特
- 文化与随机
- 文化与孤独
- 文化与自然
- 文化与偶然

注意,反义词清单要短得多,这是因为我发现要想出与文化意义相反的词比想出同义词更难。这指向另一个有用的思考技能:让学生找出与正在思考的概念意义相反的语词。例如,你可以让学生思考以下概念的反义词:

- 帮派
- 梦想
- 感知
- 长度
- 人
- 欺凌
- 宠物
- 玩具

比较两个或多个概念的关键是找出联系和区别。当学生这样做时,你可以建议他们使用维恩图(如图5.3所示)或其他可视化工具,来帮助他们排序和记录他们的思维。

文化
共同的价值观
态度
传统
社会

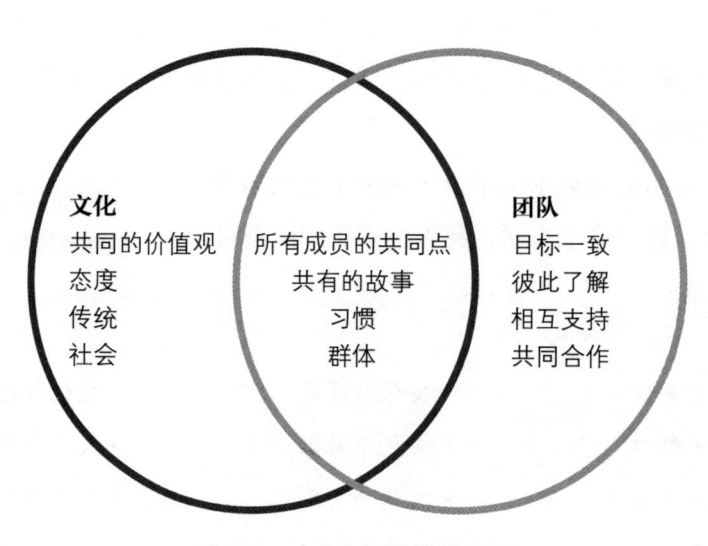

所有成员的共同点
共有的故事
习惯
群体

团队
目标一致
彼此了解
相互支持
共同合作

图 5.3 文化与团队的维恩图

有学生创建了类似于图 5.3 的内容之后，你就可以让其他学生寻找分配给主要概念（在本例中是"文化"）的特征的例外情况。例如，如果你说同一文化的人（A）拥有共同的价值观（B），那么这是否意味着没有相同价值观（非 B）的人不属于同一文化（非 A）？比如说，原住民文化中，有些人认为传统故事只应通过口头传播，而另一些人则认为故事应该写下来留给后人。

> 维恩图是一个非常有用的"坑工具"。6.3.9 节将分享更多示例。

这种摇晃器可能会导致一种认知冲突感：一方面，文化说的是共同的价值观，另一方面，同一文化中的一些人却没有共同的价值观。

接下来你可以问是否应该在"文化"下面列出"共同的价值观"，学生可能会回答"不应该"。

如果你对分配给主要概念的每个特征（在本例中是指价值观、态度、传统和社会）都这么做，那么你留给学生的，可能是一个空白的圆圈（可能还有一脸茫然！）。这是你鼓励学生入坑的许多方法之一。

当学生在连接和比较概念方面变得自信、熟练时，你可以鼓励他们在开放式对话中也这么做。提醒他们使用"相同""相似""不同""区别""联系"等词语。

5.6 利用情境创造认知冲突

下面所有技能都是经过验证的，揭示了概念的不同方面。当我们将这些不同方面放在一起时，学生头脑中就会产生认知冲突。我以前的学生称它们为"概念担架"（concept stretchers）。

5.6.1 意义的变化

这种变化包括考虑一个概念的含义是如何因情境的不同而不同的。例如，请解释下面例子中"real"一词的意思：

> 思考使用概念的不同方式，是更好地理解这个概念的好方法。

- She's the **real** deal.（译文：她真是一把**好手**。）
- The cost of food in **real** terms has risen by 15%.（译文：食品的价格**实际**上涨了 15%。）
- Is that Rolex **real**?（译文：那块劳力士是**真**的吗？）
- He sells **real** estate.（译文：他出售**不动产**。）
- She's so in love, she thinks it's the **real** thing.（译文：她深深地坠入爱河，她认为这是**真爱**。）
- Are you for **real**?（译文：你是**认真**的吗？）
- Fractions are a type of **real** number.（译文：分数是**实数**的一种。）
- Is that your **real** name or just your nickname?（译文：这是你的**真名**还是昵称？）
- Elton John's **real** name is Reginald Kenneth Dwight.（译文：埃尔顿·约翰的**真名**是雷金纳德·肯尼斯·德怀特。）
- We saw it happen in **real** time.（译文：我们看到它**实时**发生。）
- There is nothing **real** about reality TV.（译文：真人秀节目一点儿都不**真实**。）
- It's all becoming very **real**.（译文：一切都变得非常**真实**。）
- Get **real**!（译文：**现实**点儿！）
- She is in **real** trouble.（译文：她遇到**大麻烦**了。）
- This is **real** life.（译文：这是**现实**生活。）
- It's the only **real** way to make sure.（译文：这是能弄清楚的唯一**真正方法**。）
- We should find out the **real** reason why.（译文：我们应该找出**真正的**原因。）

这些例子表明，real 可以表示实际的、非伪造的、如实的、名副其实的、真诚的、真实的，并且与固定的事物（如土地、房子）有关。你可以利用各种各样的意义来创造认知冲突。例如，如果学生说"那个苹果是真的"，那么你可以问"真的"是什么意思。一旦他们做出回答，你就可以用"真的"这个词的不同用法，例如"真的劳力士"或"真爱"，来对比他们的解释。

5.6.2 情境的变化

创造认知摇晃的另一种方法是提供一些情境，在这些情境中，你很难判断示例是否符合概念的含义。如，在下面这个关于公平的探讨中，让学生说出每个陈述代表了公平、不公平还是不确定（注意这三个选项强调的是概念的复杂性）。

1. 学校里每个人的家庭作业数量都是一样的。
2. 医生的工资比教师高。
3. 做同样的工作，男人的工资比女人的高。
4. 在运动会那天，每个人都得到了奖品。
5. 有些国家的孩子上不起学。
6. 有些人住在非常大的房子里。
7. 一个饥饿的女人偷了一块面包来养活她的家人。
8. 一个学生从一个富有的银行家那里偷了五美元。
9. 孩子被禁止开车。
10. 残疾人可以免费停车。
11. 有人触犯了法律，因此被送进了监狱。
12. 一位老妇付不起房租，因此被送进了监狱。
13. 成年人不必去上学。
14. 有些学校的假期比其他学校的长。
15. 你的身高必须达到一定标准才能坐过山车。

> 了解如何在不同的情境中使用相同的概念，有助于进一步审视这个概念。

5.6.3 类型的变化

类型的变化与确定某个概念示例的质量或分类有关。

有许多方法可以为示例分类。一个好的开始方式是根据正例、反例和中性例进行分类。例如：

正例

- 勇敢地面对恶霸。
- 冒着让自己难堪的风险去尝试你认为值得做的事情。
- 与威胁生命的疾病抗争。

> 审视如何为概念的不同用途分类（例如，好/坏、人/物、道德/不道德），有助于识别概念的不同维度。

反例

- 你做错事后会把责任推到别人身上,因为你害怕被指责或被惩罚。
- 你不去做真正想做的事情,因为你害怕自己难堪。

中性例(既不是正面的也不是负面的例子)

- 极度害羞,无法克服。
- 通过吃药来克服害羞和难堪。
- 阻止某人欺负另一个人,因为你比他们俩都强大得多。

给出概念的正例、反例和中性例是让学生入坑的有效方法。事实上,这些例子在对话中通常是有用的。因此,当学生习惯于通过例子来分析概念时,你要鼓励他们识别并反思在与他人互动过程中自发产生的概念,帮助他们逐渐习惯于质疑对方对概念含义提出的假设,并通过讨论例子来探索这些概念。

5.6.4 观点的变化

提出一系列观点也是创造认知冲突的一种有效方法。你可以现场和学生一起做或事先准备好一系列观点。例如,以下是关于"友谊"的一系列观点:

> 通常来说,在开展"学会挑战"的过程中,许多观点都来自对概念所做的探索。我们可以通过比较这些观点来明确其共同特征。

- 你应该永远相信你的朋友。
- 把一个朋友的秘密告诉另一个朋友是可以的。
- 宠物不能成为你的朋友。
- 你可以选择朋友,但你不能选择家人。
- 任何善待我们的人都可以成为我们的朋友。
- 朋友的反义词是陌生人。
- 成年人和孩子不可能成为朋友。
- 老师和学生不可能成为朋友。
- 不能相互理解的人仍然可以成为朋友。
- 与其他人相比,我们更应该关心我们的朋友。

- 每个人都应该成为其他人的朋友。
- 运动队应该与对手永远保持友好关系。
- 待人友善不等于做朋友。
- 尽管你有缺点，真正的朋友也会喜欢你。
- 真正的朋友很难找到。
- 维持友谊比找到友谊更难。
- 我们的言语造就敌人，我们的行为造就朋友。
- 朋友必须有共同的兴趣。

以下是关于"风险"的一系列观点：

- 冒险是令人兴奋的。
- 冒险是危险的。
- 打赌是有风险的。
- 在礼貌的场合讲笑话是有风险的。
- 使用社交媒体有风险。
- 罚点球是有风险的。
- 课堂上什么都不说是有风险的。
- 凡事都有风险，所以试图规避风险是没有意义的。
- 没有冒险，生活会很无聊。
- 旅行是一种冒险。
- 待在家里有风险。
- 写这本书是有风险的，读这本书也是有风险的。
- 要取得任何成就，就必须冒一定的风险。
- 我们一直在冒险。
- 风险为我们提供了机会。
- 冒险让你战胜恐惧。
- 你所冒的风险应该是经过深思熟虑的，而不是愚蠢的。
- 除非你知道自己能处理好，否则不要冒险。
- 冒险可以显示你的自信，让你脱颖而出。

> 很多"坑工具"可以帮助"学会挑战"的参与者思考概念。除了这里列出的方法外，6.3节还列出了其他一些方法。

以上每种观点都聚焦于概念的不同方面，会引发学生的认知冲突。例如，如果他们认同冒险既令人兴奋又危险，那么当你问他们冒险是好事还是坏事时，认知冲突就会形成。

以下是学生思考这些观点时可能会使用的方法：

1. 将观点分为同意、不同意和不确定三组（注意这三个选项强调的是概念的复杂性）。
2. 使用观点线来表示同意的程度。观点线的一端是"完全同意"，另一端是"完全不同意"。学生可以把每个观点放在观点线的适当位置，以说明他们在多大程度上同意或不同意。更详细的说明和例子参见《通过对话挑战学习》一书。
3. 观点角提供了四种发表看法的选项：同意、非常同意、不同意和非常不同意。同样，你可以在《通过对话挑战学习》一书中找到更多信息。
4. 学生可以把观点分成不同的类别。例如，常见的和不寻常的观点；事实和观点；大人相信的和孩子相信的；永远是真的、有时是真的和永远不是真的。最好不要替学生分类，而要让他们自己来分类。
5. 给每组学生三个观点（或者让他们自己提出三个不同的观点），然后让他们找出每个观点可能与其他两个观点不属于一类的原因。
6. 使用3×3策略，让学生选择他们最认同的三个观点、他们最不认同的三个观点和他们最犹豫不决的三个观点。这可能会引发他们讨论为什么如此选择，从而让一些人入坑。
7. 让学生走到房间的不同位置来表明他们在某个问题上的立场，从而借助物理空间使用上述任何一种策略。例如，观点角可以是房间的实际角落，而不仅仅是画在纸上的选项。

> 提出"如果……那么……"的问题有助于明确概念的影响。

5.6.5 条件的变化

这个技巧涉及"如果……"的问题。例如：
如果……规则还是规则吗？

- 规则没有写在任何地方
- 没有人强制
- 规则不可能被打破
- 每个人都遵循规则
- 没人知道
- 没人记得
- 存在很多例外
- 没有人遵守规则
- 没有再遵守的必要
- 规则的制定毫无理由
- 你不可避免要打破规则
- 规则对维持和平没有帮助
- 规则不是民主决定的
- 没人同意

如果……风险还是风险吗？

- 你知道会发生什么
- 没人愿意
- 没人知道
- 每个人都这么做
- 不会伤害任何人
- 对结果很有把握
- 有人替你承担
- 大多数人认为是安全的
- 很容易
- 保险公司不承认
- 你必须这么做
- 不这么做是违法的
- 不危险
- 是一次愉快的经历

在谈到友谊的时候，如果……会怎么样？

- 根本就没有友谊这种东西
- 和异性交朋友是违法的
- 你的朋友太多了
- 你的交友数量是受限制的
- 你只能和认识五年或五年以上的人交朋友
- 你的父母要替你选择和谁交朋友
- 你每交一个外国朋友，政府就会给你一笔钱
- 政府不让你和外国人交朋友
- 社交媒体对你的在线好友数设置了限制
- 双方必须通过一项笔试才能宣布成为朋友

- 你只能在网上和朋友相处
- 大多数时候你的朋友不是很好
- 不存在假想朋友
- 你只能和人类做朋友
- 你永远无法真正分辨出某人是否友好
- 你能交到一个完美的朋友
- 在和某人成为朋友之前,你必须签署一份具有法律约束力的协议

5.7 利用问题创造认知冲突

到目前为止,我们提到的创造认知冲突的所有技巧都涉及提问,因此单独设置一节来讲问题可能看起来很奇怪。然而,本节将介绍另外两种似乎互不相关的方法:准备好的问题和苏格拉底式问题。

5.7.1 准备好的问题

为"学会挑战"的课堂准备一系列问题总是比较妥当的做法,特别是在你第一次尝试"学会挑战"的情况下。事实上,如果你看看《挑战性学习》这本书以及本书第十章的内容,你就会注意到,它们都提供了准备好的问题,以帮助学生扩展和深化探究。

> 在"学会挑战"之前准备一系列问题,可以为推动者和参与者提供保证。

这里还有一些其他的例子。

欺负

- 如果我打了别人,我是一个恶霸吗(即使我是在足球比赛中打了他们)?
- 如果有人让我感觉不好,他们是不是在欺负我(即使他们告诉我,我的猫死了)?
- 欺负别人总是错的吗?(强迫他们给慈善机构捐款呢?)
- 有人能在没有恃强凌弱的情况下欺负你吗?

- 每个人都能成为霸凌者吗？
- 有没有可能在不欺负别人的情况下让他们做自己不想做的事情？
- 欺负别人和取笑别人是一样的吗？
- 什么都不做有可能欺负别人吗？
- 如果三个人对抗另一个人——一个打他，一个取笑他，另一个旁观——他们中谁是霸凌者？
- 向别人要钱的恶霸和向别人要钱的税务员有什么区别？
- 如果你从未见过别人，他们会欺负你吗？
- 如果你不觉得困扰，这还算欺负吗？
- 如果你没有意识到自己被欺负了，这还算欺负吗？

梦

- 做梦和思考一样吗？
- 你一定要睡着才能做梦吗？
- 做梦好吗？
- 梦有开始、过程和结尾吗？
- 你认为胎儿会做梦吗？
- 你能让自己做梦吗？
- 梦是现实的反映还是完全是虚幻的？
- 睡觉时思考和做梦时思考有区别吗？
- 人们经常把抱负、梦想和愿望混同起来。它们是一样的吗？如果不是，它们主要的区别是什么？
- 刘易斯·卡罗尔（Lewis Carroll，《爱丽丝梦游仙境》的作者）给一首诗题名为"人生不过是一场梦"，你认为这是什么意思？
- 哲学家笛卡儿坚信，没有明确的迹象能帮助我们确定自己是在做梦还是醒着。他说得对吗？
- 如果梦给人的感觉很真实，我们怎么知道自己什么时候是醒着的，什么时候是在做梦呢？
- 如果你不记得了，梦还是梦吗？

- 我们的大脑会规划我们的梦吗？
- 谁在控制我们的梦？
- 我们如何在醒来前意识到自己在做梦？
- 盲人是如何做梦的？
- 梦想和抱负是一样的吗？

朋友（是否赞同朋友的意见）

- 我们应该始终和朋友保持意见一致吗？
- 如果我们不同意朋友的意见，我们应该告诉他们我们不同意吗？
- 你是否有过和朋友意见不一致但没有告诉他们的时候？
- 什么时候我们不应该告诉朋友我们不同意他们的意见？
- 什么时候我们应该告诉朋友我们持有不同观点？
- 如果你向朋友表达了不同意见，而他告诉你他不再是你的朋友了，那么一开始他还算你的朋友吗？
- 多大的分歧才会破坏朋友关系？
- 同意朋友的意见容易还是同意陌生人的意见容易？
- 与朋友产生分歧和与他人产生分歧哪个对你的影响更大？
- 如果你与朋友之间存在根本分歧，你仍然能和他们做朋友吗？

心智

- 你的心智是内在的、外在的还是和大脑一样的？
- 你的所有想法都发生在你的脑海里吗？
- 当你自言自语时，是你在说话还是你的心智在说话？
- 心智和大脑的区别是什么？
- 洗脑和心智控制有什么区别？
- 想法是储存在你的心智中还是由你的心智创造的？或者两者都是？或者两者都不是？
- 你的心智在思考的同时也在感受吗？

- 心智和智慧的区别是什么？
- 读心术真的可能吗？
- 你的心智和身体不同吗？

你

- 是什么造就了你？
- 如果你看起来不一样了，你还是你吗？
- 如果你忘记了一切，你还是你吗？
- 只有一个你吗？
- 你能确定你就是你吗？
- 你比别人更了解你自己吗？
- 过去的你、现在的你和将来的你，哪一个是你？
- 你的哪一部分在你的一生中保持不变？
- 如果你读了一本所谓的改变人生的书，你认为你变成一个不同的你了吗？
- 如果你有了不同的信仰或观点，你变成一个不同的你了吗？
- 当你说"我"时，你指的是你的身体吗？还是你的思想？还是两者都是？
- 你怎么知道今天的你和昨天的你是同一个人？

5.7.2 苏格拉底式问题

苏格拉底式问题来源于古希腊哲学家苏格拉底所使用的方法。他曾针对勇气、美和美好生活等基本概念进行了一系列追问。

这些问题对于创造认知冲突非常有用，也可以帮助学生爬出学习坑（见第六章）。我强烈建议你在教室的墙上或卡片上展示这些问题示例，以便你和学生随时参考，并将提问技巧融入日常练习。

我将这些问题按首字母缩写"CRAVE Questions"进行了分类，以便你和学生参照。

> 苏格拉底式问题鼓励人们澄清想法、给出理由、检查假设、考虑不同的观点、思考影响并提出元认知问题。

C（Clarification，即澄清）

这是指促进清晰度和深度的问题：

- 你为什么这么说？
- 这到底是什么意思？
- 这和我们一直在谈论的事情有什么关系？
- 关于这件事我们已经知道了什么？
- 你能举个例子吗？
- 你是说……还是……？
- 你能换个说法吗？

R（Reasons，即理由）

这是指检查理由能否支持结论的问题：

- 你能给我举个例子吗？
- 这些理由足够充分吗？
- 如何反驳？
- 我怎么确定你说的是正确的？
- 为什么会发生……？
- 有什么证据能支持你说的话？
- 你的论点有什么权威依据？

A（Assumptions，即假设）

这是指检查假设和信念是否不容置疑的问题：

- 你认为什么是理所当然的？
- 你是否认为……？
- 请解释为什么/如何……？
- 你如何证实或反驳这个假设？
- 如果……会发生什么？

- 你是否不同意……?
- 你难道不认为……?

V（Viewpoints，即观点）

这是指寻求对某一情况的解释的问题：

- 有什么其他方式来看待这个问题?
- 为什么……是必要的?
- 谁会从中受益?
- 为什么它比……好?
- ……的优点和缺点是什么?
- ……和……有什么相似之处?
- 你如何从另一个角度看待这个问题?

E（Effects，即影响）

这是指旨在揭示后果和影响的问题：

- 然后会发生什么?
- 这是不是意味着……?
- 这种假设的后果是什么?
- ……是如何影响……的?
- ……符合我们之前学的内容吗?
- 你的意思是说……?
- 什么是最好的……? 为什么?

Q（Questions，即问题）

这是指问题之问题，即元认知：

- 你的问题有多有效?
- 你的哪个问题最有用?

- 问那个问题有什么意义？
- 你觉得我为什么会问这个问题？
- 这是什么意思？
- 你能完善一下你/我的问题吗？
- 将来你会怎么完善自己的问题？

5.8 本章要点

除了概览中确定的要点外，本章还涵盖以下内容：

1. 摇晃器是在对话中创造认知冲突的最佳方式之一。
2. 最有用的摇晃器是"如果 A=B"和"非 A"。
3. 将两个或更多的概念放在一起比较往往会引发认知冲突。该方法不像其他方法那样依赖于对话，因此它可能对刚刚接触"学会挑战"的学生或犹豫不决的学生更有用。
4. 考虑概念如何根据情境的不同而变化，是创造认知冲突的另一种有效方法。变化涉及意义、情境、类型、观点和条件。
5. 苏格拉底式问题对创造认知冲突和帮助学生爬出学习坑非常有用。

第六章
建构意义

如果我们所说的教学是指一个人机械地把知识传递给另一个人,这不是真正的教学。真正的教学需要做的是,一个更有见识的人通过提出一系列问题,激发另一个人思考,从而使他实现自我学习。

——苏格拉底
（Socrates）

6.0　本章概览

本章主要讨论你将如何帮助学生建构意义，并爬出学习坑。其要点包括：

1. "学会挑战"阶段 3 的目的是帮助学生从学习坑里爬出来，能够比初学时更深入、更全面地理解概念。

2. 对话是"学会挑战"的核心，尤其与建构意义这一阶段密切相关。这种对话也可能是内心对话（也称为自我思考），但无论形式如何，对话都是必不可少的。

3. 6.3 节讨论的"坑工具"，可以帮助学生整理和组织想法，从而爬出学习坑。

4. 从学习坑里爬出来的目的不一定是得到某个答案（因为情境不同，答案也会不同），而是对概念形成更复杂、更透彻的理解。

6.1 建构意义

学生在"学会挑战"的这个阶段要做的，是建构意义以爬出学习坑。待在学习坑里代表一种认知冲突的状态，爬出学习坑则需要联系和解释不同的想法，从而获得清晰的新认知。有时这种认知会突然产生，但通常来说，它需要通过应用本章中描述的一个或多个"坑工具"来构建。

即便一个问题明显是开放式问题、哲学问题，没有统一的答案，可如果学生没有得到最终答案，他们仍然会感到沮丧。老师和家长往往这样引导学生：学习就是要找到每个问题的正确答案。然而，

> 建构意义可以帮助参与"学会挑战"的学生顺利爬出学习坑。

许多问题是没有统一的正确答案的。比如，如何平衡好工作和学习？我们能为气候变化做些什么？对一个悲伤的人，我们说什么合适？为什么看似善良的人会犯下暴行？……

本章探讨的是帮助学生自己得出一个答案，即便答案并不存在，或者只能在几个月或几年后从个人层面得到答案。

在分享一些如何找到答案的最佳工具之前，我不想忽略那些灵光一现的时刻。这样的时刻出现时，一种喜悦之情就会油然而生。在5.4节中我曾提到这么一个有趣的例子。我和几个7岁的孩子讨论奇数的含义。每个孩子都认为奇数不能被2除，但5块蛋糕或7美元却可以平均分给两个人。即使只有7岁，他们就已经知道这两种想法是矛盾的。随着对话的展开，孩子们越来越困惑，有些人甚至开始求饶。直到有个叫达伦的小家伙喊道："我懂了，就像奇怪的袜子，是不是？"据他的老师说，达伦一般不会在数学课上说话，除非是需要帮助的时候。我请他做进一步解释，他回答说："我奶奶认为，不管她往洗衣机里扔多少只袜子，最后拿出来的总是奇数。"我继续问道："这是什么意思呢？"他回答："我奶奶把袜子拿出来，晾干，然后放在案桌上。接着她拿起一只，把它和另一只放在一起叠好。她这样挑来选去，直到最后还剩一只袜子。奇数就这样产生了，是不是？"

玛丽听到这里补充道："对呀，你也不想剪开你奶奶的袜子，对吧？虽然你可以这么做，但你并不想！所以奇数就像袜子一样，你可以把它们分开，但这样一来它们就会变得乱七八糟，没有人想这样！"

就在这时，三个刚从波兰来的孩子突然间顿悟了。在此之前，他们有些不

知所措，主要是因为对话的速度太快了。但听到达伦描述袜子的故事以及玛丽的补充后，他们立刻明白了。他们可以理解这样的类比。因为解释来自他们的同伴，所以这一切变得更有意义。而如果解释来自老师，那难免是成年人视角的一长串复杂描述。在本例中，同伴的描述，学生更容易理解。

这个故事很好地描述了"学会挑战"阶段3的一些关键特征：

1. 当学生对概念有了基本的认知时，"学会挑战"之旅就开始了。他们发现了矛盾和不一致的地方，就会掉进学习坑。等到最后从学习坑里爬出来时，他们就对概念有了更复杂的理解。
2. 学生在学习坑里感受到了认知冲突，就会愈发渴望找到更好的答案，从而更有决心坚持探索下去，直到最终爬出学习坑。
3. "学会挑战"过程中学生之间的互动，是对现实生活中的社会建构主义（Social Constructivism，用来描述社会是如何创造意义和想法的）的预演。
4. 正如约瑟夫·朱伯特（Joseph Joubert，1883）所说，教学就是再次学习。在整个"学会挑战"的过程中，特别是阶段3，学生可以相互解释、互为老师，从而学到更多。
5. 当学生对概念的认识清晰起来时，他们就会产生顿悟之感，付出的所有努力将变得更有价值（见6.5节）。

> 一些学生在建构意义后，也应该辅助其他人爬出学习坑。

6.2　利用对话建构意义

> 对话是"学会挑战"的核心，尤其与建构意义这一阶段密切相关。这种对话也可能是内心对话（也称为自我思考），但无论形式如何，对话都是必不可少的。

"对话"最基本的意义就是想要获得他人理解的人们你来我往的谈话过程。

"交谈"可能没什么进展，也可能漫无边际，但对话往往是界定清晰、目标明确的（比如，在"学会挑战"开始时回答已确定的关键问题）。

> 探索性对话是建构意义、帮学生一起爬出学习坑的最佳方式之一。

另外，对话不仅仅发生在人与人之间；它也发生在人的心中，因为思维更像是一种内心对话，至少某些思维形式是这样的。也许潜意识、无意识思维不是内心对话，但反思性的、深思熟虑的思维无疑是内心对话。它使对话变得更加重要。如果在与他人交流中所建立的谈话模式影响了我们的内心对话模式，那么对话就会引发思考。

许多课堂都会使用 IRE 提问模型，即教师发起（Initiation）、学生回答（Response）、教师评估（Evaluation），但对话与此并不相同。IRE 提问模型由教师主导，分三步完成。首先教师向学生提出一个问题或介绍一个主题，目的是了解学生是否知晓答案。尽管这种提问方式在教育中能起一定作用，但就培养"学会挑战"试图提升的高阶思维而言，它往往并不是很有效。

对话也并不是辩论。虽然很多人在谈论对话时使用的是"辩论"这个词，但两者指的不是同一件事。辩论的主要目的是获胜，并说服他人同意某个观点。这意味着学生可能不会认真倾听相反的观点，只是急于表达自己的观点；可能也不太重视去共同构建新的理解或为反驳他人的观点做准备，而是花更多力气去准备制胜的陈述或论断。从这个意义上说，辩论并不符合"学会挑战"的文化。

对话——至少是构成"学会挑战"基础的对话——就是交谈和探究。对话将交谈的社交性与提出问题并形成答案的技能结合起来。

> 高质量的对话需要参与者共同思考，从而形成合理的结论。

对话指的是相互协作，共同弄明白尚未理解的内容，从而形成合理的推理和判断。IRE 提问模型的结构与对话有相似之处，但又不尽相同。对话可以将思想引向深处。对话可以帮助学生成为有能力的思考者，愿意并能够学习、推理和清楚自信地表达自己的观点。在最好的情况下，对话还能促进鼓励、参与、理解和探索。

对话是一种非常灵活且可以激发思考的工具。随着年龄的增长，孩子需要理解的问题、做出的判断以及维持的关系变得更加复杂。对话这种轮流发表意见的形式，可以引导孩子学习语言的基本原理，帮助他们思考复杂的问题。因此，对话的目的和结果可以涵盖方方面面。

> "学会挑战"的对话有以下特点:
> 1. 对想法、理由和假设提出挑战。
> 2. 使学习者摇摆不定。
> 3. 以探索性谈话为基础,其特点是交流时间更长,使用提问、反思、解释和推测的方式。
> 4. 不一定总能得到答案,但能让人专注于主要的问题或概念。
> 5. 遵循这一格言:"不是我们的所有问题都得到了回答,而是我们的所有答案都受到了质疑。"

对话策略包括以下几个方面:

1. 提出问题
提出想法或者可替代的想法,列出清单。

2. 合作
倾听,轮流表达,暂时不做判断,确立并应用对话规则。

3. 建构意义
提问,分类,比较,排序,关联,澄清,举例,类比,解释,总结,定义和详细阐述。

4. 争论
表达同意或不同意,提出论点,质疑假设,评估证据。争论是对真理的追求,而不是像孩子那样为玩具而争吵。

5. 推测
假设,预测,想象,进行思维实验。

6. 推理

除了以上五个方面，对话策略还包括推理。学生要想独立思考，就应该在对话（及写作）中有意识且经常性地发展推理语言。推理的主要术语包括：

> 人们越推理，就越有可能变得更加理性。这里列出了一些比较科学的推理方法。

程度：指某种性质、属性或行为的相对程度、强度或数量。

可以使用的词语有：全部 / 一些 / 没有；总是 / 有时 / 从不；更重要 / 不重要；更好 / 更坏；不可能 / 可能 / 很有可能 / 或许 / 肯定；只有。

论述：指在对话或写作中的推理过程。

可以使用的词语有：问题 / 答案；陈述 / 命题 / 观点；假设 / 前提 / 论点；假定 / 预设；如果……那么；除非；同意 / 不同意；理由 / 依据；原则 / 格言；证据；结论；结果。

种类：根据共同的基本特征来区别的分类。

可以使用的词语有：质量 / 属性；标准；全部 / 部分 / 没有；是 / 不是；如果……那么；组别 / 分类；部分 / 整体；示例；选择；另外。

关系：指事物之间联系或对比的存在或影响。

可以使用的词语有：原因 / 影响 / 结果；之前 / 之后 / 同时；相同的 / 相似的 / 不同的 / 相反的；一定的 / 可能的 / 极有可能的 / 不可能的；重要的 / 关键的；最好的 / 最坏的；如果……那么；部分 / 整体；方法 / 结局 / 目的；联系 / 关联。

所有这些策略都应帮助学生基于别人的想法构建自我认知，而不仅仅是交换意见。每个策略都可以帮助学生在"学会挑战"的对话中理解、探索并做出判断，在帮助学生爬出学习坑，共同实现顿悟方面也特别有效。

如果将这些策略与下一节的"坑工具"一起使用，它们将会更有效。

6.3 十大有效的"坑工具"

本节将介绍建构意义的十大有效工具。每个工具都为学生提供了整理和组织想法的机会，以便他们顺利爬出学习坑。只要你持续关注积极的，有意义的，

> 我们之所以称之为"坑工具"，是因为它能帮助"学会挑战"的参与者入坑和出坑。

具有挑战性、协作性和反思性的互动，那么学生就能够使用这些工具来形成理性的判断和推论。总而言之，它们通常被称为"坑工具"或"脚手架"。

请记住，我们的目的不是寻找正确答案，而是辅助学生独立创造对概念更复杂、更透彻的理解。请坚定地指导和协助他们，但不要直接给他们解决方案。

6.3.1 概念目标

学生可以使用概念目标来明确一个概念的标准和特征。

当学生发现一个概念不同含义的矛盾之处并开始审视它们的细微差别时，他们会发现很多想法在脑海中翻腾。为了帮助学生评估每个想法的特征，你可以鼓励他们使用概念目标。

要使用概念目标，你可以指导学生画一个内圆和一个外圆，如图6.1所示。在内圆里，他们可以写下自己一直在思考的关键概念。在外圆里，他们可以写下到目前为止从"学会挑战"对话中获得的所有想法。

图 6.1 构建概念目标图

然后，学生依次思考每个想法，并明确它是必要特征（在这种情况下，应该把它移到内圆中去）、可能特征（在这种情况下，应该把它留在外圆）、还是非常罕见的特征（在这种情况下，可以把它移到外圆之外）。

> 当学生把一个概念的所有特征都放入外圆时，概念目标任务便开始了。

学生可能会喜欢用相对位置来描述每个特定想法在多大程度上表现了概念的特征（如图 6.2 所示）。

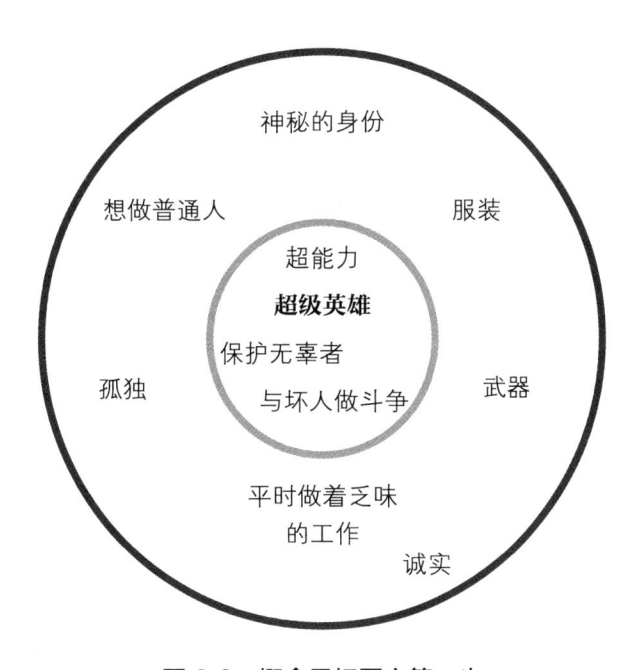

图 6.2 概念目标图之第二步

（图中内容：
外圆：神秘的身份、想做普通人、服装、孤独、武器、平时做着乏味的工作、诚实
内圆：超能力、**超级英雄**、保护无辜者、与坏人做斗争）

学生将每个想法都放在了他们满意的位置之后，就可以使用概念目标来描述这个概念了。例如，如果一个小组将所有特征摆放在图 6.2 所示的位置，那么他们的描述可能是这样的：

> 为了更好地使用概念目标，"学会挑战"的参与者应该将概念最重要的特征放在中心位置，将不太重要的特征移到边缘。一个特征距离中心越远，就可以认为它越不重要。

　　　　超级英雄拥有普通人没有的超能力。他们用超能力与坏人做斗争，保护无辜者。他们经常穿着特制的服装，非常孤独（因为没有人真正了解他们到底是什么样子）。很多超级英雄对自己的真实身份保密；他们中的一些人会使用武器，在不是超级英雄的时候跟平常人一样做着乏味的工作。他们中很少人（甚至可能没有人）是诚实的，因为他们需要保守秘密。

使用概念目标的另一种方法是让一个小组向全班同学描述某个概念。与此同时，其他学生可以在空白的概念目标图上将他们的描述标在适当的位置。如果这个小组的描述足够清晰，那么其他人就能够相对准确地标出这些想法的位置。否则他们画的概念目标图就会与这个小组画的差异很大。这也可以很好地提醒学生，语言的准确性对理解非常重要。

6.3.2 替换

替换是一个很有效的策略，它可以帮助学生找到概念替换的方式，明确概念使用的语境，并决定哪个概念最适用于他们的"学会挑战"体验。

> "替换"这一工具鼓励"学会挑战"的参与者思考，哪些同义词可以取代核心概念，哪些不能取代。

让学生回顾到目前为止在"学会挑战"课堂上有哪些经历，并列出他们使用核心概念的不同方式。例如，如果学生关注的是"grow"这一概念，那么他们可以考虑这些含义：1. 变大；2. 变老；3. 成熟；4. 发展；5. 培育；6. 增加；7. 变长；8. 深化；9. 萌芽；10. 进步。

学生列出不同含义之后，让他们根据每个含义用核心概念造句。例如：

1. Fertilizer helps plants to **grow**（变大）.（译文：肥料有助于植物生长。）

2. We're all **growing**（变老）all the time.（译文：我们每时每刻都在长大。）

3. She was **growing** up（成熟）too fast.（译文：她发育得太快了。）

4. He's **grown**（发展）as a football player.（译文：他已经成长为一名足球运动员。）

5. If you cut rose heads off, it helps them **grow**（培育）.（译文：剪掉玫瑰的头部有助于它生长。）

6. When I eat too much chocolate, my waistline **grows**（增加）.（译文：吃太多巧克力会让我的腰围变大。）

7. Pinocchio's nose **grew**（变长）when he told lies.（译文：匹诺曹一说谎鼻子就会变长。）

8. Their understanding of literature **grew**（深化）over the summer.（译文：这个夏天，他们的文学理解力增强了。）

9. Plants **grow**（萌芽）from seeds.（译文：植物由种子成长而来。）

10. I am **growing**（进步）as an artist.（译文：我正在成长为一名艺术家。）

现在让学生思考有多少词可以互换而不改变意思。例如，在"肥料有助于植物生长"这句话的语境中，"生长"可以替换成"变大""成熟""发展""培育""萌芽"，而不可以替换成"变老""变长""深化""进步"。又如，在"我们每时每刻都在长大"这句话的语境中，"长大"可以替换成"成熟""发展""进步"，而不可以替换成"变大"（虽然这对学生来说确实是这样）"培育""增加""变长""深化""萌芽"。

分析概念的不同含义是否可以互换，可以帮助学生在脑海中更清晰地描绘出他们对概念的解释，使他们更清楚地回答主要问题，从而爬出学习坑。

6.3.3 排序

学生在摇摆不定的阶段，会产生许多想法，帮助学生整理这些想法的一种常用且容易理解的方法就是排序。它可以是菱形排序、金字塔形排序、线性排序或能促使学生分析每个答案的相对价值的任何形状的排序。

请注意，一些学生只是简单地按字母顺序对特征进行排序，特别是当他们发现为想法排序太难的时候。如果学生这样做，那么请善意提醒他们，这个任务不是简单分类，而是排序，单纯按字母顺序不是真正意义上的排序。如果按字母顺序算是排序的话，那么以 a 开头的词会被视为比以 b、c 或 d 开头的词更重要！

> 排序是一个很有用的"坑工具"，可用于思考重要程度。

菱形排序

菱形排序策略鼓励学生积极参与。它可以帮助学生划分信息优先级，澄清想法，进行推理和反思。

让学生列出到目前为止他们在"学会挑战"过程中产生的想法,这些想法必须与他们一直在思索的关键概念有关。确保他们把想法写下来,一张纸条上只写一个想法。一般来说,菱形排序需要 9 张纸条,但对某些小组来说,4 张纸条可能更合适。

现在让学生把他们认为写有最重要想法的纸条放在最上面,然后把他们认为次重要的两张纸条放在第一张下面。这两张纸条要并排摆放,以表明它们同等重要。之后,再摆放三张重要程度处于三级的纸条、两张重要程度处于四级的纸条,最后在底部放置最不重要的一张纸条,如图 6.3 所示。

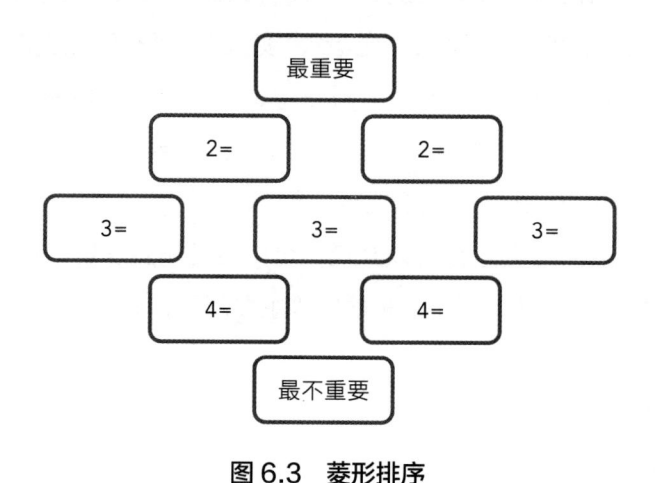

图 6.3 菱形排序

下面这些想法是一组学生在思考"社区"这一概念时提出的。最初,学生两人一组,每组提出四个跟社区相关的特征。然后将四个特征排成一个缩小版菱形,一个在上面,两个在中间,一个在下面。之后,每个两人小组与另一个两人小组结对,组成八个特征,再一起想出第九个特征,然后根据图 6.3 的形式对它们进行排序。

他们提出了以下跟社区有关的特征:

公平公正	相互理解	不带偏见
结交朋友	改善社区	目标清晰
信仰自由	通情达理	想法一致
海纳百川	愿意妥协	相互合作

金字塔形排序

这种方法与菱形排序类似,只不过它呈现的是金字塔形或三角形。与菱形排序相比,它可以将不同数量的因素排序。

例如,图 6.4 是学生针对"哪种颜色让你最冷静、最高兴、最激动"这样的问题画出的排序图。大一些的学生当然可以将选项增加到 6 个、10 个、15 个等。

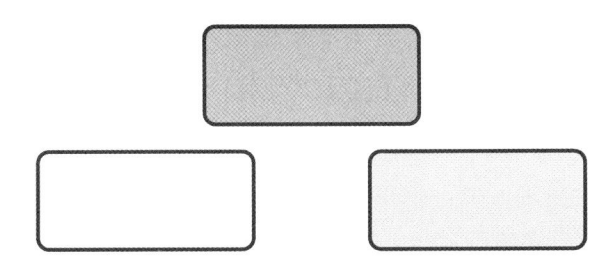

图 6.4　颜色代表情绪的金字塔形排序

又如,图 6.5 是学生列出迄今为止在"学会挑战"对话中得出的想法之后,就排序达成的一致意见。

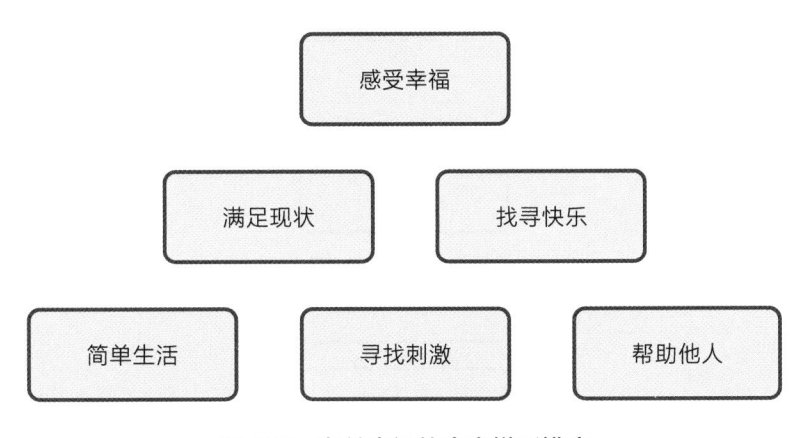

图 6.5　有关幸福的金字塔形排序

在将这些想法排序后,这组学生如此描述幸福:

> 据我们所知,幸福的对立面是不快乐。我们在受到伤害时会感到痛苦,当坏事发生时会感到悲伤,我们知道这些都是正常的。只有经历了这些,

我们才会更加珍惜幸福。幸福也能为我们带来快乐，并使我们知道要避免什么才会远离痛苦和折磨。除此之外，幸福来自满足——既可以是个人的满足，也可以是集体的满足。对"什么是幸福"这一问题的其他看法都太具体了，只有在考虑个人时才有意义。

线性排序

线性排序通常比其他两种排序方式更能引人深思，因为它不存在同等重要的位置。每个特征所处的位置都不同于其他特征。然而，与所有其他排序一样，位置的安排也需要我们根据重要性、相关性或其他商定的标准来决定。

以"爱"这个概念为例，根据图 6.6 所示结构，我们可以提供喜爱、热爱、赞赏、亲密、体贴、同情、关注、吸引、激情这几个词来让学生排序。

第一

第二

第三

第四

第五

第六

第七

图 6.6 线性排序

学生可以自己制定标准，将这些与"爱"相关的特征排序，或者你也可以建议他们从这些标准中选一项来排序：爱的特征的重要程度、如何表达你对家人的爱、如何表达你对宠物的爱、如何表达你对兴趣的爱。

6.3.4 观点线

对于用例子开始探索陈述、衡量同意或不同意的程度，或确定偏好的程度来说，观点线是非常有用的。构建观点线的最佳方法如下：

1. 画一条足够长的直线，以便所有学生都可以选定相应位置来表达观点。用丝线或绳子做记号可能会有所帮助。

2. 在线的一端标记上"完全同意"，另一端标记上"完全不同意"。你也可以向学生讲解图 6.7 所示的其他描述，这样做可以帮助学生理解同意或不同意的程度。

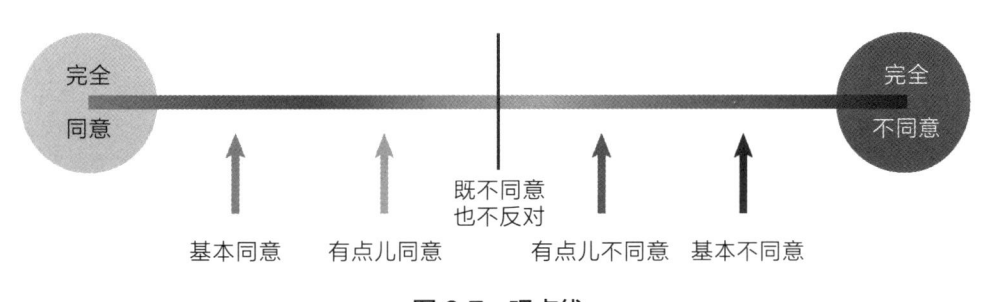

图 6.7　观点线

3. 针对"学会挑战"的核心概念或关键问题，制定一份观点陈述。力求所有观点大胆且有争议，这样可以增加每个人都发表意见的可能性。例如：

- 朋友之间永远不应该有秘密。
- 无法确切知道生活是否真实。
- 体育和战争之间没有区别。
- 不会倾听的人是不尊重人的。
- 不可能存在公平。
- 没有所谓纯粹或原创的东西，任何事物都是对其他事物的改编。
- 英雄并不存在。

> 这个清单给出了一些观点示例，学生可以在观点线上选定能代表自己立场的相应位置做出回应。

- 没有国家，世界会变得更好。
- 没有宗教，世界会变得更好。
- 没有人类，世界会变得更好。
- 真相和谎言只是见仁见智的问题。
- 说谎比偷窃更糟糕。
- 做梦只是闭着眼睛思考。
- 团队即文化。
- 不冒任何风险就能安全度过一天。
- 今天的你和昨天的你完全不同。
- 我们的大脑和思想是一回事。
- 每个人都在不断成长。
- 如果你出于道德原因选择不吃肉，那么你应做一个严格素食主义者（不吃肉及所有动物衍生品），而不是素食主义者（仅仅不吃肉）。
- 有些人生来就有才华。
- 神灵一直存在。
- 颜色在心，而不在物。
- 我们出生前头脑中就有想法了。
- 人与人之间的痛苦是无法相通的。

4. 向学生解释，你将拿出一个有争议的陈述供他们思考。告诉他们你会先给他们时间考虑自己的观点，然后他们需要在观点线上选定相应位置，来表达自己同意或不同意的程度。解释完后将该陈述展示给他们。

5. 学生在观点线上选定了位置之后，你可以让他们和旁边的人交谈，以便比较各自选定相应位置的原因。下面的提示问题可以确保对话更具探索性，而不是简单叠加观点。（更多相关信息见《通过对话挑战学习》的 2.6.1 节和 2.6.3 节，另外这本书还提供了许多使用观点线的其他方法。）

- 对此你怎么看？
- 你的理由是什么？
- 我同意你的观点，因为……

- 我不同意你的观点,因为……
- 对此还有没有其他观点?
- 如果……会怎么样?
- 我们是否考虑了所有因素?
- 我们达成了什么共识?

6.3.5 观点角

观点角的结构与观点线相似,因此可以用类似的方式向学生介绍。主要的区别是,使用观点角可以防止学生持观望态度,因为观点角要求他们必须在四种描述中做出选择:非常同意、同意、不同意、非常不同意。如何设置观点角,如图 6.8 所示。

```
┌─────────────────────────────────────┐
│ 不同意                    非常同意  │
│                                     │
│                                     │
│                                     │
│                                     │
│ 非常不同意                   同意   │
└─────────────────────────────────────┘
```

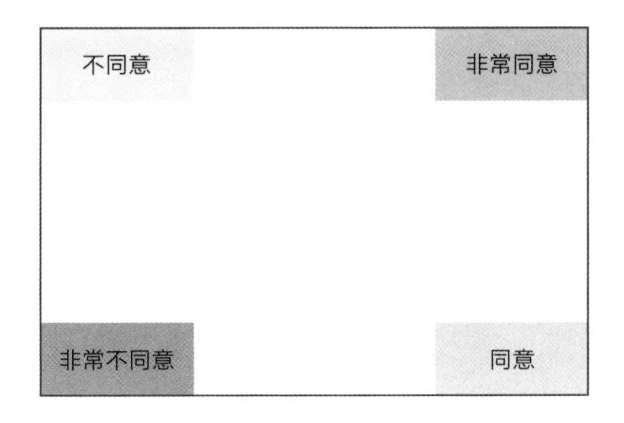

图 6.8　观点角

你读完一份陈述后,学生应该站在最能代表他们观点的角落里。告诉他们必须从四个角落中选择一个,而不能站在中间。他们必须明确哪个角落最能体现他们的观点。如果改变了主意,他们也可以换到其他位置,但必须从一个角落移动到另一个角落,而不是站到中间或其他地方。

> 如果想让学生对"学会挑战"的对话产生更大兴趣,观点角比观点线更适合两极分化的观点。

一旦学生选择好一个角落,让他们和周围的人讨论各自的选择。然后,从每个角落中选出一个发言人，来总结他所在角落的同学做出这个选择的原因。这样做可以让学生听到有关这个问题的不同观点。

观点角的陈述

下面是开启观点角的一些陈述。当然，在实际应用中，这些陈述应该来自"学会挑战"的核心概念或问题。

- 偷窃是不对的。
- 你应该一直支持你的朋友。
- 事实是，社会群体决定的一切都是真理。
- 音乐和声音是一样的。
- 发生校园欺凌应该向警方报告。
- 没有数字也可以算数。
- 故事和谎言是一回事。
- 万物都有形状。
- 任何事情都是不可能证明的。
- 永远不可能有公平的竞争。
- 永远不能相信自己的感觉。
- 对事物进行审查是正确的。
- 人性本恶。
- 战争从来都是不对的。

6.3.6 概念线

概念线与观点线在结构上相似，因此可以用类似的方式向学生介绍。主要的区别是，概念线代表的是一个概念的特征，而不是同意或不同意的程度。

鼓励学生列出所有与核心概念相关的术语和想法。然后让他们沿概念线排列这些词语，注意要按照意义或重要性来排列，详见图6.9和图6.10中的示例。

> 概念线需要参与者指出每个特征所能代表概念的程度或范围。

概念：知识									
证据	事实	凭据	经验	数据	思考	观点	信念	猜测	无知

图 6.9　有关知识的概念线

概念：友情											
狂热的	深爱的	乐于助人的	忠诚的	值得信赖的	令人舒服的	积极回应的	平易近人的	不善交际的	保守冷淡的	不忠诚的	有距离感的	有敌意的

图 6.10　有关友情的概念线

6.3.7　概念圈

概念圈通常由三个圆组成：内圆、外圆和中间的圆。内圆代表的是"学会挑战"的核心概念，外圆代表的是"非概念"，中间的圆代表的是"不确定"，如图 6.11 所示。

> 概念圈需要参与者将"学会挑战"中概念的特征放在内圆，将与概念相冲突的特征放在外圆，将有争议的特征放在中间的圆。

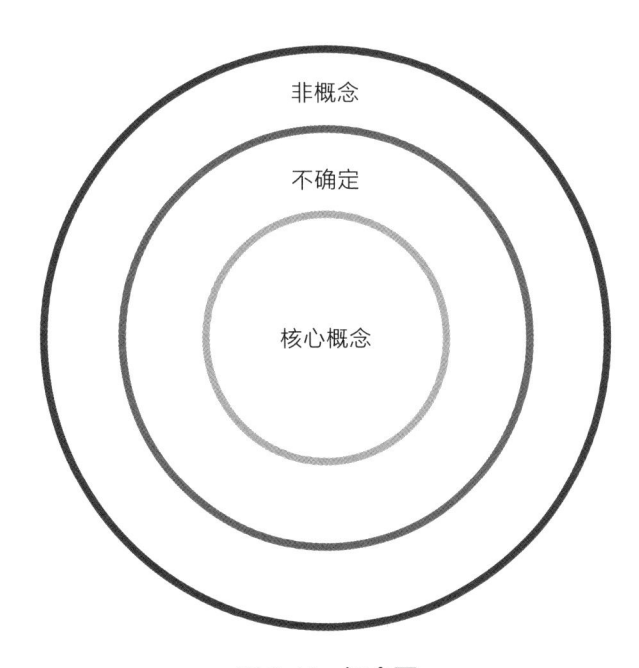

图 6.11　概念圈

假如概念是"气愤",你可以指导学生把以下词语分别放入三个圆圈中。

狂怒的	气恼的	义愤填膺的	气愤的
愤恨的	暴躁的	沉着冷静的	恼火的
苦恼的	兴奋的	不耐烦的	愤慨的
剧烈的	愤怒的	快乐的	悲痛的
稳定的	满意的	盛怒的	平静的
开心的	高兴的	疯狂的	平和的
喜爱的	耐心的	沮丧的	

假如概念是"相似",你可以指导学生把以下词语分别放入三个圆圈中。

有差别的	一致的	相似的	不对等的
多样的	不像的	同一的	类似的
相像的	同辈的	同类的	不同的
并行的	可比较的	对等的	截然不同的
可匹配的	差不多的	相反的	
其他的	差异的	特殊的	
各种各样的	相关的	一样的	

假如概念是"之前",你可以指导学生把以下词语分别放入三个圆圈中。

在……前面	然后	结尾	结束
提前	中间	准备	优先
最终	更早	晚于	后来
开始	早前	随后	大约
不久	同一时刻	往后	过一会儿
先于	往前	在……后面	结果

6.3.8 概念表

概念表可以帮助学生更准确地了解他们正在思考的概念。有的概念表可以即时创建,有的则需要做一些准备。不管采用哪种方式,它们都是可以与"学会挑战"有效融合的练习。表6.1至表6.8只呈现了几个例子,但实际上两者的组合可以有无限可能。

表6.1 概念表:版本A

例子	概念	疑似概念(实际并非概念)	非概念	不确定

表6.2 版本A示例:概念"真实"

例子	真实	疑似概念(实际并非概念)	不真实	不确定
彩虹				
红色鲜血				
假牙				
塑料花				
咖啡的味道				
镜中影像				
你的思维				
云计算				
教师的夸赞				
朋友的夸奖				
阳光				
书籍				
虚构的故事				

表 6.3　概念表：版本 B

例子	概念 A	概念 B	两者皆是	两者皆非

表 6.4　版本 B 示例：概念"存在"与"可见"

例子	存在	可见	两者皆是	两者皆非
血细胞				
火				
幸福				
思维				
体味儿				
恐惧				
音乐				
语词				
木星				
信任				
黑暗				
海中的盐				
蚊子				

表 6.5　概念表：版本 C

例子	类型 A	类型 B	类型 C	不确定

表6.6 版本C示例：概念"行动"

行动的示例	制作	说	做	不确定
穿鞋				
打电话				
画画				
步行上学				
创造发明				
探索发现				
开门				
洗碗				
烘焙蛋糕				
提问				
打喷嚏				
吃饭				
边吃边聊				

表6.7 概念表：版本D

例子	含义一	含义二	含义三	不确定

表 6.8　版本 D 示例：概念 "just"

just 的示例	只是、仅仅	公平、正义	正好	不确定
According to the clock, it's only just 12 o'clock.（译文：时钟显示现在才 12 点。）				
I'm just going to make a telephone call.（译文：我正要打个电话。）				
It wasn't just her idea; it was mine too.（译文：这不仅仅是她的主意，也是我的。）				
This decision was just one.（译文：这个决定是公正的。）				
I didn't exactly fail, but I only just passed.（译文：我没有失败，只不过勉强通过。）				
It all went wrong, so he got his just desert.（译文：一切都错了，所以他得到了应有的惩罚。）				
I only just had enough money to buy that.（译文：我的钱只够买那个了。）				
Just give me five more minutes, please!（译文：请再给我五分钟！）				
I've just about had enough of your arguing.（译文：我受够了你的争辩。）				
It's not just for me; it's also for my friend.（译文：这不只是为了我，也是为了我朋友。）				
Taking revenge is not a just thing to do.（译文：复仇不是一件正义的事。）				

6.3.9 维恩图

维恩图是有助于思考的绝佳视觉工具,即便对最年幼的学生来说也有效。事实上,在很长一段时间里,英国索纳比小镇一所幼儿园的课堂,是我见过的使用维恩图最好的课堂之一。老师让班上四岁的孩子坐成一圈,在圆圈的周围放上 50 件物品。然后,她给学生看一张四岁男孩的照片,让他们每人挑选一件他们认为属于这个男孩的物品,并把它放在地板上男孩照片旁边的一个大环里。他们这样做的同时,老师还让他们说出理由,例如,为什么他们认为牙刷属于这个男孩。

然后老师给他们看一张年龄相仿的女孩的照片,让他们做同样的事情,只不过这次他们要把选择的物品放在女孩照片旁边的大环里。问题是,班里有 30 个孩子,50 件物品中的 30 件已经在男孩的大环里了。所以她让那 10 个手中没有物品的孩子自己想办法解决问题。当然,这些孩子建议把一些物品从男孩的大环移到女孩的大环里,他们也这么做了,接着老师让其他愿意试一试的孩子也来接受这个挑战。

孩子们最终发现,有些东西男孩和女孩都可以用,这时老师拿出第三个大环,把它放在一张男孩和女孩合拍的照片旁边。这节课结束时,孩子们通过给出理由、倾听彼此、做出决定,在哪些东西应该放在哪个大环里这个问题上达成了一致意见。当然,最后所有物品都被放进了第三个大环里,因为孩子们意识到,这些物品男孩和女孩都可以用。

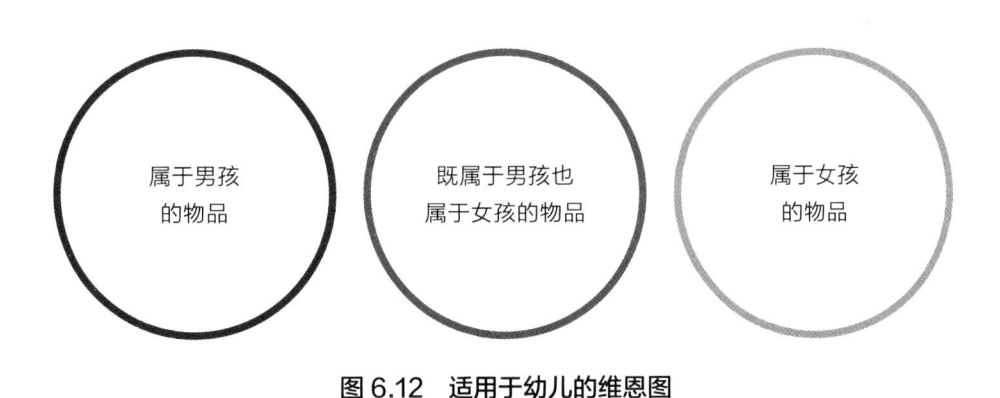

图 6.12 适用于幼儿的维恩图

当然,绘制维恩图的常见方法是将两个圆圈重叠起来,如图 6.13 所示。

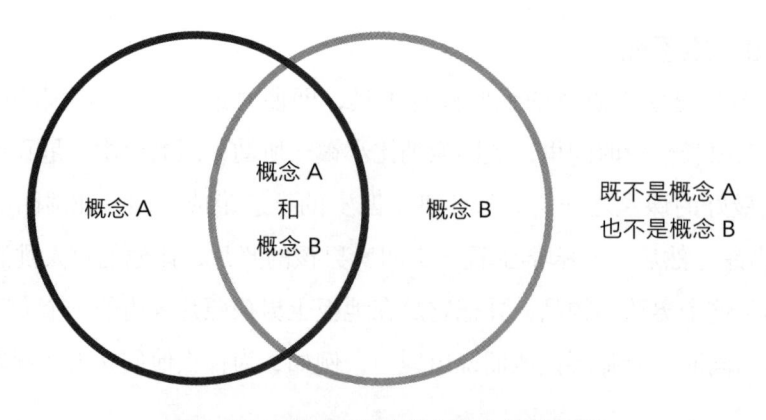

图 6.13 适用于年龄较大学生的维恩图

（图中：概念 A；概念 A 和概念 B；概念 B；既不是概念 A 也不是概念 B）

概念示例：心理行为（概念 A）和言语行为（概念 B）。

让学生把下列词语放在维恩图中的正确位置。

大喊	命令	承诺	推理	推断
找到	表述	思考	警告	告知
命名	相信	记忆	期待	意欲
讨厌	热爱	建议	呼叫	否认
陈述	同意	通知	规则	发誓
祈祷	乞求	问候	感谢	欢迎
表扬	保护	敢于	耳语	叹息

概念示例：错误（概念 A）和暗喻（概念 B）

让学生把下列陈述放在维恩图中的正确位置。

1. 我的小妹妹是个讨厌鬼（a pain in the neck）。
2. 生活是一盒巧克力。
3. 地球是行星。
4. 德古拉是吸血鬼。
5. 教室是动物园。
6. 生活是过山车。

7. 时间就是金钱。

8. 整个世界是一个舞台。

9. 妈妈冷着脸听我说话。

10. 我们的老师真是个老古董（dinosaur）。

11. 昨天简直是一场噩梦。

12. 水往低处流。

13. 血液像河水一样流淌。

14. 我最好的朋友是个真正的小丑。

15. 他是个阴险小人（a snake in the grass）。

16. 我的头天旋地转。

17. 一到周末我就变成麻木的僵尸了。

18. 他的卧室简直是个灾区。

19. 她用言语把他打倒了。

20. 我像一朵云一样孤独地徘徊。

有时在"学会挑战"的对话中学生会发现，研究两个或多个相关概念之间的关系是很有用的。维恩图就可以帮助解决这个问题。例如，你可以让他们决定以下哪种变体最能体现这种关系。

最近我给 16 岁孩子上的一节课可以很好地诠释如何使用维恩图来识别两个概念之间的关系。我以一句颇具挑衅性的话来开场："体育和战争是一回事。"正如预期的那样，这些年轻人最初拒绝接受这个观点，所以我建议用维恩图来检验这个假设。他们想到了攻击、防御、勇敢、交战规则和不抓俘虏等词语，然后尝试将它们放入图 6.14 所示的选项 B 中。

正如你想的那样，他们弄不明白为何这些词语不能只属于一个类别。即使"杀戮"这个词，也因为血腥的体育运动（如斗牛）而被同时归入这两个类别。

最后学生发现，他们根本想不出不能同时归入这两个类别的特征。于是我让他们用图 6.14 中的选项 C 来决定是所有体育都是战争，还是所有战争都是体育。大多数人倾向于前者，但有些人不同意并说这根本不可能正确！

> 维恩图也可用于研究两个概念之间的关系，以及识别它们之间的共同特征。

选项 A：两个概念完全不同

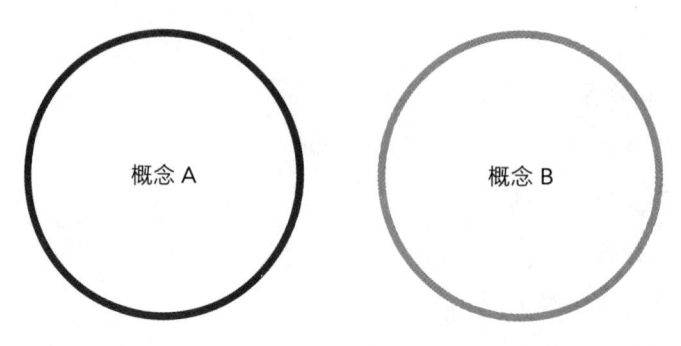

概念 A　　　概念 B

选项 B：两个概念有重叠，并不完全相同

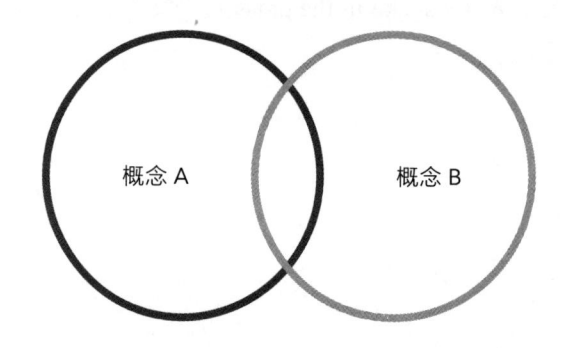

概念 A　　　概念 B

选项 C：两个概念互相融合

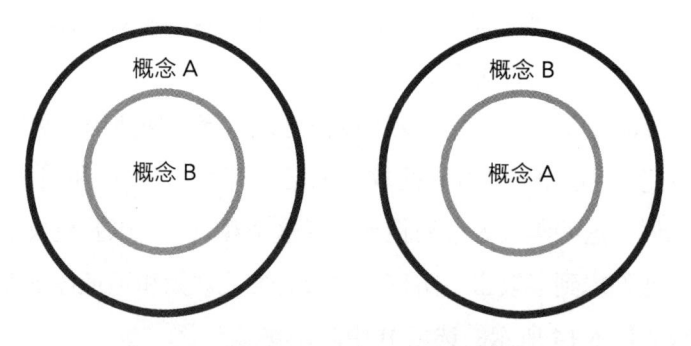

概念 A / 概念 B　　　概念 B / 概念 A

图 6.14　用维恩图识别两个概念之间的关系

6.3.10　推论方块

推论方块有助于区分什么是确切知道的，什么是可推论的，以及我们可以提出哪些问题来获取更多信息。如图 6.15 所示。

> 推论方块是用来区分什么是已知的、什么是可推论的有用工具。

```
┌─────────────────────────────────┐
│      我们可以提出哪些问题         │
│  ┌───────────────────────────┐  │
│  │    我们可以做出哪些推论      │  │
│  │  ┌─────────────────────┐  │  │
│  │  │  我们能确定的是什么   │  │  │
│  │  │                     │  │  │
│  │  └─────────────────────┘  │  │
│  └───────────────────────────┘  │
└─────────────────────────────────┘
```

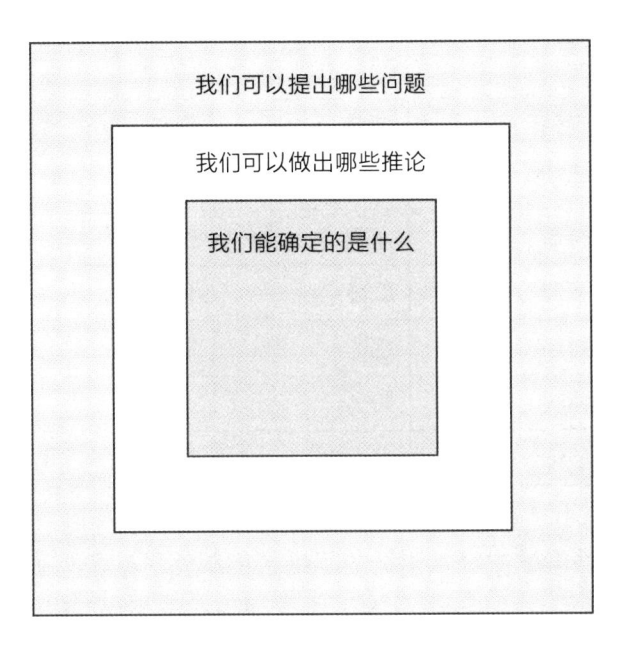

图 6.15　推论方块

6.4 "学习坑"内的思维类型

> 运用"学会挑战"的目的是让学生变得更擅于表达、更有想象力、更有冒险精神、更擅于批判性思考、更擅于沟通、更有适应力、更明智。

要做到这一点，学生需要使用表 6.9 列出的许多（甚至全部）思维技能。

表 6.9　"学会挑战"中使用的思维技能

分析	预判	应用	因果关系	选择
分类	比较	关联	对比	决定
定义	描述	确定	讨论	详尽阐述

续表

预估	评估	例证	解释	探究
概括	举例	给出理由	分组	假定
辨认	推断	阐释	归纳含义	组织
改述	预测	质疑	分级	表征
回应	排序	挑选	简化	展示如何做
说明原因	解决	归类	总结	支持
测试	验证	可视化	假设	

我根据全国性考试中经常测试的思维技能制作了这个列表，并不是因为我提倡为应试而教，而是因为有些人担心花在"学会挑战"上的时间会分散大家对提高全国性考试成绩的关注。我的回答一直都是：它不仅不会妨碍你提高分数，反而有助于提高分数！"学会挑战"所教授的正是要测试的技能。当然，大多数试卷的前几个问题都需要记忆事实，但后面的问题往往更强调思维技能，比如：

> 画线部分是"学会挑战"培养的思维技能类型示例。

<u>阐释</u>图表

<u>预估</u>影响

<u>举例</u>说明

<u>给出理由</u>

<u>改述</u>作者的话语

<u>总结</u>要点，<u>举例</u>说明

<u>验证</u>答案

正是在这些非事实记忆的问题上，学生往往会得到更高的分数。因此，"学会挑战"不仅不会分散学生的注意力，反而能帮助学生取得更好的成绩。除此之外，它还能帮助学生变得更深思熟虑、更有冒险精神和更明智。既然这样，谁不想试试呢？

当学生陷入学习坑时，鼓励他们使用表6.9列出的一种或多种技能来关联他们的想法并解释他们的见解。例如，如果学生在给一个概念下定义时遇到了困

难，那么你可以要求他们完成以下一项或多项任务（思维技能见画线内容）。

<u>分析</u>你的想法和他人的想法之间的差异。
将核心概念与另一个概念进行<u>比较</u>。
<u>决定</u>这是<u>因果关系</u>还是巧合。
把你的想法按"肯定""可能"和"根本不"来<u>分组</u>。
详尽<u>阐述</u>你之前的想法。
谁能<u>总结</u>一下到目前为止说了些什么吗？
你能将自己的想法<u>排序</u>吗？
为什么不把你的想法按照相关度<u>分级</u>呢？

值得注意的是，除了表 6.9 列出的技能之外，探讨思维技能还有许多其他方法。在一些专家看来，良好思维的教学应该关注培养学生的性情，使学生变得更具好奇心、更讲策略、更加开放和更有评估能力。其他专家则将关注的重点放在查找相关信息、比较、综合和理解等技能上。本杰明·布鲁姆（Bloom, Englehart, Furst, Hill & Krathwohl, 1956）强调高阶思维，而马修·李普曼（1988）则推崇批判性、创造性和关爱思维。

在研究了许多方法之后，我认为：

> 所有良好的思维都是灵活的、有洞察力的和富有成效的。

如果富有成效的思维不够灵活，如果洞见没有成效，那么它们的用处就很有限。因此，良好的思维是这三个特征的结合体。

规划课程时，为了确保学生的思维更具广度和深度，我用首字母缩写 EDUCERE（源自拉丁语"引出"）来代表我开发的一种分类法。当然，它也是英语"education"一词的词根。E 是 Engage 的首字母缩写，即参与；D 是 Desire 的首字母缩写，即

> 首字母缩写 EDUCERE 有助于识别"学会挑战"着力培养的主要思维类别。

渴望；U 是 Understand 的首字母缩写，即理解；C 是 Create 的首字母缩写，即创造；E 是 Explore 的首字母缩写，即探究；R 是 Reason 的首字母缩写，即推理；E 是 Evaluate 的首字母缩写，即评估。

表 6.10　EDUCERE 思维技能

参与——集中注意力，协同思考： • 言语行为，如讲话、声称、提议、暗示、推断、断言、争辩等 • 心理行为，如集中注意力，投入精力和热情，保持专注 • 身体行为，包括积极的和能引发兴趣的肢体语言 **渴望——有意愿或希望：** • 弄明白和询问 • 反思并评估想法和表现 • 承担责任并计算风险 • 合作或独立工作 • 想象新可能性并培养开放的思想 • 适应力强、坚韧不拔 • 管理情绪和抑制冲动 • 深思熟虑 **理解——通过以下方式理解信息：** • 查找相关数据 • 寻求清晰度和精确性 • 比较和对比 • 分类 • 排序 • 建立关联 • 呈现信息 • 寻求深入理解 • 识别误解 **创造——通过以下方式创造新想法：** • 寻找替代方案和可能性	• 提出假设 • 创新 • 整合和规划 • 暂时搁置逻辑 • 寻找价值 • 灵活思考 • 提出"如果……会怎么样"的问题 **探究——通过以下方式探究当前的问题：** • 提出相关问题 • 定义问题 • 预测结果 • 测试结论 • 寻找细节来彰显深度 • 阐释意义 **推理——通过以下方式进行推理：** • 给出理由 • 使用精确的语言 • 推断和演绎 • 应用逻辑 • 测试假设 • 提出平衡的论点 **评估——通过以下方式衡量价值：** • 制定标准 • 检查准确性 • 识别改进之处 • 测试相关性和重要性 • 基准测试 • 比较替代方案

6.5 顿悟时刻！

"学会挑战"最好的部分就是学生的顿悟时刻。顿悟并不是每次都会出现，但当它出现时，这个过程是令人愉快的。

> 顿悟是指"学会挑战"的参与者爬出学习坑时获得的成就感。

当一个人发现真理时，顿悟时刻就会出现，此时他会突然意识到自己明白了以前不明白的事情。这是让人豁然开朗的幸福时刻，它使穿越学习坑所付出的所有努力都值得。

2007年6月，我在做一个主题演讲时提到了顿悟时刻。观众中有一位女士跳起来宣布她刚刚结婚了！我不知道她为什么这么说，便问她结婚与我正在讨论的主题有什么关系。她对会场的600人透露，她的新婚丈夫是希腊人，所以她一直在学习希腊语，而"顿悟"（eureka）一词在希腊语中是"我找到了"的意思。

虽然对这位女士的突然惊呼感到困惑，但我对"顿悟"的这个含义也很感兴趣。它的意思不是"老师给了我答案"，而是"我找到了；我找到了这个问题的答案，这感觉很棒"。想象一下，当学生感到欢欣鼓舞时，他们想去做什么？当然是分享。他们会在家里不停地谈论这件事，第二天回到学校后，他们想要做什么？还是分享！而常见的情形是，当父母问孩子在学校做了什么时，他们只是回答："没干什么。"

我认为教育就应该是这种顿悟的感觉。我们应该尽可能地为学生创造达到顿悟时刻的条件。当然，这种情况不可能一直发生——如果一直发生，我们也会筋疲力尽！但它应该在某些时候发生，这就是"学会挑战"的意义所在。

顿悟时刻的关键在于，它们是克服困惑的结果。如果学生很容易就能得到答案，他们就不会获得这种顿悟的感觉。在5.4节提到的课堂案例中，如果我问孩子们奇数是什么，然后接受他们的第一个答案，他们就不会获得任何成就感。为了体验灵光乍现之感，他们必须坚持、反思、分析和思考。换句话说，他们必须穿过学习坑，从另一边爬出来，才有机会体验顿悟时刻。

> 顿悟时刻是"学会挑战"的一个方面，它使穿越学习坑所付出的所有努力都变得值得。

6.5.1　团队合作实现学习顿悟

通常情况下，在任何时间，都可能有学生顿悟。他们很少会同时顿悟。不过，这种情况也可以成为一种优势，因为这是让学生进行团队合作的好时机。你可以这样说：

> 那些已经产生顿悟的同学，请和还在学习坑里的同学结对。现在你们的工作就是帮助同伴从学习坑里爬出来。你们可以向他们展示如何用一种"坑工具"构建答案，或者解释你们现在是如何理解这个概念的。请记住，同伴的任务是对你们提出挑战和质疑。他们会尝试把你们拉回坑里去！
>
> 简单的答案坚持不了多久。你需要提供你能想到的最无懈可击的答案，这样在未来很长一段时间内，你的想法才能站得住脚。

> 当"学会挑战"的一些参与者产生了顿悟之感时，我们就可以让他们帮助其他人爬出学习坑。

我曾多次让还在学习坑里的学生与已经产生顿悟的学生结对，我可以自信地说，这种结对带来的学习热情和价值感是非常有吸引力的。

这本身就很好地抓住了"学会挑战"的本质。"学会挑战"就是挑战、质疑、检查所有选项、联系和解释、合作、扩展和关联。所以这对各方都是双赢的。

> 在学习坑里的学生和产生顿悟的学生之间的关系是平衡的：产生顿悟的学生旨在帮助同伴构建答案，而学习坑里的学生旨在帮助同伴深思熟虑。这不同于平时那种指导或被指导的关系，这些关系通常是单方面的。这也意味着学习坑里的学生不会因为问了许多问题而感到自己愚蠢；事实恰恰相反，学生现在对提出的每个问题和每个挑战都更敏锐了。

6.6 本章要点

除了概览中确定的要点外,本章还涵盖以下内容:

1. 在学生之间积极的、有意义的、有挑战性的、合作的和反思的互动支持下,十大"坑工具"能够发挥最大的作用。
2. 每个"坑工具"都可以帮助学生形成理性的判断力和推断力。
3. 许多类型的思维都可以通过"学会挑战"来培养。这些思维包括阐释、预估、用理由支持论点、改述、总结、验证和挑战等。
4. "学会挑战"最好的部分就是学生的顿悟时刻。顿悟并不是每次都会出现,但当它出现时,这个过程是令人愉快的。
5. 让已经产生顿悟的学生与仍在学习坑里的学生结对,可以培养学生专注、协作和探究的意识。

第七章
学习机制

注意你的思想，因为它将变成言辞；
注意你的言辞，因为它将变成行动；
注意你的行动，因为它将变成习惯；
注意你的习惯，因为它将变成性格；
注意你的性格，因为它将决定你的命运。

——弗兰克·奥特洛
（Frank Outlaw）

7.0　本章概览

本章的重点是如何帮助学生回顾和迁移所学知识。其要点包括：

1. 回顾：学习之旅就是使用元认知策略。

2. 元认知是指思考自己的思维，分为认知意识和认知调节。

3. 认知意识包括留意自己在参与、记忆、理解和创新方面取得了多大的成功。

4. 认知调节包括培养选择适当策略的能力和意愿、监控所使用策略的有效性、寻找特定行为的根本原因，以及评估自己思维的智慧和准确性。

7.1 元认知

每次"学会挑战"的最后阶段都是让学生思考他们的学习旅程，并寻找应用、调适和迁移所学知识的方法。艾伦·纽厄尔在《认知的统一理论》一书中指出，解决问题分为两个层次：一是使用策略解决问题，二是如何选择和监控这种策略。纽厄尔观察到，妥善解决问题往往既取决于策略的执行，也取决于策略的选择和监控。"元认知"（思考思维）这个术语通常指策略选择和过程监控，以及反思和管理自己思维的更普遍的活动。

> 元认知是指思考自己的思维。

> 能力较强的或成功的学习者可以解释他们使用了哪些策略来解决问题，以及为什么选择这样的策略，而能力较差的学生只能偶尔监控自己的思维，且这种监控很可能是无效的，并且只能提供不完全的解释（Newell，1991，p.312）。

好消息是，元认知策略是可以学习的。它们不是学生要么有要么没有的东西，而是学生通过有条不紊的学习，进而在教师的鼓励下可以获得的。最终学生将养成智识习惯。

通常将元认知分为"认知意识"和"认知调节"是比较有用的。表 7.1 概述了两者的差异，同时呈现了元认知的所有因素。当然，学生不太可能在每次穿越学习坑的过程中都有时间或精力去思考哪怕一半的因素，但他们应该通过一系列"学会挑战"来训练所有类型的元认知。

表 7.1　元认知类型

认知意识——意识到我有能力：	认知调节——有能力和意愿：
1. 参与 包括： • 专心致志 • 投入精力 • 适当回应	1. 辨别和选择 包括： • 查找相关数据 • 假设 • 基准测试 • 寻找替代方案
2. 记忆 包括： • 事实性记忆 • 情境性记忆 • 程序性记忆 • 关于人的记忆	2. 监控 包括： • 分析 • 关联 • 预测 • 排序和分类
3. 理解 包括： • 应用 • 基本原理 • 建立关联 • 明确相关性	3. 进行合理化解释 包括： • 寻找原因 • 明确动机 • 挑战假设 • 使用精确的语言
4. 创新 包括： • 思维的灵活性 • 寻找替代方案 • 提出"如果……会怎么样"的问题 • 建立价值	4. 评估 包括： • 智慧 • 成功 • 应用 • 准确

7.2　回顾问题

图 7.1 简明地描绘了回顾"学会挑战"的关键步骤。当学生开始回顾时，这些步骤值得分享给学生。

当然，你还可以向学生提出更多问题，178—180 页就呈现了回顾"学会挑战"时可以提出的元认知问题。我并不是提倡你提出所有问题！你可以从每个阶段中挑选两到三个问题，然后在每次"学会挑战"课堂上提出不同的问题。

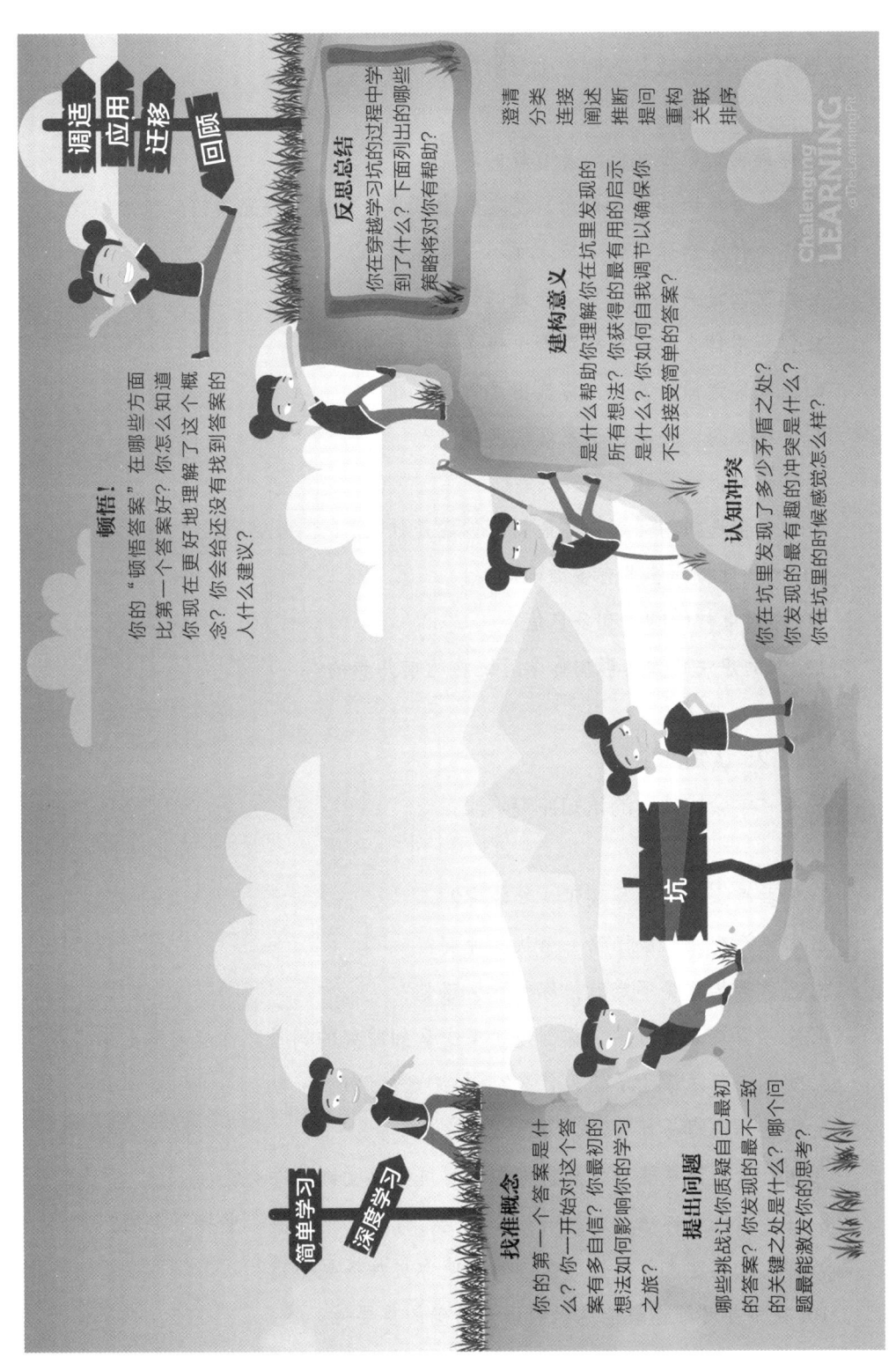

图 7.1 回顾"学会挑战"之旅

阶段1：找准概念

思考"学会挑战"的概念确立阶段：

1. 你最初认为哪些概念是有趣的？
2. 你是如何选择这个概念，使之成为"学会挑战"探究的核心概念的？
3. 你为什么选择了这个概念而不是其他概念？
4. 现在回过头来看，它是最好的概念吗？
5. 你会用什么标准来决定哪个概念是最好的？
6. 围绕你选择的概念，你提出了哪些问题？
7. 仔细想想，还有比这更好的问题吗？
8. 你是如何选择这个问题的？
9. 对于你选择的问题，你最初的答案是什么？
10. 这些最初的答案有多准确？
11. 你对最初的答案有多自信？
12. 你的想法是如何影响你学习之旅的前几步的？

阶段2：认知冲突

思考"学会挑战"的认知冲突阶段：

1. 哪些概念或问题导致了认知冲突？
2. 哪两个想法形成了第一个认知冲突？
3. 当你开始摇晃不定时，你有什么感觉？
4. 在学习坑里的时候，你创建了多少认知冲突的例子？你能列举出来吗？
5. 哪两个想法最矛盾，为什么？
6. 哪些想法容易被否定，为什么？
7. 用什么思维技能可以分析你在学习坑中感受到的冲突？
8. 在学习坑中你想过放弃吗？如果是，你是如何下决心坚持下去的？
9. 你（或其他人）提出的哪些问题使你更加摇晃不定？
10. 在哪些时刻你最能意识到语言精确的重要性？
11. 你使用的哪种摇晃器（见5.4.1节）创造了认知冲突？

12. 在学习坑里的时候，你是否检查了所有选项？

阶段 3：建构意义
思考"学会挑战"的建构意义阶段：

1. 你是从什么时候开始理解在学习坑里产生的那些相互矛盾的想法的？
2. 哪个"坑工具"（见 6.3 节）可以帮助你关联和解释想法？
3. 你获得的最有用的启示是什么？
4. 哪种思维技能（见 6.4 节）对构建答案最有帮助？
5. 你有多确定自己没有接受简单的答案？
6. 在某个时刻，你是否在感到豁然开朗的同时，却发现了另一个问题？如果是，请解释一下。
7. 你发现了哪些误解、误会或假设？
8. 当你和一个已经跳出学习坑的人结对时，他是如何帮助你的？
9. 你能把伙伴拉回学习坑吗？如果能，你是怎么做的？他又是如何回应的？
10. 你做了什么来检查答案的准确性？
11. 如果你有时间，你会做些什么来进一步改进答案？
12. 你对自己的学习之旅感到满意吗？

阶段 4：反思总结
思考"学会挑战"的反思总结阶段：

1. 顿悟的那一刻你的感受如何？
2. 你怎么知道这就是顿悟时刻，而不仅仅是中途的一步？
3. 你是如何通过自我调节来帮助自己踏上学习之旅的？
4. 你现在在哪些方面更好地理解了这个概念？
5. 下次你会有什么不同的做法？
6. 你在"学会挑战"中使用的哪些策略也可以用于其他情境？
7. 下次你是否可以采用不同的顺序来提高效率？
8. 你如何将新知识应用于另一种情境？

9. 你能创造什么类比、比喻或例子来解释你新学到的内容？

10. 关于"学会挑战"，你会给别人什么建议？

11. 你还有什么问题吗？

12. 你想探索的下一个概念是什么？

你可能会注意到，最后一组问题不仅是回顾整个学习过程，也是对下一步的期待。这也是我一直强调"学会挑战"是个连续体的原因之一。我不认为"学会挑战"是在特殊场合举办的一次性活动。相反，它是伴随学生发展和成长的一系列"坑"和"峰"。我的老朋友马克·博鲁姆设计的图7.2可以很好地说明这一点。

7.3 ASK 模型

ASK模型可以在整个"学会挑战"过程中使用。而且，它作为回顾和计划的工具尤其有用，这就是我将它纳入本节的原因。ASK代表的是态度（Attitude）、技能（Skill）和知识（Knowledge）：

- **态度**：对学习的积极态度，包括好奇心和毅力。
- **技能**：在任何情况下，为获得理解和取得优异成绩而采取必要行动的能力。
- **知识**：特定领域的信息、概念、理论和实践。

在使用ASK模型时，我喜欢将其绘制为图7.3所示的三角形。这意味着我们可以沿着其中一条线画出一点，来显示当前学习的重点。因此，如果我们在左边线中间画个叉，那么这就表明我们关注的是态度和技能。例如，利用好奇心（态度）提出关于"学会挑战"之旅的问题（智力技能）。或者，如果我们在下边线的靠左位置画一个叉，这就表明我们在强调态度的同时，对知识也有一定的需求。例如，当审视已证明的事实和假定的事实（知识）之间的差异时，将重点放在培养一种仔细思考的态度上。

> ASK模型考虑了态度、技能和知识在学会如何学习中的作用。

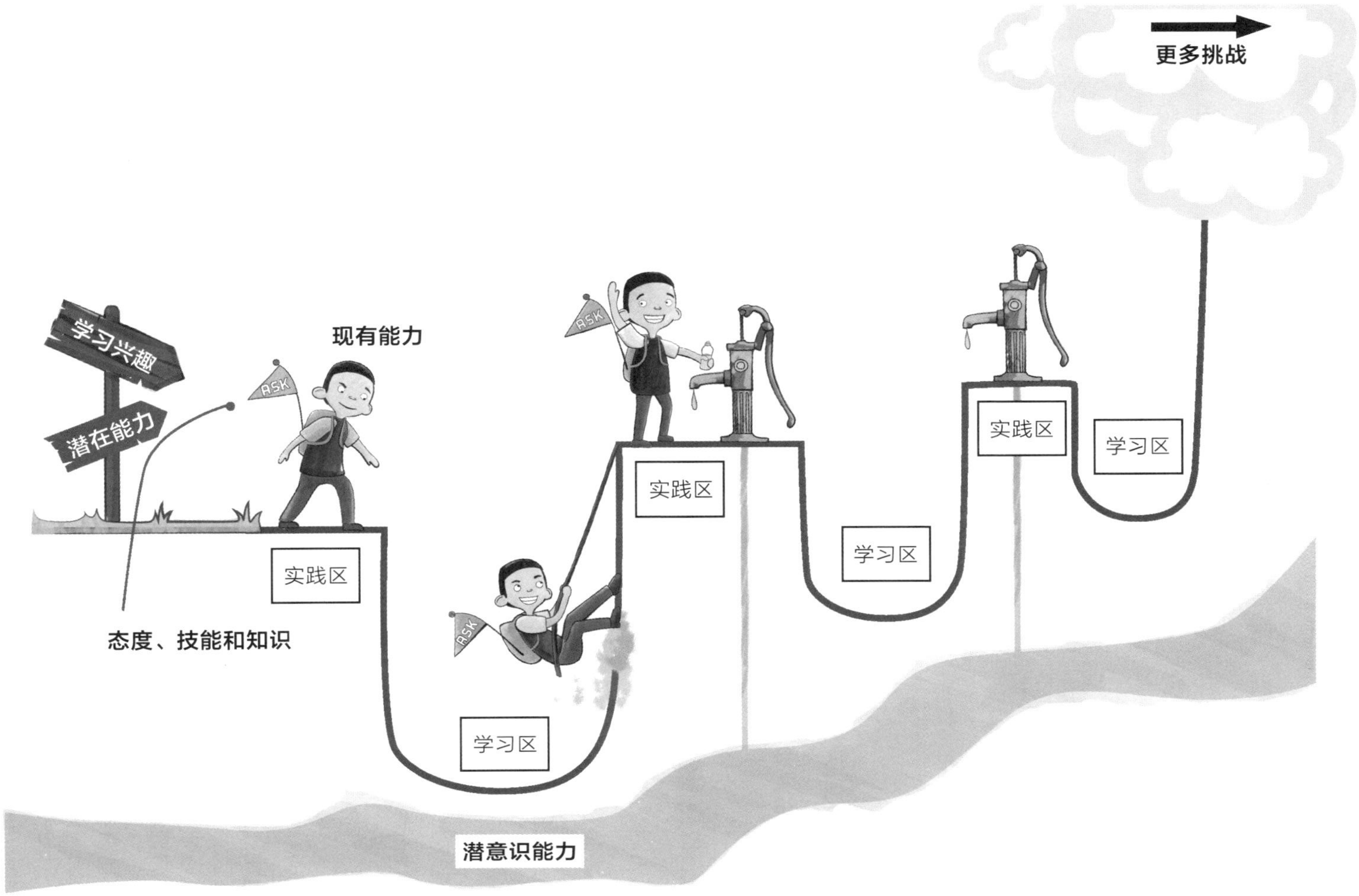

图 7.2 "学会挑战"的一系列"坑"和"峰"

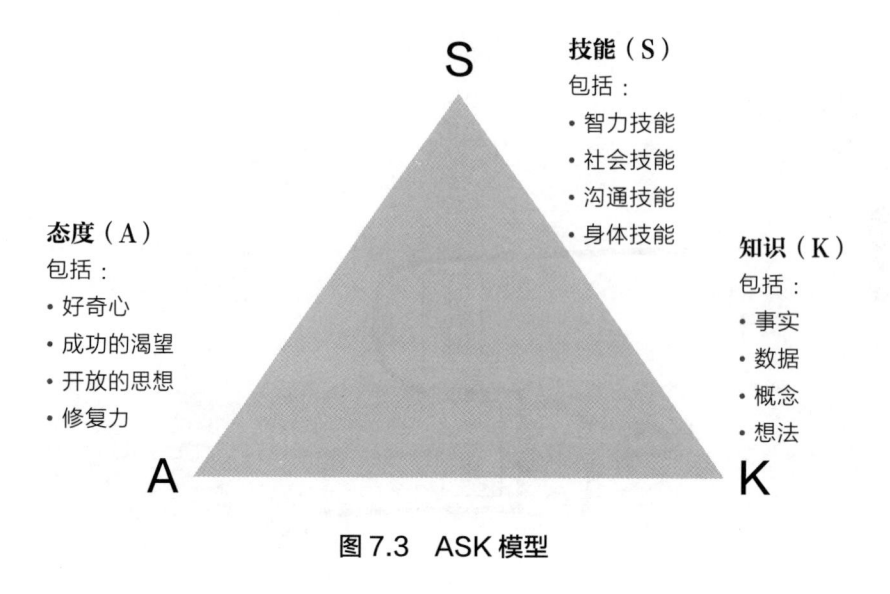

```
         S
    技能（S）
    包括：
    • 智力技能
    • 社会技能
    • 沟通技能
    • 身体技能

态度（A）
包括：
• 好奇心
• 成功的渴望
• 开放的思想
• 修复力
                              知识（K）
                              包括：
                              • 事实
                              • 数据
                              • 概念
                              • 想法
    A                             K
```

图 7.3　ASK 模型

这样的关注焦点会帮助学生反思自己的"学会挑战"之旅，也会提醒他们学会如何学习（见 3.3 节）是怎么回事。要成为专家学习者，学生需要培养积极的学习态度，熟练掌握学习的诸多方面的技能，并具备较好的常识和概念理解力，以便他们能够发现和评估信息。换句话说，他们需要在 ASK 模型的三个领域（态度、技能和知识）都有所成长。下面我将分别阐述。

7.3.1　态度

思考一下，教 30 个重视学习的学生和教 15 个不重视学习的学生之间有什么区别。或者比较一个容易气馁的学生和一个坚持不懈并克服挑战的学生，看看他们可能取得的进步有何不同。态度似乎对教育成果能起到非常重要的作用。

许多人认为，遗传天性和后天教养共同决定了学生对学习的重视程度。他们认为，这些既定的部分无法改变，我们只能加以利用或规训。然而，证据确凿无疑：通过示范、说明和教授，优秀的学习态度是可以培养的。

当然，这说起来容易做起来难，因为就哪种态度是应该提倡的正确态度这一问题达成一致意见本身就是一个挑战。尽管如此，你可以轻松获得帮助，因为已有很多颇具启发性的资源可供参考，如阿特·科斯塔（Art Costa）的《心智习惯》（*Habits of Mind*）一书和盖伊·克莱斯顿的《培育学习力》（*Building Learning Power*）一书。

一个非常有效的方法就是从学生那里获取一些想法。你可以请学生：

- 想一个已经实现的目标，例如，学会了骑自行车，背诵了乘法表，演奏了一种乐器，写了一首诗，在新学校结交了朋友。
- 思考是什么态度帮助他们实现了这些目标。
- 记下想到的答案，并将其转化为意向陈述（如下所示）。

11岁孩子的回答示例：

- 总是努力尝试
- 乐于听取建议
- 认真思考
- 愿意尝试新事物
- "永不言败"的态度
- 从错误中学习
- 保持专注
- 心胸开阔

相应的意向陈述为：

- 我们总是努力尝试。
- 我们乐于听取建议，互相支持。
- 我们认真思考自己的学习。
- 我们愿意尝试新事物。
- 我们很顽强（具备"永不言败"的态度）。
- 我们将错误视为学习的机会。
- 我们在学习过程中能保持专注。
- 我们乐于接受新想法和不同意见。

当然，仅仅确定你希望培养学生什么样的学习态度，然后在课堂上展示出来是远远不够的。如果这就是全部，那么每一所贴着精美海报（例如，"团结一心，众志成城！"）的学校都会培养出态度完美的完美学生！为了在教学过程中更好地培养你想要的学习态度，你可以尝试以下方法：

1. 使用前述方法确定你希望关注的态度。
2. 在墙上展示这些态度，并与学生讨论其含义。这包括从简单定义到详细阐述，例如：
   - 学生制作海报来阐释每种态度。
   - 确定每种态度的典型榜样（例如，对于"坚定"这一态度，以温斯顿·丘吉尔或 J. K. 罗琳为例）。
   - 通过讲故事和探讨诗歌、艺术或哲学来探索每种态度。
3. 明确示范每种态度是什么样子，这样学生就能清楚地看到如何以及何时使用每一种态度来完成学习目标。
4. 利用每个机会提醒学生注意学习态度。例如，当他们被一项任务困住时，提醒他们这是一个锻炼毅力的机会。
5. 使用 ASK 模型，把每种态度都作为学习意图的一部分来教授。

7.3.2　技能

技能即在任何特定领域获得理解、参与对话和取得优异成绩所必需的能力。儿童（和成年人）通过社会互动和生活中的社会、文化、教育背景来发展他们的能力。

知识技能：识别、建模、变更关系或概念，理解相关性，得出结论，比较和对比，提出相关的问题和假设。

社会技能：建立融洽的关系、尊重他人的观点、在特定情境下采取适当的行动、自我调节、独立工作或团队合作、鼓励他人。

沟通技能：理解和被理解的能力，倾听和恰当地回应他人，说话有说服力，交谈时尊重他人，有礼貌地提出要求，充分关注说话者和读懂肢体语言。

身体技能：写字、用物体表达思想、接住和投掷物体、跳舞、表演戏剧、骑自行车、艺术创作和体育运动等所需的协调行动。

专业技能：进行特定类型的行动，如使用地图、指南针、尺子、画笔、运动器材、秤、鼠标，以及驾驶汽车等的能力。

请注意，我之所以将社会技能包括在内，是因为尽管许多人会说与他人相处更多地与态度（而不是技能）相关，但我不确定情况是否真是如此。态度和技能似乎都会影响行为。例如，你的一个学生可能脾气很好，但还没有交朋友的能力。当然，反过来也是有可能的：一个学生可能非常清楚如何交朋友，却不愿意这样做。因此，聚焦于如何与他人建立融洽关系或如何与他人展开交谈的课程，将有助于培养许多学生可能还没有学到的非常重要的生活技能。

7.3.3 知识

我假定每个国家或每个地区都有自己的课程体系，以明确学生需要掌握的知识。因此，我没有像描述态度和技能那样，把知识分成不同的部分。

7.4 本章要点

除了概览中确定的要点外，本章还涵盖以下内容：

1. 在回顾"学会挑战"每个阶段的过程中，你都可以问一些问题。
2. 鼓励学生思考如何将所学知识迁移到生活的其他领域是很必要的。
3. "学会挑战"是随着学生的发展和成长而出现的一系列"坑"和"峰"。
4. ASK 模型（态度、技能和知识）是一个非常有用的参考框架，可以帮助学生回顾自己在"学会挑战"中的收获。
5. 图 7.4 展示了教学目标模型（见 1.1 节）是如何把"学会挑战"和 ASK 模型结合起来的。

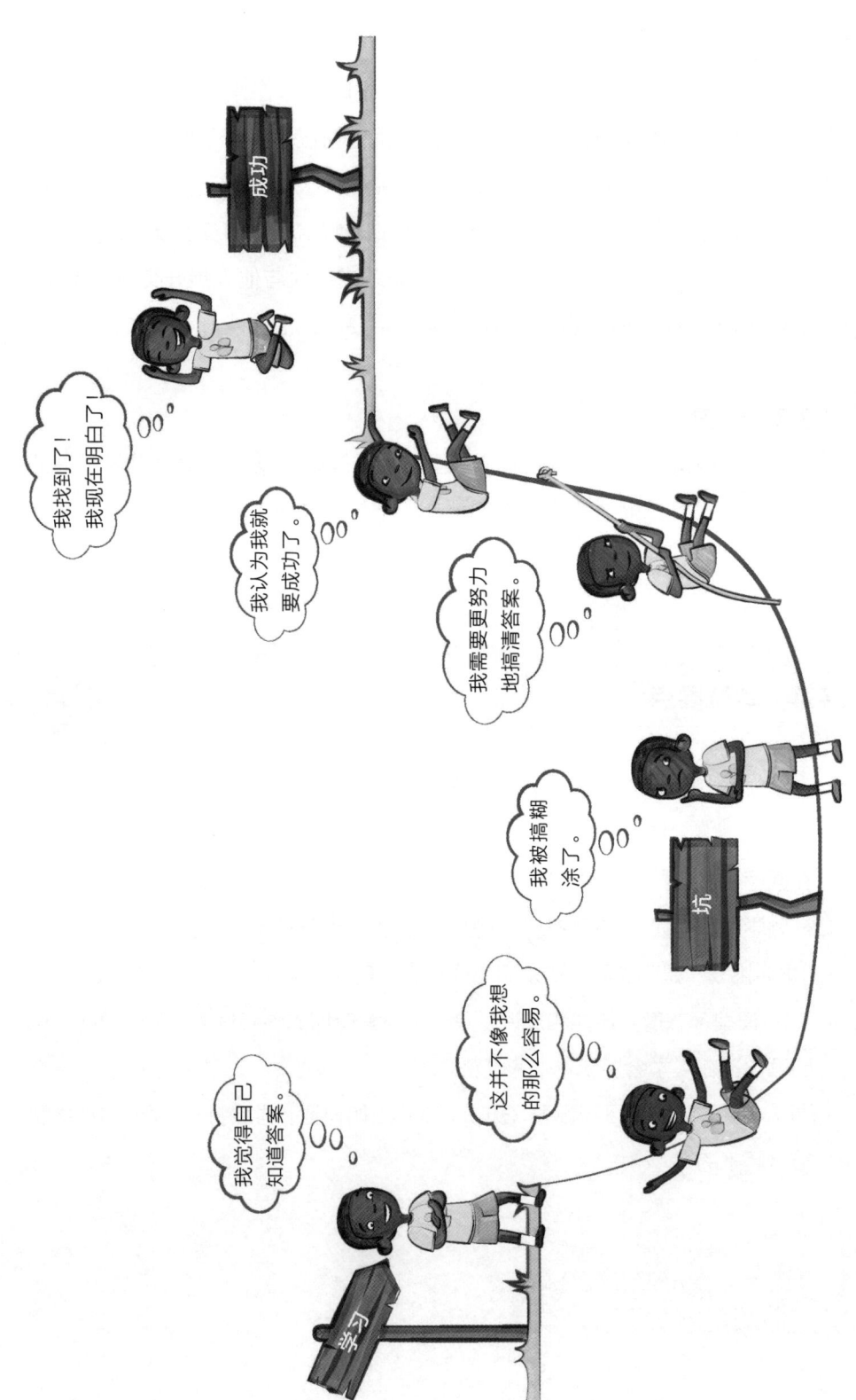

图 7.4 穿越学习坑的想法

第八章
思维模式很重要

8.0 本章概览

本章明确了成功进行"学会挑战"所需的态度。其要点包括：

1. "学会挑战"的目的是让参与者走出自己的舒适区，这使图 7.4 所示的种种表现既在意料之中又让人期待。

2. "学会挑战"的思维模式包括强调努力、勇于尝试、愿意冒险、尝试新方法、寻求建议、寻找挑战、质疑自己和他人、坚持不懈以及取得进步。

3. "证明自己固然好，不断进步更可取。"这个座右铭抓住了"学会挑战"的本质。

8.1 "学会挑战"的思维模式

图 7.4 捕捉了"学会挑战"参与者脑海中常出现的一些想法。正如你所见,"学会挑战"之旅并非总是遍布阳光和鲜花。然而,这并不是一件特别糟糕的事情。正如本书(特别是 1.3 节、3.4 节和 9.3.1 节)所述,"学会挑战"的目的是带着参与者走出舒适区。如果学生没有诸如"这并不像我想的那么容易"或"我被搞糊涂了"之类的反应,那么他们可能根本就没有入坑。

在前面我分享了"学会挑战"的基本价值观(见 1.3 节)。它包括以下看法:增强挑战性可以使学习变得更有趣,学习过程和学习结果同样重要,学生参与"学会挑战"的经历越丰富,就越有可能具备成长型思维模式(Dweck,2006)。

正如我在前面几章中提到的,"学会挑战"包括强调努力、勇于尝试、愿意冒险、尝试新方法、寻求建议、寻找挑战、质疑自己和他人、坚持不懈以及取得进步。所有这些对培养德韦克所说的成长型思维模式非常重要,对培养"学会挑战"的思维模式也是如此。这也是一个先有鸡还是先有蛋的问题:成功开展"学会挑战"需要挑战、冒险和坚持的思维模式,而"学会挑战"构建的正是这样的态度。这就形成了如表 8.1 所示的"学会挑战"思维模式。

表 8.1 "学会挑战"思维模式的特征

个人能力和态度
• 喜欢刨根究底,能清晰地表达问题
• 具有积极主动、坚持不懈的智力倾向
• 富有想象力,敢于大胆地思考
• 有探索各种可能性的习惯
• 具有批判性审视问题的能力
• 具有较强的独立判断能力

社会性
• 积极倾听他人,并试着理解他们的观点
• 为自己的说法给出理由,并期许别人也这么做
• 合理地探讨分歧
• 具有合作精神,能发挥建设性作用
• 善于社交,包容性强
• 顾及他人的感受和关切

更简单地说,"学会挑战"的思维模式就是学习者不断进步的意愿。正如我们团队的座右铭:

> 证明自己固然好,不断进步更可取。

8.2 自我效能

除了培养上一节我们描述的思维模式,"学会挑战"也关注培养参与者的自我效能。其实现方式是,反复向参与者表明,他们可以通过正确的努力、适当的策略和足够的专注来改变学习结果。

自我效能是指一个人对自己影响或引发新结果的能力所持的信念。斯坦福大学心理学家阿尔伯特·班杜拉(Albert Bandura,1977)建议用"自我效能"(self-efficacy)这一术语替代更普遍使用的"自尊"(self-esteem)一词。自尊涉及一个人如何尊重或喜欢自我,而自我效能则更多地与一个人的潜能和影响力有关。在我看来,这就是自我效能成为更重要品质的原因(尽管兼顾两者会更好!)

> 自我效能是指一个人对自己影响结果的能力所持的信念。

蕾切尔·琼·伊尔斯(Rachel Jean Eells,2011)在关于教师效能的元分析中总结了阿尔伯特·班杜拉的观点:"效能不仅仅包括积极思考或乐观主义,它还与能动性(使事情发生的能力)和执行力有关。"(p.5)。

对自己评价很高,但在面对挑战时却认输气馁的学生,可以说是自尊心很强但自我效能很低的人。事实上,这些学生往往会最早地耸耸肩,说些"我不在乎我做不到,我还是那么开心"之类的话。在某些情况下,这听起来也许很合理,但是如果他们这么说实际上源于对失败的恐惧,而不是真正漠不关心,会发生什么?如果耸肩只是一种防御机制,而不是一种知足的表现呢?这就是自我效能发挥作用的时候了。如果我们帮助学生培养自我效能,那么他们将更有可能从天赋的角度而非厌恶的感觉做出决定。如果学生愿意,那么比起因预感或恐惧而逃避新体验，让他们知道自己能够影响或创造新结果要更好。

表 8.2 总结了自我效能低和自我效能高的区别。

顺便说一句，请注意自我效能低的特征与固定型思维模式下的行为多么相似（见 1.3.6 节）：两者都对变化持谨慎态度，似乎都更喜欢证明自己而不是提升自己，也都更有可能因挑战而受挫。

表 8.2　自我效能低与自我效能高的比较

自我效能低的人倾向于	自我效能高的人倾向于
1. 思维僵化	1. 思维灵活
2. 害怕新的和不熟悉的情况	2. 渴望体验新情况
3. 对变化持谨慎态度	3. 乐于改变
4. 警惕他人	4. 与他人合作
5. 渴望证明自己	5. 渴望表达自己
6. 对熟悉的事物感到安心	6. 对挑战感到兴奋
7. 说话含糊其词	7. 说话诚实
8. 更容易放弃	8. 更加坚持不懈
9. 容易沮丧	9. 宽容大度
10. 缺乏应对能力	10. 能更快地自我修复

现在比较一下自我效能高和具有成长型思维模式的两类人在行为上的相似性（见 1.3.6 节）。他们都拥有更好的应对策略、对新情况和新变化持开放态度、选择成长和表达而非谨小慎微或向他人炫耀。

此外，让我们再比较一下上述行为表现与你希望学生通过"学会挑战"培养的品质，如修复力、决心、好奇心、拥抱挑战，等等。两者的联系是很明确的：为了帮助学生培养积极的学习态度，我们要让他们经历"学会挑战"的洗礼。

正如约翰·哈蒂（2009）在他的开创性著作《可见的学习：对 800 多项关于学业成就的元分析的综合报告》中所说的那样："为学习付出努力、获得学习者的声誉，以及对各种经验持开放态度，是取得成功的关键性格因素。"（p.47）

8.2.1　自我效能和学习风格

几年前，我在一节数学课上看到一个学生在后面使劲儿地挥舞着双臂，而其他学生都在全神贯注地听老师讲课。这种情况持续了整节课。事后，我问老师为什么大家都对这种情况习以为常,她相当自豪地回答:"达米安是一个动觉型学习者——他动起来时学得更好。"

真是一派胡言!这个男孩没有健康问题,老师说他是动觉型学习者,他觉得这听起来很有趣,便照做了。这位老师让学生完成一份学习风格问卷,然后就得出结论:有些学生是视觉型学习者,有些是听觉型学习者,剩下的是动觉型学习者。她随后宣称,视觉型学习者必须看到写下来的文字才能学好,听觉型学习者必须听到学习内容,而动觉型学习者——好吧,他们必须跳着舞学习!

> 学习风格的误用会导致自我效能下降。

不要误解我的意思:我们都有各自的偏好,我很赞同这一点。我看到写下来的东西似乎能记得更好,但我也不是不可能通过倾听来学习,尽管我妻子不这么说。

然而,弗兰克·科菲尔德(Frank Coffield)和一个来自纽卡斯尔的大学团队在分析了71种学习风格评估后发现,"一些最著名、最广泛使用的(学习风格)工具都有信度低、效度差、对教学影响甚微等严重不足,因此我们建议在研究和实践中停止使用"(Coffield, Mosely, Hall & Ecclestone,2004,pp.138-139)。

此外,正如迪伦·威廉(2016)指出的那样,"学习风格研究被误导了,因为它的基本假设——教学设计的目的是使学习变得容易——可能就不对"(para. 9)。

学习风格会让人觉得他们只能擅长某些事情,因而回避他们自认为"天生"不擅长的事情。比如,一个男孩向父亲寻求作业方面的帮助,却被断然拒绝:"别问我。我永远搞不定拼写,去问你妈吧!"这对男孩的暗示是:"不擅长拼写是家族遗传。与天性对抗没有好处,接受你做不到的事实吧。"

> "天赋"心态最具破坏性的一个方面是,它让我们以为自己能预先知道谁有天赋。我相信,正是这个认识,让我们试图将人分为有天赋的群体和没有天赋的群体,比如"男孩有这种天赋而女孩没有",或者,早早表现出潜力的人有而其他人没有(Dweck, 2012, p.7)。

上面的例子都指向较低的自我效能。他们给人的印象是，既然结果已经确定，那么怎么做都无法改变。这并不是说我不支持或反对命运的说法，我是想让大家注意这种极其有害的想法：没有什么可以影响一个人获得多大的成功。在我看来，这既令人沮丧，又让人无可奈何。坦率地说，我真诚地希望没有一个老师持有这样的信念，因为如果他们有，那教学过程肯定会变成对学生进行挑选、分类和控制的过程。这种悲观主义在教育中没有立足之地。

不过值得庆幸的是，这种信念并不多见，至少在我工作过的学校里是这样的。

尽管如此，我们仍然有必要提醒自己，是谁决定了学校文化和课堂文化。在我看来，不是家长，也不是政客，而是教职工和学生。当然，社会也在发挥作用，但最大的影响还是来自教职工和学生。

> 教师确立的课堂文化，能显著影响学生的自我效能。

如果你对此持怀疑态度，那么回想一下自己的高中时代。十几岁的你从这个班转到那个班，再转到另一个班，遇到不同科目的不同老师。我敢打赌你肯定知道哪些老师对学生期望很高，哪些对学生期望很低，哪些有幽默感，哪些让你怀疑他们从小就没笑过。今天也一样：我们的学生可是火眼金睛。

现在我来问你：你是否因为某位老师而改变了自己的行为和对未来的期望？我敢肯定你有过这样的经历！我问过很多人，大多数都承认他们有过。你的同伴呢？再问你一个问题：你是否因为和某些同学一起参加了某项活动而改变了你的行为和期望？我想是的。

这在一定程度上强调了信念的重要性。自我效能也同样重要。如果我们相信自己可以极大地影响未来，换句话说，如果我们的自我效能高，那么我们就会有更多的机会做到这一点。但如果我们认为只有来自城镇的、家庭教养良好的或没有行为问题的学生才会学习，那么我们就在教室里定下了一个非常不同（有人可能会说是无可奈何）的基调。正如亨利·福特（Henry Ford）的那句名言："不管你是否相信自己能做成一件事，你都是对的。"

为了进一步强调信念的重要性，让我们来看看最近的关于学校中效能影响的研究。

8.2.2 教师集体效能

2015 年，约翰·哈蒂在他创建的影响学生成绩的因素数据库中添加了教师集体效能这一类别。哈蒂对教师集体效能和学生成绩相关性的 26 项研究进行了元分析，并据此计算出教师集体效能的效应量为 1.57。请记住，哈蒂数据库中所有因素的平均效应量为 0.4，这意味着教师集体效能对学生成绩的影响是一般影响的四倍。

所谓教师集体效能，是指一群教师（和学校领导者）对他们显著而积极地改变学生学习成果的能力的认知。集体效能高意味着教师群体相信，他们可以一起帮助所有学生（不只是部分学生）取得巨大的学习进步。

> 教师集体效能（当学校的教职工相信他们有能力帮助所有学生取得优异成绩时）是影响学生成绩的最重要因素之一。

看看蕾切尔·琼·伊尔斯（2011）原始的元分析，其中有几句话特别引人注目。在引用班杜拉、梅甘·萨嫩-莫兰（Megan Tschannen-Moran）、安妮塔·伍尔福克·霍伊（Anita Woolfolk Hoy）和韦恩·K. 霍伊（Wayne K. Hoy）等人的观点后，她说："当老师感到自己有能力做伟大的事时，伟大的事就会发生。如果他们感到无能为力，觉得自己无法克服面前的障碍，那么在遇到挑战时，他们就不太可能坚持下去，也不会付出同样的努力。"（pp.4–5）

再次引用班杜拉的观点后，伊尔斯宣称："高效的团队或个人会对成功保持乐观的态度，因为他们觉得自己有能力创造成功。这促使他们积极思考，因为他们将各种限制视为挑战而非障碍，并在不可控的境况和可控的境况之间进行权衡。"（p.5）

在伊尔斯的研究报告发布前的几年，罗森塔尔和雅各布森（Rosenthal & Jacobson, 1968）的研究表明，如果教师期望被试学生表现更好，那么这些学生就真的取得了高于平均水平的成绩。将此描述为"皮格马利翁效应"（Pygmalion effect）的心理学家表示，提高期望值会在课堂上通过自证预言（self-fulfilling prophecies）产生积极的影响。当教师相信他们可以帮助学生克服障碍并取得巨大进步时，这样的事往往会发生。不幸的是，反过来也是如此。

看来效能的重要性是毋庸置疑的。这就是"学会挑战"把培养自我效能作为主要目标的原因。

> 让学生走出舒适区，挑战他们的假设，质疑他们的看法，其目的是帮助他们培养自我效能。学生参与越多的"学会挑战"，就会获得越多的证据，证明他们可以对结果产生积极影响。拥有正确的态度并能够恰当地运用，学生将意识到他们对自己的学习成就负责，进而产生强烈的集体效能感。

8.3 表扬和"学习坑"

学生在经历"学会挑战"时，你要克制过多表扬的冲动。记住，表扬就像货币一样，印得越多，价值越低。

> 表扬会无意中降低自我效能，尤其是当表扬是针对孩子本身而不是他们的行为时。

我并不是说表扬是一件坏事，但是我有以下建议：

1. 注意不要把表扬变成一种外在的激励，取代"学会挑战"过程中的内在动力。换句话说，不要让学生为了获得表扬才去穿越学习坑，而要让他们以产生顿悟为目标。
2. 当你的确要表扬学生时，把重点放在有助于建立自我效能的方面，比如他们的努力、他们对策略的选择、他们的毅力，等等。避免表扬这个人（例如，"好女孩""聪明的男孩"），因为如果他们觉得好学生会成功就意味着坏学生会失败，那么他们就会感到沮丧。

为了更具体地说明在"学会挑战"的每个阶段如何表扬学生，我有以下建议：

阶段1：找准概念

在开始阶段避免表扬。当然，要对学生的最初回答表现出兴趣。也要表现出你很高兴他们愿意去尝试，但先不要表扬他们。

> 避免在"学会挑战"的前两个阶段给予表扬。

不要在第一阶段确认或质疑学生的观点。你想让他们探索各种可能性，而不是花精力猜测老师的想法！所以，尽量把你的意见丢在一边。记住，"学会挑战"是教学生如何思考，而不是思考什么。

阶段2：认知冲突

如果你想要表扬学生，这就是最好的表扬时机。但是，不要因为他们给出了正确答案就表扬他们。相反，要赞赏他们在穿越学习坑的过程中所显示出的坚持不懈的决心、使用工具的熟练、与他人的通力合作以及不满足于显而易见的答案的意愿。简而言之，用表扬来鼓励他们穿过学习坑，从坑的另一端爬出来。

阶段3：意义建构

> 在"学会挑战"的第三阶段，对参与者在穿越学习坑的过程中表现出的坚持不懈、锲而不舍的精神给予表扬。

学生在建构答案时，很可能在认知冲突阶段需要更多的表扬。当顿悟时刻到来时，我们不需要给他们更多赞美了，因为豁然开朗带来的喜悦足够成为他们的奖励。也就是说，如果你要表扬，那就选择一些鼓励内在奖赏的说法。例如，你可以这样说：

- 你应该为自己的坚持感到骄傲。（而不是"我为你感到骄傲"）
- 顿悟的感觉有多好？（而不是"你产生了顿悟，令人惊叹"）
- 回顾自己取得的成就，你最满意的是什么？（而不是"我对你很满意"）

通过使用这样的语句（而不是括号中的语句），你就强调了内在动机的重要性，而非他人的认可。这种方法将鼓励学生参与学习，因为学生会认为这种努力是有价值的，而非仅仅为了获得老师的赞赏，或赢得一颗金星。

阶段4：反思总结

每当我和一群学生开展"学会挑战"时，我总会在结束时邀请他们称赞彼此的出色工作。以下语句会让人印象深刻：

- 我们做得很棒，因为我们挑战了彼此的想法。
- 我们做得很棒，因为我们坚持不懈地寻找更好的答案。
- 我们做得很棒，因为我们愿意走出自己的舒适区。
- 我们做得很棒，因为我们找到了思考问题的新方法。

8.4　本章要点

除了概览中确定的要点外，本章还涵盖以下内容：

1. "学会挑战"的重点是培养参与者的自我效能，它是一个人对自己影响未来的能力所持的信念。
2. 一群人在一起也能产生集体效能。在学校，这通常被称为教师集体效能，并已被证明是影响学生成绩最重要的因素之一。
3. 很多事情都有助于建立自我效能和集体效能。"学会挑战"是其中之一。不幸的是，表扬可能会产生相反的效果。
4. 只要我们直接夸奖行为，也不过度表扬，就能帮助学生建立效能感。而把表扬的重点放在人身上，或过度表扬，就可能降低自我效能。

第九章
连接和视角

9.0 本章概览

本章分享了"学会挑战"如何与其他学习方法连接。其要点包括:

1. SOLO 分类法有助于解释"学会挑战",反之亦然。

2. "儿童哲学"和"学会挑战"有相当大的相似之处。事实上,"学会挑战"就脱胎于"儿童哲学"的价值观和方法论。

3. "学会挑战"几乎适用于所有学生。要想让有严重学习困难的学生有所收获,就必须进行较大的调整。本章将分享一些具体案例。

4. "学会挑战"可以在大至整个学校,小到个别班级中发挥作用。9.4 节将为学校的领导者提供一些建议。

9.1 SOLO 分类法

SOLO 代表可观察的学习结果的结构，是由约翰·比格斯和凯文·科利斯在《评估学习质量：SOLO 分类法》一书中首次提出的模型。

> "学会挑战"和 SOLO 分类法之间有很多联系。我们将在接下来的几页中进行探讨。

学习往往要经历从一无所知到深刻理解的过程，而 SOLO 分类法为描述这一过程提供了一个有用的参照点。SOLO 分类法和"学会挑战"有很多共同点。其实 SOLO 分类法有助于解释"学会挑战"旅程的每一步。

图 9.1 总结了 SOLO 分类法和"学会挑战"之间的关系，本节末的图 9.7 做出了更详细的总结。在两张图之间的部分，我详尽描述了 SOLO 分类法各阶段的特征以及它们与"学会挑战"的关系。

要了解有关 SOLO 分类法的更多信息，你可以在《通过反馈挑战学习》一书中查看完整的指南。

SOLO 的前结构阶段：在"学会挑战"开始之前

SOLO 的前结构阶段对应的是"学会挑战"开始之前的阶段（如图 9.1 所示），这时学生对你希望他们探索的概念一无所知。

以下是学生在这个阶段可能表现出的行为：

- 说他们不知道
- 以不恰当的方式尝试你交给他们的任务
- 识别不相关或不正确的信息
- 没有抓住重点
- 在没有足够支持和鼓励的情况下，无法（也许不愿意）开始
- 说他们需要帮助

SOLO 的单点结构阶段和"学会挑战"的阶段 1

SOLO 的单点结构阶段对应的是"学会挑战"的找准概念阶段（如图 9.2 所示），这时学生已经对你想要他们探索的概念有了基本了解。

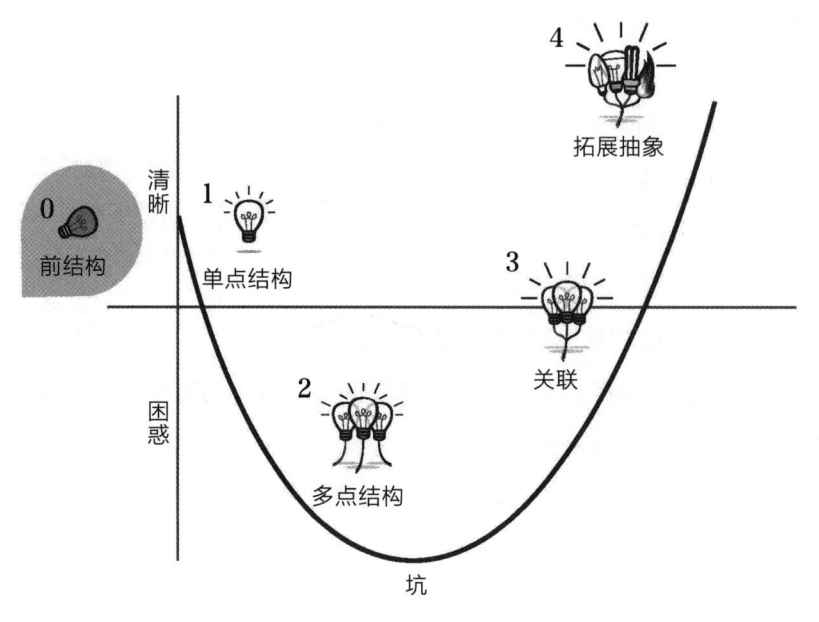

图 9.1　前结构阶段和入坑前的阶段

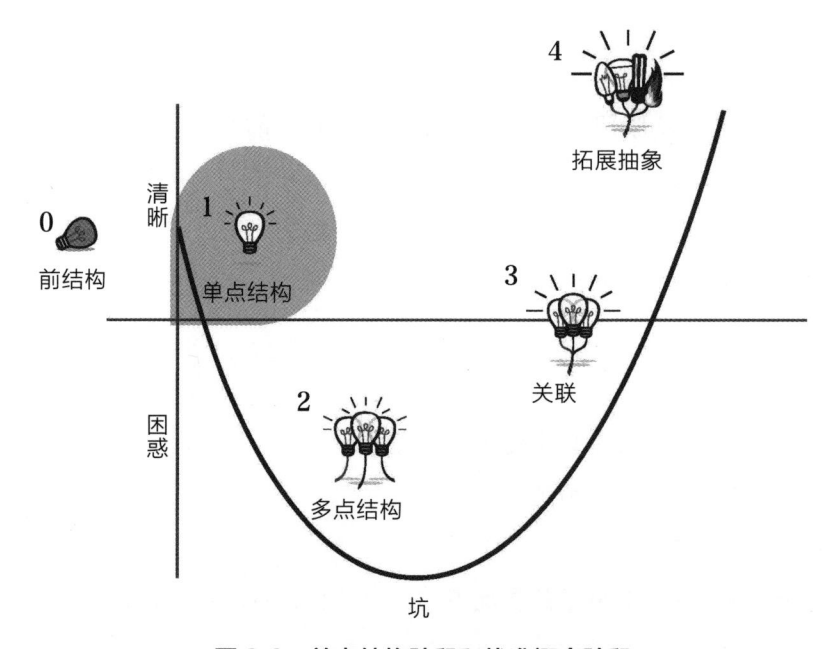

图 9.2　单点结构阶段和找准概念阶段

以下是学生在这个阶段可能表现出的行为：

- 说他们知道一些核心概念

- 能够识别、命名、记住、匹配或列出概念的基本特征
- 尝试用简单的答案来定义概念
- 识别相关信息
- 开始了解概念的相关性
- 说他们已经准备好入坑了

SOLO 的多点结构阶段和"学会挑战"的阶段 2

SOLO 的多点结构阶段对应的是"学会挑战"的认知冲突阶段（如图 9.3 所示），这时学生对概念产生了太多想法，以至于他们在理解所有想法时陷入了困境。

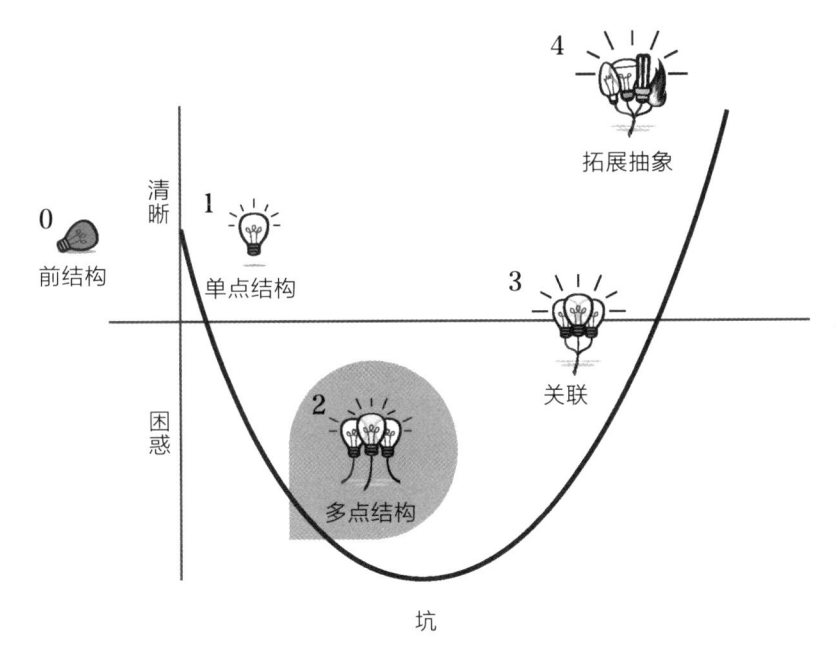

图 9.3　多点结构阶段和认知冲突阶段

以下是学生在这个阶段可能表现出的行为：

- 找到了更多的想法
- 能够描述、比较、注意规律并发现例外
- 积极参与对话

- 可能因为还没有得出结论而感到沮丧
- 发展他们早期的想法，提升了描述的复杂程度
- 对任务的相关性和目的有良好的认识

SOLO 的关联阶段和"学会挑战"的阶段 3

SOLO 的关联阶段对应的是"学会挑战"的建构意义阶段（如图 9.4 所示），这时学生理解了他们一直苦苦思索的想法并构建出一个答案，从而爬出学习坑。

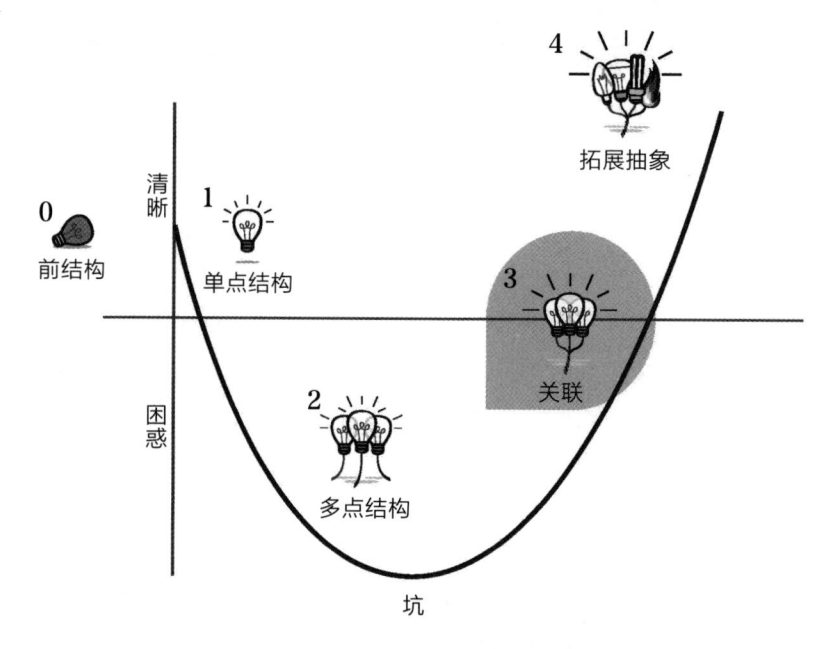

图 9.4 关联阶段和建构意义阶段

以下是学生在这个阶段可能表现出的行为：

- 把他们的想法联系起来
- 理解了规律以及想法之间是如何关联的
- 能够解释原因、结果和意义
- 开始组织、区分、联系和分析
- 向别人解释应采取哪些步骤来取得进步
- 迎来顿悟时刻

- 很有成就感
- 寻找途经来分享或应用他们的新认识

SOLO 的拓展抽象阶段和"学会挑战"的阶段 4

SOLO 的拓展抽象阶段对应的是"学会挑战"的反思总结阶段（如图 9.5 所示），这时学生反思学习旅程并寻找途径来应用他们的新领悟。

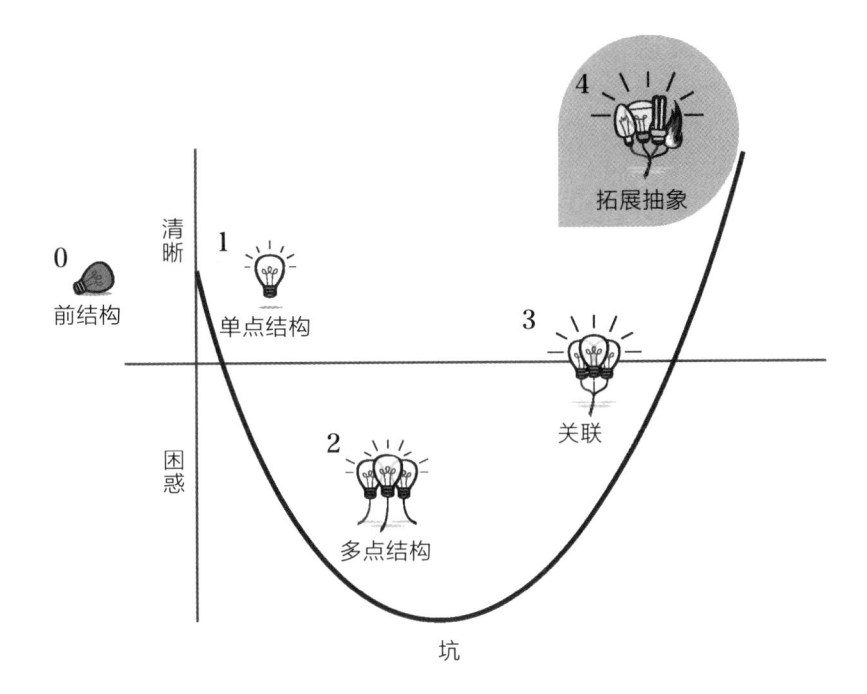

图 9.5 拓展抽象阶段和反思总结阶段

以下是学生在这个阶段可能表现出的行为：

- 回顾、联系和理解自己的学习旅程
- 将他们的理解应用于不同的情境
- 能够归纳、假设、排出优先级、设计、创建、评估和执行
- 解释自己的理解是如何发展的，并说出自己本可以采取哪些不同的做法
- 评判本次使用的流程和策略，以确定如何更好地学习其他概念
- 创建类似的任务或问题供他人尝试

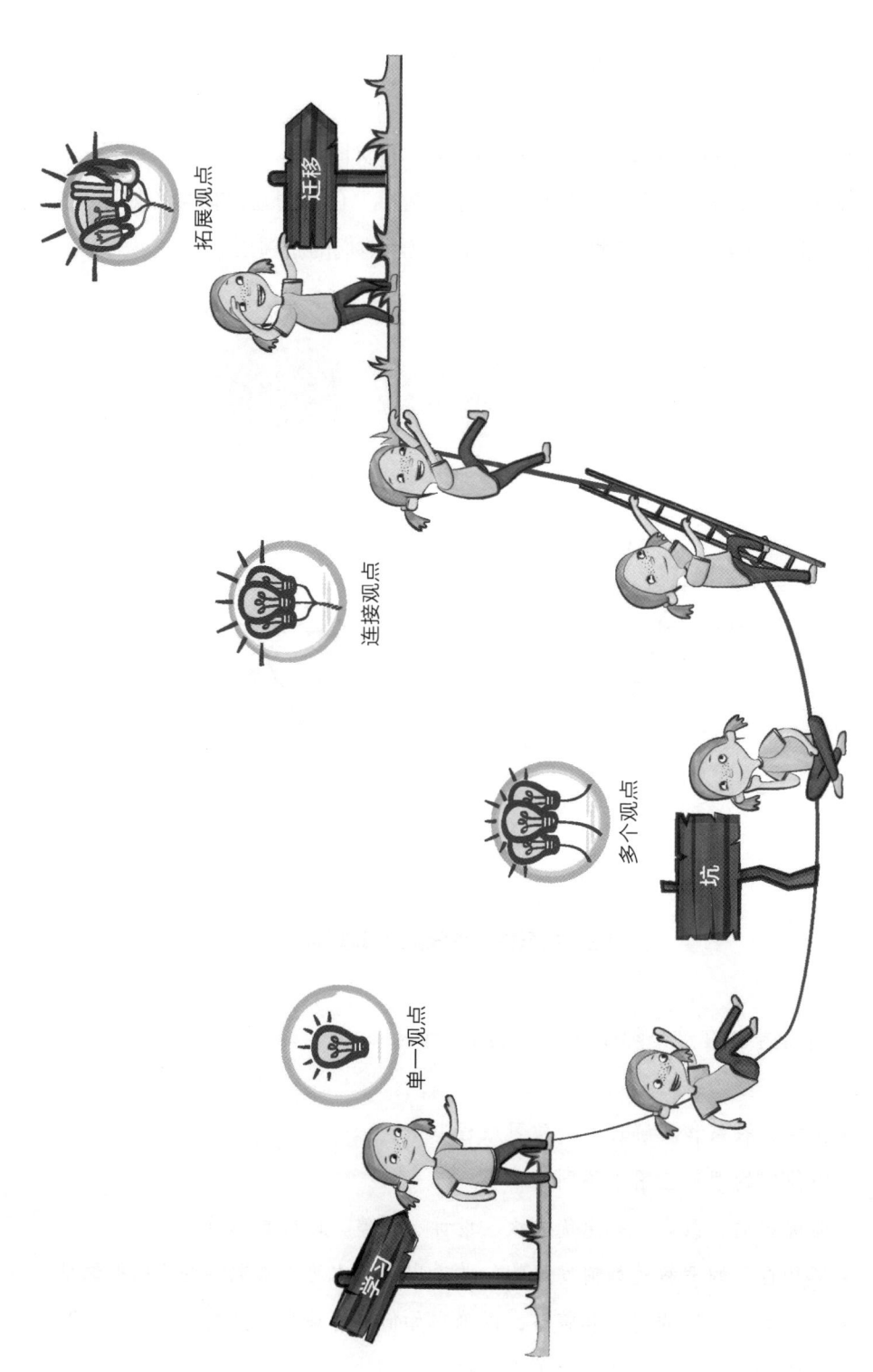

图 9.6 "学会挑战"与 SOLO 分类法的融合

图 9.7 运用 SOLO 分类法踏上 "学会挑战" 之旅

9.2 "儿童哲学"和"学会挑战"

> "学会挑战"来源于"儿童哲学"的传统。

我第一次提出"学会挑战"的概念是在20世纪90年代中期,当时我正在与学生一起探索"儿童哲学"课,我将"学会挑战"作为规划和推动这一课程的一种方法。所以,说"儿童哲学"和"学会挑战"之间存在共性,这无疑会削弱"儿童哲学"的重要性。"学会挑战"脱胎于"儿童哲学"的价值观和方法论。

"儿童哲学"起初是针对6—16岁的学生传授智慧、反思、推理和理性的教育方式。自1972年理论创立以来,它已经传播到全世界60多个国家,得到了充分的研究和推广,而且已被证明可以对学生的学习产生积极的影响。

> "儿童哲学"的一个核心概念就是探究社群。它可以被定义为一群学生逐步构建的反思性对话方式。社群体现了合作、关怀、尊重和安全,而探究追求的是理解、意义、真理以及由理性支持的价值。读完本书后你会发现,"学会挑战"拥有完全相同的价值观。

以下是典型的"儿童哲学"课堂框架需包含的10个步骤。我按照"学会挑战"的相关阶段对其进行分组。"儿童哲学"课堂的推动者不必一次完成所有步骤,但他们一定不会跳过步骤1至步骤3、步骤6至步骤9。

阶段1:找准概念

1. **准备**。坐成一圈,这样每个人都能看到和听到彼此。说明行为准则(见3.4节)。

2. **分享刺激物**。向学生展示一个刺激物。可以是一个故事、一则新闻、一系列对比鲜明的论点或解释,也可以是一张图片、一段视频、一件艺术品——任何能激发学生思考、提出有趣想法和问题的东西(见4.3节)。

3. **确定问题和概念**。留出时间让学生针对刺激物进行自我反思,比如用一分钟时间默想或记下关键词。让学生与一个同伴分享他们的想法，然后把关键词和一些他们认为重要的或有趣的想法写在黑板上。

4. **创建问题**。将学生分成小组，生成开放式哲学问题。等他们提出一些问题之后，要求每组选出他们认为最好的一个问题向全班展示（见 4.4 节）。

5. **展示和选择问题**。请问题提出者解释或澄清他们的问题，并请其他学生关联、领会或评估展示的任何问题。然后让所有学生根据你从每组那里收集到的问题清单，投票选出他们认为最好的问题。鼓励他们选择最好的而不是最喜欢的问题，你可以这样说："选择一个你认为最有可能为我们的开放式哲学讨论提供机会的问题。"（见 4.5 节）

6. **对话：最初的想法**。一旦选择了最好的问题，请问题提出者分享最初的想法——或许是他们对问题走向的期待或目前他们心中的答案，以此开启对话（见 4.6 节）。

阶段 2：认知冲突

7. **对话：建立和挑战**。让其他学生参与对话，邀请他们评论、回应、举例、给出同意或不同意的意见、解释理由等。如果对话的范围太小，你可能需要引入其他相关的视角和观点（见第五章）。

阶段 3：建构意义

8. **对话：形成答案**。如果对话结束时没有得出结论或答案，学生经常会感到沮丧。这并不是说我们应该一直找寻问题的答案，很多时候不可能有结论或答案，甚至没有答案会更有益。尽管如此，你会发现有时试着达成某种共识会更好（见第六章）。

9. **对话：最终的想法**。即使你们达成了共识，也可能需要在社群中给每个学生分享他们最终想法的机会。找出主动分享者，或者绕着圈子挨个询问。如果他们不想说话，允许他们说"过"。

阶段 4：反思总结

10. **回顾**。邀请学生对探究进行反思和评价。应该像这样提出引导性问题："什么方面进展顺利？""还有什么需要改进吗？"（见第七章）

9.3 考虑有特殊教育需求的学生

> 有时需要对"学会挑战"进行调整，以适应有特殊教育需求的学生。

我在英国的多所特殊教育学校任教数年。这些学校满足了各种学生的不同需求。一种情况是，学生被定义为存在中度学习困难——和他们的大多数同伴只有一步之遥。这些年轻人通常在主流学校开始接受教育，但由于社交、情感和行为方面遇到了困难，只能转去特殊教育学校。这些学生往往只是落后于正常水平一点点儿，所以"学会挑战"的概念对他们来说很有意义。我只需稍微修改一下概念，让它们更容易被理解，并以一种更温和的方式来应用认知冲突和"学会挑战"的原则，一切进展就会很顺利。当然，事情没那么简单，但前方的道路已经足够清楚了。

在其他情况下，事情就没有这么简单明了了。有时我教的学生面临严重的学习困难和发育迟缓问题，也有学生患有孤独症谱系障碍（ASD）或孤独症谱系特质（ASC），不能通过语言交流，还有学生存在重度学习困难和多感觉损伤，极易受到伤害。因此，就如何采用和调整"学会挑战"原则，以适应类似的教育需要，我提出一些想法。

我想从定义术语开始，或者至少从索引术语开始。

当我想到认知冲突的定义和书中提及的实例时，就想起了那些难以接近、不能用语言沟通的学生——他们面临严重或复杂的学习困难问题。我承认，其中是存在矛盾的。我认为它让我摇晃不定！但据我所知，人类从最早的发展阶段开始，就通过创建图式（schema）来解释周围的世界。当他们遇到与原来的图式相悖的新想法或证据时，他们又会重构图式。例如，小孩子头脑中似乎存在一个图式，认为所有生物都是友好的。不幸的是，经验告诉他们事实并非如此，于是他们重构了自己的图式，即某些人或群体是危险的。想象一下，有复杂的学习困难的学生头脑中会存在怎样的图式。然后试着预测他们可能会怎么对待"学会挑战"之类极具挑战性的图式！

> 有特殊教育需求的学生头脑中往往有不同的图式。

设想有复杂的学习困难或严重发育迟缓的学生头脑中存在的图式，一定是个麻烦事。尽管如此，这些图式还是存在的。这意味着这些学生的日常生活中充斥着认知冲突，因为他们的想法和对事物的理解受到了挑战。这就需要我们思考如何解读和调整"学会挑战"的原则，思考怎样使它适用于这些有特殊需求的学生，并发挥一定的效用。

下面我将描述我如何调整、修改或重新解读每个阶段，使其更适合有特殊教育需求的学生。有时我会举例说明我做过的事情，有时我会假设当时更多地了解"学会挑战"的话会怎么做。我写这部分内容时敏锐地意识到，"特殊教育需求"等术语包含广泛的需求，我也绝不认为这些想法适用于有特殊教育需求的所有学生或所有环境。

阶段1：找准概念

如果你希望学生对一个概念获得更深的理解，那么当你介绍或重提这个概念时，想一想以下几个问题：

1. 我如何将这个概念与学生个人的学习需求联系起来？

受课程指南的影响，或者为学生投身世界做好必要的准备，我们试图将教学内容与学生年龄相匹配，有时却会忽视学生所处的发展阶段。所以，如果我们想让概念的呈现更有意义、更有效，那么更多地考虑发展阶段而非年龄段是至关重要的。

2. 我怎样才能把这个概念变得真实？

对于许多有特殊教育需求的学生来说，我们需要让他们感觉概念是真实的，这一点很重要。特别是那些患有ASD的学生，他们可能难以处理抽象概念。所以提供具体的实例很重要，不要简单地寄希望于他们会察觉到我们想让他们去思考什么。

一些学生直接接触要学习的概念，学习效果会更好。如果讲的是降水，那就让他们到雨中、雪中或雾中去感受；如果讲的是自我护理和个人卫生，那么他们就需要看一看、闻一闻，以辨识什么是干净的，什么是肮脏的；如果讲的是钱，那就发纸币，让他们在真实情境中使用；如果讲的是健康饮食，那么你可能不得不将健康的食物和不健康的食物带

> 对于许多有特殊教育需求的学生来说，我们需要使用不那么抽象的概念，这样他们才能正确理解。

到课堂上来!

充分利用课外教育参观机会,将这些参观的重点放在介绍或识别真实的概念上。多感官体验在将概念带入生活方面也很有价值。如果学生对"热"和"冷"的标准没有一个可感知的参照点,那么探索"温度"这样的概念就没有意义。

3. 我如何有效地传递想法和概念?

为有特殊教育需求的学生进行交流提供支持是首先要考虑的。当然方法有很多,学生也会有各自不同的交流需求。所以,除了让概念变得真实、可感知之外,我们还需要运用一系列沟通策略。

道具可以成为可感知的体验和抽象概念之间的有效纽带。例如:

参考对象。汽车钥匙或安全带锁扣这样生活中常见的小物品,也许就足以让学生在心中建立联系。在参观鸟类保护区时捡到的一根羽毛,也可以帮助学生回忆有关飞行动物的话题。

图片和照片。根据我的经验,照片效果最好。多拍一些照片,最好是带有学生自己的照片,回校后把它们用作谈论主要概念时的道具。

其他交流方式。学生可能已经在使用其他沟通策略,比如图片、符号卡片、手语或通信技术设备。在支持这些学生时,至关重要的是确保他们对关注的特定概念掌握了足够的词汇量。

> 用照片来呈现概念是一种非常好的方式,可以使概念不那么抽象。

阶段2:认知冲突

> 在试图对有特殊教育需求的学生发起挑战时,我们应该留心这一事实——在很多方面,他们的学习之旅已经是一个挑战。不管是言语障碍、感觉损伤、发育迟缓,还是ASC或身体损伤,它们可以也确实在学习过程中给学习者设置了一系列障碍。

然而，如果我们认为"学会挑战"的目的是积极倾听他人、尝试理解他人的观点、说明你的理由并期望他人也这么做、理性地探讨分歧、保持对话的合作性和建设性、建立自我效能，那么它对有特殊教育需求的学生和对其他学生有同样的意义。主要的区别在于挑战和认知冲突的性质。

特殊教育老师十分清楚需要调整学习计划（稍做修改或根本上改变），并将任务分解为更小的步骤。然而在考虑认知冲突时，我们都应记住，让这些学生待在舒适区之外、感到摇晃不定的时间，一定要比一般学生的短。如果我们用学习坑来比喻的话，挑战应该浅一点儿。当然，"浅"是从我们的角度来看的！

例如，乔是一个患有 ASD 的七岁男孩，他不会说话，出现挑战性行为。他的父母和老师出于健康和安全方面的考虑，想让他学习游泳。他们认为，游泳除了能带来乐趣之外，还有一定的治疗作用；毕竟，他已经爱上了水面上的泡沫。然而，乔讨厌游泳。他拒绝进更衣室，如果有人让他靠近泳池，他就会大声尖叫。对乔来说，挑战不是独自游泳或下水，而是参观游泳馆，了解到游泳并非不可忍受，在离开泳池时能够积极调节自我行为，回到教室后可以看到自己成功地坐在泳池边的照片。

对乔来说，认知冲突就是：

1. 我应该配合老师和父母。
2. 他们让我做一些我实在不愿做的事情。

事态未见好转，反而更糟了。乔在游泳那天很不安。他知道要去游泳池，因为日程是这样安排的。他知道这将是一个挑战，因为任务表是这么写的。

帮助乔的工作人员不仅需要通过精心设计的沟通和适量的挑战来确保乔知道即将发生什么，还要观察他在泳池旁时承受挑战带来的压力的临界点，尝试让学习体验变得更好以延长他应对挑战的时间，并和他一起庆祝成功，展示他取得的进步。这包括将任务分解成非常非常小的步骤，比如带上游泳装备、把装备挂在更衣室里、观察泳池里的朋友、在训练结束时收好装备，等等。

我现已离开那所学校的挑战性学习团队，但我听说乔现在经常去游泳！

语言卡是帮助学生应对挑战的众多工具之一。图 9.8 所示的可视化提示可以提供帮助。

思考	摇晃不定
学习	顿悟

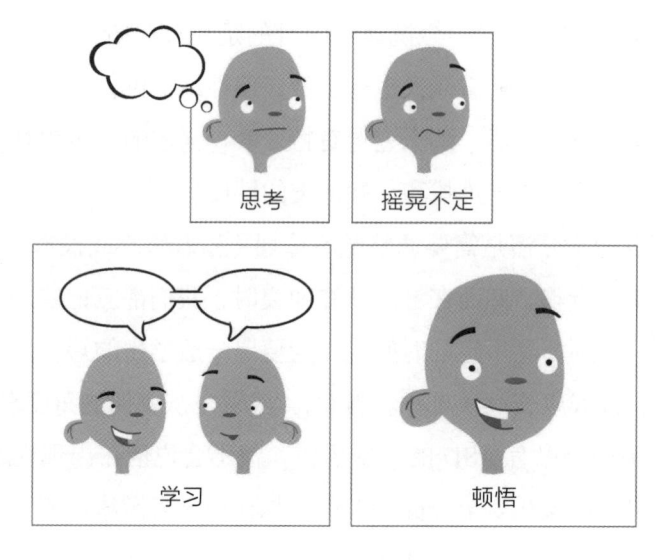

图 9.8 支持学习的语言卡

阶段 3：建构意义

当有特殊教育需求的学生尝试建构新的理解时，教师要牢记：这一阶段也需要适当调整以满足个人需求。的确，正是在这一点上，我们应该不遗余力地帮助学生获得安全感，这样他们就可能对未来的"学会挑战"更有热情。

> 给有特殊教育需求的学生设计的学习坑，通常比普通学生的要浅。

对于有特殊教育需求的学生，"学会挑战"的旅程可能如图 9.9 所示，第一阶段较长，第二阶段较浅，第三阶段长且逐渐爬升。

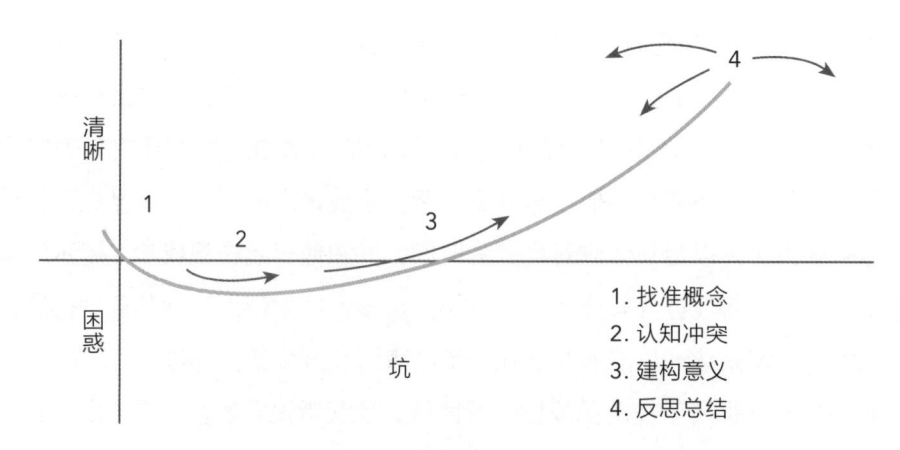

1. 找准概念
2. 认知冲突
3. 建构意义
4. 反思总结

图 9.9 适合有特殊教育需求学生的"学会挑战"

苏菲的外套

图 9.9 所示的浅坑和长长的建构意义阶段可以用苏菲（我以前的一个学生）的故事来说明。

我教苏菲时，她才 13 岁。她有唐氏综合征和视力障碍，还有其他一系列严重的学习困难。她每天都要面对认知冲突，大多与自助和独立生活技能有关。她的冲突在于，要试着自己独立做事还是让别人代做。

当有人代做时，她一边傻笑，一边反复称自己是"淘气的苏菲"。显然她很喜欢这种帮助给予她的一对一的关注。尽管她面临巨大的挑战，但当她取得成绩，并被告知获得的成绩时，她的脸上满是喜悦。

每天放学时，负责苏菲所在班级的一个成年人会把外套递给她，建议她试着自己穿。而她总是丢下外套，大笑着喃喃自语（或情况更糟）。尽管她会在每天和每周的不同时间里练习一些或精细或粗糙的运动技能，这些运动技能足以让她自己穿上外套，但她这么做还是存在一些障碍。

在视力障碍专家的建议和支持下，我们试了试反向链接（backward chaining）①。最初，我们会手把手地帮她穿上外套、拉上拉链，然后要求她轻轻拍平尼龙搭扣。几天后，她就掌握了动作，所以下一阶段就是留下拉链的最后 20 厘米左右让她独自完成并拍平尼龙搭扣。到了年底，苏菲已经掌握了全部动作。她仍然会不时地大笑和喃喃自语（或情况更糟），所以我们需要继续鼓励她，但她确实取得了进步。最后，她经常自言自语："你做到了，苏菲。"

顿悟时刻

"学会挑战"的关键点是顿悟时刻：在这一时刻，学生意识到自己已经恍然大悟。这是极大的激励，能够成为迎接进一步挑战的强大内驱力。

> 在识别顿悟时刻上，有特殊教育需求的学生往往需要帮助。

然而，对于许多有特殊教育需求的学生来说，他们需要别人的帮助才能意识到这一时刻。"你找到了"或"你自己做到了"之类

---

① 是一种针对身体和精神障碍患者的作业疗法，即让患者完成任务的最后阶段，让他们总是体验成功的感觉。随着自信心和技能的发展，他们就可以逐渐尝试任务的较早阶段，直到完成全部任务。——译者注

的话对他们很有帮助。强调他们的成就，他们就更有可能对未来的挑战充满动力。

阶段4：反思总结

有目的地思索学习之旅和已发生的思考（元认知），对一些有特殊教育需求的学生来说可能不切实际。许多学生习得日常用语都是个问题，更别提习得反思和回顾的语言了。也就是说，许多特殊教育学校通常都会在年终和单元结束时安排回顾，所以如果调整得当，一些学生是很可能进行反思总结的。

以下活动可以帮助有特殊教育需求的学生回顾"学会挑战"之旅。

照片

> 照片是帮助有特殊教育需求的学生回忆的最好的备忘录之一。拍下学生在参与"学会挑战"期间的照片并打印出来，以便学生可以参照这些照片来讨论他们一直在做的事。

照片（特别是带有学生自己的照片）、分类圈和学习记录都可以帮助有特殊教育需求的学生从"学会挑战"中获得更多。

有严重学习困难的学生说"那是我在工作"，或者叫出合作者的名字，或者认出他们工作的地方，都可能成为探索他们反思情况的良好开端。因为他们在讨论的是像照片一样具体的事，所以我们就有可能更细致地了解他们的好恶、他们对学习过程的理解以及他们是否有热情再做类似的事。如果学生能在成年人的指导下讨论和反思学习经历，那么我们就可以从中获得很多启示，学生也能更深入地思考他们的学习，并对学习过程产生更强的主人翁意识。

分类圈

分类圈可以拓展照片的使用范围。确保你拍摄的照片呈现了学生在不同的地方、以不同的方式、和不同的人在一起学习的场景。然后帮助学生把照片进行二元分类，比如，容易的学习/困难的学习、快乐的感觉/不快乐的感觉、好

玩 / 不好玩、和大人一起学 / 自己单独学，等等。

学习记录

在特殊教育学校，学习记录太常见了，几乎不值一提。然而只要进行适当的修改，它们也可以为"学会挑战"的反思总结阶段提供绝佳的支持。

最好的学习记录既要有学生成绩的照片记录，又要有用学生易懂的语言对学习的关键时刻所做的简短描述。经过些许调整，学生对以下步骤还会更了解：

1. 我们接触了一些新内容。（找准概念）
2. 我们克服了新内容带来的挑战。（认知冲突）
3. 我们学会了，也更理解新内容。（建构意义）

小结

我提供的这些策略仅仅是起点。你可能已经有了促使有意义的元认知发生的工具。我也知道，上面提出的想法对于一些有特殊教育需求的学生来说可能太复杂或太简单，以至于难以使用。但这就是我们面临的挑战，也许也是我们做这件事的原因之一！

最后，我想用一个故事作结。故事的主人公是一群有特殊教育需求的学生，他们的年龄较大，我曾经与他们合作过。我之所以分享这个故事，是因为我注意到上一章关于教师期待的内容，同时也提醒大家注意我提到的有关挑战要浅的想法。

我在教有严重学习困难的16—19岁学生时，曾组织过一次校外旅行，去一个当地许多学校使用的户外教育中心。我们学校以前从来没有去过那里，那里的工作人员也几乎没有和这种学生合作的经验。不用说，在开始为期一周的攀岩、划独木舟、探洞和徒步旅行前，所有因素都经过了全面的风险评估。

中心的教练们负责活动安全方面的工作，同时向我咨询每个阶段设置什么样的挑战水平更合适。当我解释说，一些学生在体育课上很难从长椅上下来，一些学生在斜坡上很难保持平衡时，他们惊讶我还在妄想带他们去参观真正的岩壁。

第一天，我陪同一小群患有唐氏综合征的学生到户外教育中心的岩壁去。那里既有登山高手青睐的近乎垂直的光滑岩壁，也有学校经常使用的简单道路，还有一条多石小径。我的学生花了整整一个上午的时间探索这条小径。他们佩戴好安全带，系起绳索，从悬崖底部爬到这条小径上的一个地方，然后用绳索滑下来。就像光滑的近乎垂直的岩壁超出了我的想象一样，这条布满岩石的小径也超出了他们曾经遇到的挑战。但因为这个挑战对他们来说刚刚好，所以他们获得的成就感是巨大的。

那天击掌的人数超出我以前所见，学生经历了所有首次攀岩者都可能经历的各种情绪。这为整周的活动定下了基调，也提醒了我，在以正确的方式鼓励和支持下，人的能力可以达到怎样的水平。

（本节由马克·博鲁姆撰写）

9.3.1 有天赋和才华的学生

作为特殊教育部分的补充，我想给针对另一类学生的教育——常被学校称为"英才教育"或"资优教育"一个简短的提示。当然，这个类别几乎与特殊教育类别一样多样和广泛，但这里我想谈谈我的想法。

我经常会与有天赋的学生合作，我发现他们有些人起初对"学会挑战"很谨慎。对这些拥有非凡的记忆力或深厚的专业知识、被人们认为是天才的学生来说，进入学习坑，且不能很快知道答案的经历让他们感到不舒服。而那些历来对自己的能力信心十足的其他学生，也常常觉得认知冲突尤其令人困扰和不安。并非所有天赋、才华超常的学生都这样，但是他们中很大一部分人存在这样的状况。

> 优等生有时会对"学会挑战"感到不安，因为他们不能立即找出正确答案。不过，他们很快就能够掌握窍门，并开始享受挑战、探索和沉浸于思考之中的额外机会。

> 下面总结的基本原理适用于所有学生，不限于有天赋和才华的学生。

通过分享"学会挑战"的基本原理来减轻疑虑，是相对简单的办法。有天赋和才华的学生——实际上是大多数学生——需要知道这对他们有什么好处。我们不应该将"学会挑战"突然丢给学生，而应解释这么做的原因并概述目标。以下建议供你参考。

"学会挑战"的原理

1. 走出舒适区，我们能学到更多。

2. 走出舒适区的一个方法就是找到一些认知冲突的例子。这是指两个或更多的想法并存且彼此冲突。

3. 认知冲突的例子包括："偷窃是错误的"，但"罗宾汉是个好人"；"平等是好事"，但"不是所有人都需要"；"我们不应该撒谎"，但"父母会向孩子撒谎，说世界上有圣诞老人、牙仙子等"。

4. 探索相互矛盾的想法可能会令人困惑，有时甚至令人沮丧，但最终有助于我们更好地理解一些重要概念，比如存在、知识、对与错、思考、艺术、社会、科学、政治等。

5. "学会挑战"描述了我们对重要概念的探索之旅：第一步，确定一个有趣的概念；第二步，找到人们理解这个概念的矛盾之处和问题；第三步，找到这些想法之间的联系和规律，再整合起来形成更完整的定义；第四步，反思学习过程，思考如何将其应用于其他情境。

6. 教育心理学先驱列夫·维果茨基将走出舒适区称为"最近发展区"。在"学会挑战"中，这个区域被叫作"坑"。选择这个词是为了唤起许多人走出舒适区时的不适感和挫败感。

7. 当我们和其他人一起入坑时，学习坑就不那么可怕了。这就是"学会挑战"是一项合作活动的原因。我们将一起入坑，然后互相帮助，带着比独自思考所能获得的更好想法爬出坑来。

9.4 在自己的学校引领"学会挑战"

下面是如何在学校里开展"学会挑战"的一些建议。

9.4.1 引入

正如老话所说，第一印象很重要，所以要确保有一个良好的开场。让人们看到"学会挑战"在实践中能多么出色地发挥作用，或者听到一个对"学会挑战"非常了解的人描述它的模型，这是任何做法都替代不了的。

如果上述两点对你来说难以实现，那么我建议你至少把视频网站 Vimeo 和 YouTube 上的"学会挑战"动画短片（Nottingham，2015）分享给大家。这些网站上还有关于实践方法的例子。9.5 节中也列出了相关资源。

9.4.2 背景阅读

只要同事感兴趣，鼓励他们尽量多读读本书。我推荐至少阅读以下部分：

> 此清单给出了在尝试"学会挑战"之前要阅读的主要部分。

第一章：引言

3.1 节、3.2 节和 3.4 节：价值观和基本规则

5.1 节、5.2 节和 5.3 节：认知冲突的作用和基本原理

6.1 节、6.4 节和 6.5 节：构建答案和顿悟时刻

8.2 节和 8.3 节：自我效能、教师集体效能和表扬

> 拼图小组是共同参与专业学习的有效方式。

拼图小组是进行背景阅读的一种协作方法。它由社会心理学家埃利奥特·阿伦森（Elliot Aronson）设计（www.jigsaw.org），旨在帮助削弱融合学校里的种族派系。下面这种方法有助于你和同事一起开展拼图小组。

1. 把你的同事分组，每五人一组。这些是主场小组。
2. 将上述背景阅读的五个部分内容分配下去，每个小组分一个部分。
3. 给每个小组留出时间阅读各自分到的内容，小组成员互相提问，讨论主要内容并做笔记。
4. 让主场小组中的每个人给自己编号，编号为 1—5。
5. 然后让每个主场小组的 1 号坐在一起，2 号坐在一起，以此类推。这些新小组现在就是客场小组。
6. 客场小组的每个成员轮流向新小组的其他成员展示他们的阅读内容。

7. 分享完所有信息后，每个人都返回主场小组再次分享他们学到的东西。

9.4.3　准备—射击—瞄准

我发现这是一个进行专业学习的有用方法。基本做法如下：

准备：准备尝试某事。
射击：尝试新想法。
瞄准：回到源头，提出更明智、更细致的问题。

> "准备—射击—瞄准"的方法，鼓励"现在就尝试，稍后再改进"。

准备

我建议准备部分从上面提到的"介绍"和"背景阅读"开始。接下来，你的每位同事都应该读读本书，找出一些他们认为可能与某些学生相关的概念或常用流程。以下是便于你查找的最佳方法：

选择一个概念（4.2 节、4.2.1 节和 4.3 节）
创建一些问题（4.4 节和 4.4.1 节）
找到创造认知冲突的方法（5.4 节、5.5 节、5.6 节和 5.7 节）
选择一个建构策略（6.3 节）

射击

现在鼓励你的同事至少与一组学生一起尝试。提醒他们，最初的几次尝试很少会按计划进行。学生可能会跌入深坑爬不出来，也可能很快、很容易就找到答案，实际却没有真正入坑。告诉同事不要被这些情况吓倒，完成一次完整而令人满意的"学会挑战"是需要时间的，而且即便开始的尝试并不完美，可是学生也会学到一些东西，比如，如何一起思考，如何更恰当地提问，怎样提一个好问题等。

瞄准

在同事尝试了至少两三次"学会挑战"后，把他们聚在一起进行反思。这时更有针对性、更细致的瞄准就可能产生。让他们分成小组，分享那些成功的做法和失败的做法。我建议你将不同学科、不同学段的老师分在一个小组中，这将鼓励他们从更广阔的视角进行探索，避免有人说："这对我们的课没什么用。"

组织这种反思的一种方法是使用爱德华·德博诺（Edward de Bono，2010）的"正面，负面，有趣"（Plus，Minus，Interesting）策略。这需要将反思分为以下几类：

正面：行之有效的事情及其行之有效的原因。
负面：徒劳无功的事情及其徒劳无功的原因。
有趣：无关正面、负面，而是有趣的事情。例如，"我们下次使用实物道具，看看能否更成功地探索这个概念，这会很有趣。""当学生入坑时，不妨暂停一节课，看看我们能否在一夜之间想到更好的挑战，这应该很有趣。"

参照这样的反思方式，让你的同事分组列出下一步可采取的所有行动，例如：

1. 在不同的小组中尝试同样的概念。
2. 在某天下午进行一堂完整的"学会挑战"课，不要担心时间或课程内容。
3. 训练年龄较大的学生，让他们帮助年龄较小的学生推进"学会挑战"课。
4. 团队教学，一人领导课堂，另一人提出额外的问题和挑战。
5. 以团队为单位，在一周的时间里为每个成员规划一堂完整的"学会挑战"课。
6. 把学生分成混龄小组，看看这是否会影响"学会挑战"的质量。
7. 将完整的"学会挑战"过程分为四个部分——找准概念、认识冲突、建构意义和反思总结，每天进行一个部分，持续四天。
8. 创建一个"学会挑战"冠军团队，让他们规划学校每个年级组前三节课的内容。
9. 制订一个推广计划，让一些教师更经常地运用"学会挑战"，以便他们以后能够辅导其他人。
10. 每月与教师小组会面一次，回顾目前取得的成功和存在的问题，并为接下来的"学会挑战"制订计划。

你的同事在规定时间内列出了完整清单之后，请他们在未来几周内采取其中一项行动。他们选择哪项并不重要，只要他们选择了一项，并尽自己最大能力去做就好。甚至不需要每项行动都有人去实施，只要每个人都选择了一项，即使与其他人的行动一致，也有可能产生前进的动力。

9.4.4 将"学会挑战"融入课程

一方面，"学会挑战"通常在不受课程要求约束时效果最好。所以，如果你能够在不顾虑学生下课时学到哪些知识的情况下开展"学会挑战"，那么你就会更自由地关注诸如学习策略和语言发展等方面的益处。

另一方面，世界各地的课程已经安排得满满当当，所以试着在课程表中为另一门课程腾出时间，至少对某些人来说似乎是不合理的。那么，你可以试试以下三种方法，希望它们在大多数情况下可以令大多数人满意。这些只是基于我个人经验的指导原则，你可以随意调整时间或先后顺序，也可以完全不理会它们。

分阶段法

分阶段法旨在保持一种平衡，在无须过于担心课程目标的情况下寻找培养"学会挑战"所需态度和技能的机会，同时培养随时随地带学生入坑的习惯。我把这个方法分成四个阶段，但如果三个阶段更适应你的学年安排，那么你也可以分为三个阶段。

> 分阶段法可能是融入"学会挑战"价值观和技能的最佳方式。

第一阶段（大约 10—12 周）

在课程表上留出时间，让每个学生都能在 10—12 周的时间里体验三四次完整的"学会挑战"。

一堂完整的"学会挑战"课可能会持续 45—75 分钟，这取决于选择的概念和学生的社会发展或认知发展。如果需要，甚至可以将它分成更小的部分。

在这个阶段，你能让越多的人参与，你就有越多的机会使该办法成为学校学习文化的一部分。所以如果你能鼓励所有人（包括支持人员、领导和老师）各自加入一个小组，获益可能会更加显著。它还可以让你把学生分成比正常班级更小的班，这会带来额外的好处。

在家长通讯和学校课程中，这个阶段有时被称为"学会学习"。

第二阶段（大约6—8周）

在课程表上留出时间，让每个学生在不同于以往的小组中与不同的老师一起体验"学会挑战"。

把学生分成混龄小组，安排他们与一个不熟悉的工作人员合作，这样很可能会增强全校范围内的协作意识。它还为学生提供了与众不同的学习机会，使他们得以在更多元化的群体中学习和交流。

在一些学校，这个阶段被称为"三只熊"或"垂直组"。前者指的是"金发女孩和三只熊"这个故事中不同年龄和不同大小的熊，后者指的是把学生按上、中、下三个层次分组。

第三阶段（大约10—14周）

不要安排单独的"学会挑战"课，而要将其纳入学校的常规课程。例如，某周学生可能会在历史课上遇到"学会挑战"，下次可能在科学课上遇到。这可能需要教师进行总体规划，以避免出现一周内有的小组体验了多次而有的小组却一次都没有体验的情况，确保在一两个月的时间里分配均匀。

第四阶段（大约6—12周）

要求教师不要为"学会挑战"活动制订明确的计划，而是在常规课上选择合适时机带领学生踏上"学会挑战"之旅。比如在讨论麦克白的时候，找机会研究"野心"或"悲剧"的含义，或者当年幼的孩子学习鸟类和哺乳动物之际，将一场关于宠物的对话变成一次"学会挑战"。

> 许多教师使用"学会挑战"来达成课程目标，如下表所示。

课程方法

"学会挑战"提供了充足的机会来培养课程标准中规定的学习态度和技能。这使你在规划课程开发的同时得以规划"学会挑战"课，将学习意图和成功标准与课程标准相匹配。

技能培养	英国国家课程之英格兰	美国共同核心州立标准——英语语言艺术铺定标准	美国共同核心州立标准——数学实践	美国得克萨斯州基本知识和技能（TEKS）及得克萨斯州学院与职业准备标准	澳大利亚课程8.3版
交流	说：针对不同受众有效发言。 听：理解并做出适当的回应，有效参与小组讨论。	呈现信息、调查结果和支撑论据，使受众能跟上推理思路，其组织、发展和风格适合任务、目的和受众。（CCSS.ELA-LITERACY.CCRA.SL.4） 准备一系列对话并有效参与其中，与不同伙伴合作，以他人想法为基础，清晰而有说服力地表达自己的想法。（CCSS.ELA-LITERACY.CCRA.SL.1） 应用语言知识去理解语言在不同语境中的功能，选择有效的意义或风格，在读与听的过程中充分理解。（CCSS.ELA-LITERACY.CCRA.L.3）	关注精确度。（CCSS.MATH.PRACTICE.MP6） 构建可行的论点，评判他人的论断。（CCSS.MATH.PRACTICE.MP3）	在非正式小组讨论以及正式的演讲中，了解沟通的要素（例如，修辞特点、相关性、准确性、信息组织）。（Texas College and Career Readiness Standards, English Language Arts III.A） 在各种语境（例如，讲座、讨论、对话、面试、项目、演讲、团队）中，以个人的身份或小组成员的身份运用倾听技巧。（Texas College and Career Readiness Standards, English Language Arts IV.A）	说：学习清晰而有表现力地说话，总是考虑到说话的目的和受众的感觉。 理解说服别人的技巧，用恭敬、周到的语言质疑他人。 培养带着同理心去倾听、倾听并接纳，倾听以形成观点，批判性倾听的技能。

续表

技能培养	英国国家课程之英格兰	美国共同核心州立标准——英语语言艺术锚定标准	美国共同核心州立标准——数学实践	美国得克萨斯州基本知识和技能（TEKS）及得克萨斯州学院与职业准备标准	澳大利亚课程8.3版
数字的应用	培养理解和应用与数字相关的能力，数学语言，以便处理数据，解决越来越复杂的问题，并解释使用的推理过程。 运用计算技能和对数字的理解来解决其他学科课程和现实生活中的问题。		用数学建模。（CCSS.MATH.PRACTICE.MP4） 寻找并利用结构。（CCSS.MATH.PRACTICE.MP7）	将数学作为推理、解决问题、建立联系和进行概括的语言。（Texas College and Career Readiness Standards, Mathematics IX.A.3）	数学旨在确保学生能够自信、有创造力地使用数学及用数学交流，能够作为积极的公民去调查、描绘、解释生活和工作中的各种情况。 在使用数字的过程中发展一种共同的语言。 培养更深入地理解数学概念和流畅地处理数学过程的能力，并能够创建有意义的数据，提出并解决数与代数中的问题。 认识到数学和其他学科领域之间的联系，并领会到数学是一门容易理解的、令人愉悦的学科。

226

续表

技能培养	英国国家课程之英格兰	美国共同核心州立标准——英语语言艺术锚定标准	美国共同核心州立标准——数学实践	美国得克萨斯州基本知识和技能（TEKS）及冠冕斯州学院与职业准备标准	澳大利亚课程 8.3 版
信息技术	在获取信息、解决问题、展示工作方面，能够对何时、如何应用信息和通信技术（ICT）达到最佳效果做出批判性的、明智的判断。具有使用ICT信息源的能力，包括信息查询及决策技能、信息处理能力和创造性思考技能，以及反思、修改和评估ICT工作的能力。		有策略地使用适当的工具。（CCSS.MATH.PRACTICE.MP5）	数字公民身份。使用数字工具和资源时，学生应安全、负责任、遵纪守法，合乎道德的行为。学生应做到以下几点： （A）在数字环境中遵守反映适当行为的、普遍认可的使用政策。 （B）遵守安全规则、公平与普遍认可的使用的数字安全规则、准则和版权法。 （C）负责任地使用知识产权方面的数字信息，包括软件、文本、图像、音频和视频。（TEKS § 126.6.5）	坚持社会、道德规约并践行。 **在使用 ICT 要素时：** 承认知识产权。 辨识并描述道德困境，有意识地保护知识产权。 使用一系列策略维护信息安全，评估网络环境存在的风险，建立适当的安全策略和行为准则。 **调查 ICT 要素：** 独立或与他人协同选择和使用一系列 ICT，分析信息以提出问题，并规划检索策略或数据的生成。 使用先进的检索工具和技术，或使用模拟和数字模型，来

续表

技能培养	英国国家课程之英格兰	美国共同核心州立标准——英语语言艺术锚定标准	美国共同核心州立标准——数学实践	美国得克萨斯州基本知识和技能（TEKS）及得克萨斯州学院与职业准备标准	澳大利亚课程8.3版
					查找或者生成精确的数据和信息，支持新理解的发展。
					与ICT要素互动：
					安全、有效地选择和使用一系列ICT工具与他人分享和交换信息，与他人协作、有目的地构建知识。
					理解以计算机为媒介的通信方式在支持积极参与社区实践与数字材料协作管理方面存在的优势和劣势。
与他人合作/协作	与他人合作，包括为小组讨论和班级讨论做贡献的能力，与他人一起迎接挑战的能力。 社会意识和理解他人的需求。	准备一系列对话并有效参与其中，与不同伙伴合作，以他人想法为基础，清楚而有说服力地表达自己的想法。（CCSS.ELA-LITERACY.CCRA.SL.1）	构建可行的论点，评判他人的论断。（CCSS.MATH.PRACTICE.MP3）		学会在团队、小组以及所有合作学习环境中工作。 仔细倾听他人，支持他人的想法，并有效、清晰、坚定地表达自己的想法。

续表

技能培养	英国国家课程之英格兰	美国共同核心州立标准——英语语言艺术锚定标准	美国共同核心州立标准——数学实践	美国得克萨斯州基本知识和技能（TEKS）及得克萨斯州学院与职业准备标准	澳大利亚课程8.3版
提升自己的学习及表现	学生反思并批判性评估自己的工作和学习内容，明确提升学习成绩的方法。 确定学习目的，反思学习过程，评估学习进展，明确学习障碍或问题，找到学习改进方法。				学会提升自己作为学习者的自我认识，审视完成学习任务过程中的具体表现。 理解学习的原因，根据具体的、可测量的成功标准衡量自己的表现，有助于发展反思性实践。
问题解决	培养能帮助学生解决学习与生活问题的技能和策略。 包括识别和理解问题的能力，规划问题解决方法的能力，监控过程和回顾问题解决方案的能力。		理解问题，并持之以恒地解决问题。（CCSS.MATH.PRACTICE.MP1） 数学建模。（CCSS.MATH.PRACTICE.MP4）	基于数学问题解决方法，制定解决现实世界中的问题的方案。（Texas College and Career Readiness Standards, Mathematics VIII.C.1）	在学习任务和日常生活中，持续为学生提供机会以培养解决问题的技能和策略。 学会学习确立问题根本原因的方法、问题的本质、问题的解决方案以及解决方案所具备的特征。 学生学会回顾解决问题、分析和评估价值与成就的过程。

续表

技能培养	英国国家课程之英格兰	美国共同核心州立标准——英语语言艺术锚定标准	美国共同核心州立标准——数学实践	美国得克萨斯州州基本知识和技能（TEKS）及得克萨斯州学院与职业准备标准	澳大利亚课程8.3版
信息处理	学生能够查找、收集相关信息，能够分类、排序、比较和对比，并能够分析部分与整体的关系。	分析个人、事件或看法在文本中是如何发展以及为何如此发展的。（CCSS.ELA-LITERACY.CCRA.R.3） 确定文本的中心思想或者主题，分析它们的发展脉络；总结关键的支持性细节和观点。（CCSS.ELA-LITERACY.CCRA.R.2）	理解问题，并持之以恒地解决问题。（CCSS.MATH.PRACTICE.MP1）	解释方程的多种表达式及其关系。（Texas College and Career Readiness Standards, Mathematics II.D.1）	学生通过下面的部分或全部过程来学习并理解如研究、数据收集和信息这样的关键概念： • 查找 • 收集 • 分类 • 识别 • 组织 • 排序 • 辨别 • 整理 • 归类 • 比较/对比 • 转换 • 分析
推理	解释观点和行动的理由，举一反三并做出推理，使用准确的语言来解释想法，有理有据地做出判断和决定。	评估说话人的观点、推论以及论据和修辞的使用。（CCSS.ELA-LITERACY.CCRA.SL.3）	抽象推理和定量推理。（CCSS.MATH.PRACTICE.MP2） 在重复推理中寻找和表达规律。（CCSS.MATH.PRACTICE.MP8）		分析、综合、评估推理过程和结果： 这一要素涉及学生分析、综合和评估用于寻找解决方案、评估和证明结果或告知行动方案和推理的推理过程。 学生识别，思考和推理背后的逻辑和推理。区分决策和行动的组成部分，对照

续表

技能培养	英国国家课程之英格兰	美国共同核心州立标准——英语语言艺术锚定标准	美国共同核心州立标准——数学教学实践	美国得克萨斯州基本知识和技能（TEKS）及得克萨斯州学院与职业准备标准	澳大利亚课程 8.3 版
					标准评估观点、方法和结果。在发展和实践批判性和创造性思维的过程中，他们： • 运用逻辑和推理 • 得出结论并设计行动方案 • 评估程序、结果和学习
探究	学生能够提出相关疑问并定义问题，如计划该做什么、如何去研究、预测后果、预测试结论、反测试结论、改进想法。		寻找并利用结构。（CCSS.MATH.PRACTICE.MP7） 在重复推理中寻找和表达规律。（CCSS.MATH.PRACTICE.MP8）	挖掘主题和问题。（Texas College and Career Readiness Standards, English Language Arts V.A） 研究/研究计划。学生提出开放式研究问题，制订计划以做出回答。学生应该： （A）头脑风暴，咨询他人，确定主题并形成开放式问题，以此探究主题。 （B）生成研究计划，收集与主要研究问题相关的信息。（TEKS §110.18.22）	询问、识别、探索、组织信息和想法。 学生提出问题，识别和澄清信息与想法。他们用提问来调查和分析观点与看法，理解和评估信息不同来源的信息。比较和评估信息并发展批判性，创造性思维的过程中，学生能够： • 提出问题 • 识别并澄清信息和想法 • 组织和处理信息

续表

技能培养	英国国家课程之英格兰	美国共同核心州立标准——英语语言艺术铺定标准	美国共同核心州立标准——数学实践	美国得克萨斯州基本知识和技能（TEKS）及得克萨斯州学院与职业准备标准	澳大利亚课程8.3版
创造性思维	学生产生、扩展想法，提出假设，运用想象力，并寻找可替代的创新结果。	呈现信息、调查结果和支撑论据，使受众能跟上推理思路，其组织、发展和风格适合任务、目的和受众。（CCSS.ELA-LITERACY.CCRA.SL.4）	理解问题，并持之以恒地解决问题。（CCSS.MATH.PRACTICE.MP1）	接受建设性的批评，并在有证据证明的情况下修正个人的观点。（Texas College and Career Readiness Standards, Cross-Disciplinary Standards I.A.2）	创造性思维涉及学生学习在特定环境中生成和应用新想法，以新的方式看待现有情况，识别可替代的解释，发现或建立能够产生积极结果的新联系。 这包括：将不同部分结合起来以形成原创内容、筛选、提炼想法以找到各种可能性、构建理论和对象，以及凭直觉行事。 创作成果可以包括复杂的表现形式、图像、调查研究、表演、数字和计算机生成的运算结果，或者以虚拟现实的形式呈现。

续表

技能培养	英国国家课程之英格兰	美国共同核心州立标准——英语语言艺术铺定标准	美国共同核心州立标准——数学实践	美国得克萨斯州基本知识和技能（TEKS）及得克萨斯州学院与职业准备标准	澳大利亚课程8.3版
评估	学生能够评估信息，判断所听、所读，所听、所读的价值，制定评价自己和他人工作价值或思想价值的标准，对自己的判断充满自信。	评估说话人的观点、推论以及论据和修辞的使用。（CCSS.ELA-LITERACY.CCRA.SL.3） 描述和评估文本中的论点和具体主张，包括推理的有效性以及论据的相关性和充分性。（CCSS.ELA-LITERACY.CCRA.R.8）	构建可行的论点，评判他人的论断。（CCSS.MATH.PRACTICE.MP3）	识别和分析信息源中的要旨和观点。（Texas College and Career Readiness Standards, Social Studies IV.A.1） 从内容的品质、有效性、可信度和相关性等方面评价信息源。（Texas College and Career Readiness Standards, Cross-Disciplinary Standards I.F.2）	学生学会批判性思维的概念，将其作为判断自己和他人学习情况、所读文本以及他们独立思考或形成各种想法和可能性的方式。

利用这些课程目标来规划"学会挑战"系列课程，可能如下所示。

> 将学习意图、成功标准与课程标准相匹配，有助于证明"学会挑战"的合理性，并将其融入学校生活。

学会挑战 1

学习意图：我们正在学习与他人合作，迎接挑战，并为班级讨论做出贡献。

成功标准：为了达到学习目标，我们应做到以下几点：

- 认真倾听对方。
- 用支持性的肢体语言互相鼓励。
- 给别人思考的时间，不催促、不打断。
- 使用诸如"我同意（名字），因为……"或"我不同意（名字），因为……"这样的表达方式来做出适当的回应。
- 识别或描述在对话过程中发生的认知冲突。

学会挑战 2

学习意图：我们正在学习使用准确的语言来解释我们的想法。

成功标准：为了达到学习目标，我们应做到以下几点：

- 在以他人话语为基础发表意见之前，通过转述他们的话来表明我们已经理解了他们的想法。
- 通过提出澄清性问题来表明我们可能误解了别人的话。
- 找出人们正确理解他人话语的实例。
- 找出人们被他人误解的实例。
- 比较不同的实例，找出最重要的三个原因。

学会挑战 3

学习意图：我们正在学习反思和批判性评估"学会挑战"的学习经历。

成功标准：为了达到学习目标，我们应做到以下几点：

- 识别我们在自己的思考中发现的矛盾之处。
- 解释为什么我们的想法引发了或没能引发认知冲突。
- 就我们本可以做什么来增加学习坑的深度以及改进最终答案提出建议。
- 思考如何将我们的学习应用于其他情境并与之关联起来。

学科方法或教师方法

虽然将"学会挑战"融入所有课程领域是可能的，但有些学科似乎天生更适合"学会挑战"，比如个人、社会、健康教育和公民教育，英语，历史，地理，宗教教育和科学等。

尽管我不建议只在列出的学科中使用"学会挑战"，但出于务实的考虑，这样做是可行的，至少在刚起步的时候是这样，之后我认为明智的做法是寻找机会在全校推广。

9.5 "学会挑战"的资源

1. *Challenging Learning* by James Nottingham, 1st ed., 2010; 2nd ed., 2016
2. *Encouraging Learning* by James Nottingham, 2013
3. *Challenging Learning Through Dialogue* by James Nottingham, Jill Nottingham and Martin Renton, 2017
4. *Challenging Learning Through Feedback* by James Nottingham and Jill Nottingham, 2017
5. *Challenging Learning Through Questioning* by James Nottingham and Martin Renton, 2020
6. *Challenging Mindset* by James Nottingham and Bosse Larsson, 2019
7. *Learning Challenge Lessons, Elementary* by James Nottingham, Jill Nottingham, Lucy Bennison and Mark Bollom, 2018
8. *Learning Challenge Lessons, Secondary ELA* by James Nottingham, Jill Nottingham, Lucy Bennison and Mark Bollom, 2019
9. *Learning Challenge Lessons, Secondary Mathematics* by James Nottingham, Jill

Nottingham, Lucy Bennison and Mark Bollom, in press

10. *Learning Challenge Lessons, Secondary Science/STEM* by James Nottingham, Jill Nottingham, Lucy Bennison and Mark Bollom, in press

9.6 本章要点

除了概览中确定的要点外,本章还涵盖以下内容:

1. 在尝试向有特殊教育需求的学生发起挑战时,我们要考虑的实情是,他们的学习之旅在许多方面已经是一个挑战。
2. 一些有天赋和才华的学生可能会在接触"学会挑战"之初保持警惕,特别是当他们不知道这样做的目的是什么时。所以,对于所有学生来说,在开始第一次"学会挑战"之前告知其基本原理很有用。
3. "准备一射击一瞄准"是进行专业学习的有效方法。这意味着先要阅读一些背景资料(准备),然后在实践中尝试这些方法,最后反思之前的经历(射击),提出更有针对性和更细致的问题(瞄准)。
4. 在整个学校推行"学会挑战",最好的办法是分阶段法。它包括在开始阶段进行独立的"学会挑战",然后逐渐演变成源于常规课程的自发体验。

第十章
"学会挑战"的案例

10.0　本章概览

本章分享七种"学会挑战"经验。其要点包括：

1. 六个概念的示例：颜色、药物、宠物、社交网络、证据和凭据、风险。

2. 每个概念都包括基本介绍和有助于创造认知冲突的问题，以及帮助学生出坑的工具。

3. 问题和活动仅作为建议。我并非希望你使用所有问题，而是建议你只在学生需要的时候才选择一些使用。毕竟，其他问题可能会自然而然地产生。

10.1 颜色

年龄范围：6—16 岁

学科：科学、艺术、传媒

阶段 1：找准概念

颜色是"学会挑战"特别常用的概念，因为对它是什么、来自哪里、是否存在于物质世界、是否只是纯粹的感知这些问题的答案，都是含糊不清的。换句话说，如果人类不能感知颜色，颜色还存在吗？

此外，颜色在我们的生活中起着非常重要的作用。视觉体验深深根植于颜色。人们往往赋予颜色以情感。然而在生物的思想和感知之外，颜色甚至可能根本就不存在！

我们看到的是不存在的东西吗？例如，如果我们看一根香蕉，也许我们看到它是黄色的；如果我们把目光移开，黄色还在那里吗？黄色是真的存在，还是我们对水果的认知触发了我们头脑中有关黄色的感觉？

在探索颜色这一概念的过程中，你可以和学生一起收获很多乐趣。然而，需要记住的是，关键不在于找到"正确"答案，而在于引导学生通过"学会挑战"更深入、更透彻地理解概念。

阶段 2：认知冲突

可探讨的有关颜色这一概念的关键领域：

- 颜色的真实性
- 我们对颜色的感知
- 颜色的错觉
- 颜色的社会意义
- 颜色的心理意义
- 我们对颜色的看法
- 自然中的颜色
- 身份

- 改变
- 幸福
- 安全
- 肤色偏见

可能引发认知冲突的问题（适合 6—12 岁的学生）：

- 什么是颜色？
- 颜色是真实的吗？
- 如果你要写一本关于颜色的书，你会写些什么？
- 你现在能看到多少种颜色？
- 每样东西都有颜色吗？
- 什么是你理想的颜色？
- 你用颜色思考吗？
- 你用颜色感知吗？
- 声音有颜色吗？
- 你能听到不同的颜色吗？
- 当你看到红色时，你怎么知道它是红色的？
- 颜色是如何产生的？
- 为什么我们能看到颜色？
- 彩虹是真实的吗？
- 如果你是一种颜色，你会是什么颜色？
- 没有颜色的世界会是什么样子？
- 有什么颜色比其他颜色更可怕吗？
- 黑白是颜色吗？
- 颜色只是我们使用的名称，还是它们能告诉我们更多信息？
- 什么物体有不同的颜色？狗、冰激凌、天空、花、草、水、火、人、足球、冬天、悲伤、溜冰鞋、低语、笑声、秋天有不同的颜色吗？如果有，它们是什么颜色的？
- 如果橙子的颜色不是橙色，它会是另一种水果吗？为什么我们不把香蕉叫

"黄色"，把李子叫"紫色"？

可能引发认知冲突的问题（适合12—16岁的学生）：

- 每种颜色都有名称吗？
- 如果我们同时看某种颜色，我们看到的是相同的吗？
- 警笛的声音是什么颜色的？
- 你认为会有新的颜色产生吗？
- 改变颜色会是什么样子？
- 颜色会变吗？
- 是否存在没有颜色的东西（如空间、光线）？
- 是否存在多种颜色的东西（如空间、光线）？
- 如果一件东西是红色的，它也可以是蓝色的吗？它能是粉红色的吗？或紫褐色的？
- 绿色是由蓝色和黄色组成的吗？如果是，绿色就只是蓝色和黄色吗？还是它本身就是某种颜色？
- 所有绿色的东西看起来都一样吗？
- 色调和色度的区别是什么？
- 所有蓝色的东西都给人同样的感觉吗（例如天空、蓝色的毯子）？
- 颜色能让你产生某种感觉吗？
- 镜子是什么颜色的？
- 有没有完美的颜色？
- 特定的人有特定的颜色吗？
- 你能想象出一种完美的颜色吗？
- 在面对危险时，动物和我们人类用同样的颜色警告彼此吗？
- 是否有一种颜色既能警示我们又能吸引我们？
- 棕色适合做糖果吗？它和巧克力是绝配吗？
- 在提到游泳池时，为什么我们会想到蓝色而不是绿色？
- 颜色会影响我们的嗅觉和味觉吗？
- 我们应该始终相信自己的感觉吗？

- 特定的颜色会让我们产生特定的想法吗？
- 谁告诉你某种颜色就是特定的颜色？
- 我们真的能确定我们看到的都是同样的颜色吗？
- 你认为性别颜色对幼儿有什么影响？

阶段 3：建构意义

如果学生深陷学习坑中，很难爬出来，那么你可以请他们使用表 10.1 所示的概念角，它源于 6.3.8 节所示的概念表。

将概念写在表的中间，然后让学生为四个角中的每个类别举例。下表中的斜体字是答案示例，但通常你给学生的版本是没有示例的。

表 10.1 概念角（含示例）

短语或句子		示例
带"颜色"的短语或句子 举例： • *the color of money（有支付能力）* • *She hasn't got any color in her cheeks.（她脸色苍白）* • *His rudeness colored her judgment.（他的粗鲁影响了她的判断）*	颜色	有关"颜色"的重要情境 举例： • *彩虹* • *水果* • *艺术* • *警告标志*
同义词与反义词		**相关理念**
举例： • *色调* • *色度* • *色相* • *色彩*		举例： • *艺术* • *知觉* • *感觉*

另一个适用于这个概念的"坑工具"是排序。菱形排序、金字塔形排序和线性排序均在 6.3.3 节中有所描述。排序的标准可以是：

- 最令人激动的 / 最不令人激动的
- 日常生活中最有用的 / 最没用的

- 最有意义的 / 最没有意义的
- 让你感到平静、不安、自信、恐惧、感激等的颜色
- 可用于警告标志的颜色

阶段 4：反思总结

反思性问题举例：

- 什么是颜色？
- 颜色对我们的日常生活有什么影响？
- 颜色如何影响我们的情绪和个性？
- 没有颜色的世界会是什么样子？
- 你认为什么颜色是性别的刻板印象？你认为这是由谁决定的？
- 性别颜色规范是否源于男孩和女孩逐渐形成的颜色偏好差异？
- 颜色偏好是先天决定的还是后天形成的？
- 我们是唯一能看到颜色的生物吗？
- 关于颜色你还有什么问题？

10.2 药物[①]

年龄范围：12—16 岁

学科：个人、社会、健康教育和公民教育

阶段 1：找准概念

药物的概念可以追溯到几千年前。在 4000 多年前的安第斯山区，古柯被视为一种药物，有时也被看作魔药。也有证据表明，早在 7000 年前就有啤酒酿造，而当时有些人就认为啤酒是一种药物。

在许多高中，毒品教育是课程的一个重要方面。毒品也是世界政治舞台上

---

① drug 既有药物之意，也有毒品之意。——译者注

的一个热议话题。这一切使这个概念成为"学会挑战"可使用的一个有趣概念。

阶段2：认知冲突

可探讨的有关药物这一概念的关键领域：

- 同伴压力
- 积极的自信
- 影响
- 风险
- 法律
- 犯罪

- 合法化
- 合法药物和非法药物
- 处方药
- 假药
- 药物依赖

可能引发认知冲突的问题（适合12—16岁的学生）：

- 药物这个词是什么意思？
- 我们为什么会吃药？
- 药物对我们有害吗？
- 你对药物有什么看法？
- 有可能在一生中完全不用药物吗？
- 处方药和非法药物的区别是什么？
- 什么是消遣性毒品？
- 使用多少药物算过量？
- 喝多少酒算过量？
- 什么是上瘾？
- 你曾经做过你不想做的事情吗？
- 我们为什么要有法律？
- 你对涉及药物的法律了解多少？
- 我们是有保护自己的法规，还是只有保护他人的法规？
- 如果一个人开始吸毒，会一直吸下去吗？
- 如果一个人的人生目标是快乐，而毒品能让人快乐，那么可以吸毒吗？

- 让所有毒品合法化的理由是什么？
- 药物有什么作用？
- 惩罚吸毒对社会有什么好处？
- 羞耻会毁掉你的生活吗？
- 人们吸毒的动机是什么？
- 为什么有些人会滥用药物？
- 将更多毒品合法化会导致更多人吸食吗？
- 只和聚会上的朋友一起吸毒，可以接受吗？
- 如果某物是合法的，是否意味着它是无害的或不会使人上瘾的？
- 当你感觉不舒服时，自行用药有什么风险？
- 很多东西都是危险的、有害的。政府应该禁止甜甜圈这样的不健康食品吗？
- 假设所有药物都是合法的，如果你服用过量，应急服务机构是否有责任提供帮助？
- 如果有人因自然原因受伤或不适怎么办？应急服务机构应先帮助他吗？
- 为什么有些人会对药物上瘾，而有些人却不会？
- 谁会影响你？
- 即使我们没有意识到，我们也会对某些东西上瘾吗？

阶段 3：建构意义

学生可以使用概念目标图来澄清概念的标准和特征，参见 6.3.1 节对这一"坑工具"的介绍。

请学生画一个内圆和一个外圆，如图 10.1 所示。在内圆里写下"药物"两个字，在外圆里写下在"学会挑战"对话中产生的所有想法。

在给出的示例中，我假设的"学会挑战"起始问题是"人们为什么要用药物"。

然后，学生需要依次考虑每个想法，确定它是必要特征（应移至内圆）、可能特征（应留在外圆），还是非常罕见的特征（应移至外圆之外）。

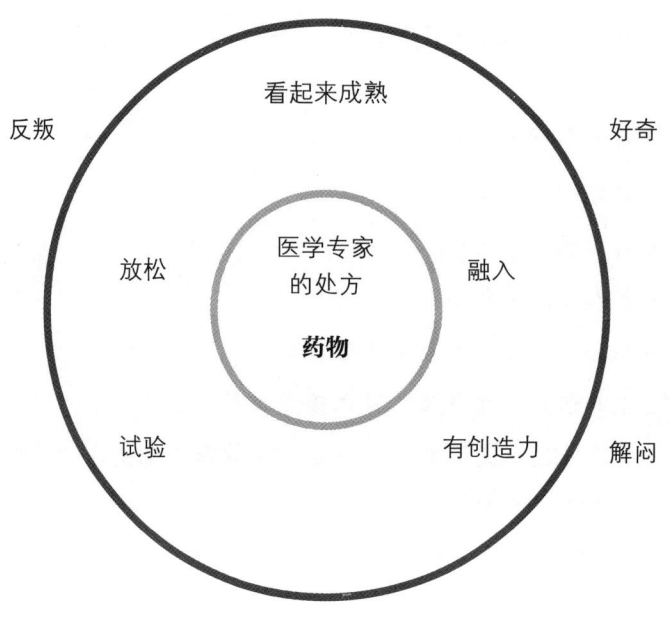

图 10.1　概念目标图（含示例）

6.3.3 节描述的菱形排序可能是有用的"坑工具"。可用于菱形排序的各种想法如表 10.2 所示。我假设的问题是"在做出吸毒的决定时，什么是重要因素"。

表 10.2　菱形排序的示例

你知道毒品成瘾是如何发展的，也知道吸毒如何严重影响你的身体，还知道它造成的后果。	遇到麻烦时，你有信心寻求帮助。	你和志趣相投的人一起玩。
你不想做他人让你参与的事时，你能很好地应对相关压力。	你觉得做自己相信的事是正确的。	你总是全面地考虑你的决定。
你在成为他人榜样、树立积极榜样的过程中茁壮成长。	你有能力发现吸毒何时成为一个问题。	你喜欢紧跟潮流，如果"每个人都这么做"，一般情况下你也会加入。

阶段 4：反思总结

反思性问题举例：

- 为什么第一次饮酒的年龄这么重要？
- 如果你需要建议和帮助，你知道去哪里寻找吗？
- 你觉得与课程开始时相比，现在你对毒品和酒精有了更多的了解吗？
- 你认为吸毒是可以接受的吗？在什么情况下是可以接受的？
- 关于药物，你还有什么问题？

10.3　宠物

年龄范围：6—16 岁

学科：数学（比较动物）、生物学（探究生命过程和生物）

阶段 1：找准概念

宠物这一概念提供了一个探究"自然""陪伴"和"习惯做法"等概念的机会。

人类和动物之间的关系在人类进化史上可能发挥了重要作用。一些动物是如何从人类的食物变为人类的朋友的？这种关系有什么意义？英国 46% 的家庭拥有宠物（Pet Food Manufactures Association, 2015），很多人把动物看作家庭的一部分。为什么？

阶段 2：认知冲突

可探讨的有关宠物这一概念的关键领域：

- 责任
- 决策
- 人性
- 渴望和需求
- 动物福利
- 陪伴
- 选择
- 照顾
- 习惯做法

我根据不同的摇晃器将以下问题进行分类，你可以在 5.4.1 节中阅读相关信息。其中，A 代表主要概念，B 代表学生的主要答案，非 A 代表概念 A 的对立面，非 B 代表答案 B 的对立面，G 代表概括，与 5.4.2 节中的代表字母相同。

可能引发认知冲突的问题（适合 6—12 岁的学生）：

摇晃器 1

问题：什么是宠物？（A）

回答：生活在我们家里的东西。（B）

问题：所以生活在我们家里的所有东西（B）都是宠物（A）吗？例如阁楼上的老鼠、厨房里的植物、冰箱里的霉菌。

摇晃器 2

问题：什么是宠物？（A）

回答：生活在我们家里的东西。（B）

问题：那是不是意味着不在我们家里生活的东西（非 B）不能当宠物（非 A）？例如圈养在室外笼子里的兔子、奔跑在野外的马、在池塘里游泳的鱼、你不在的时候待在狗窝里的小狗。

摇晃器 3

问题：什么是宠物？（A）

回答：用来陪伴的动物。（B）

问题：宠物必须时时刻刻（G）陪伴在你身旁吗？例如，如果你的宠物白天没和你在一起，这是否意味着它不再是你的宠物（G）？

摇晃器 4

问题：任何动物都可以作为宠物来饲养吗？（A）

回答：不，如果它们太大就不行。（B）

问题：有多大？（A）

回答：比你的前门还大。（B）

问题：如果一只动物比我的前门还大（B），这是否意味着我绝对不能把它当宠物养？（非A）

回答：是的。

问题：如果我的门像谷仓门一样大（B），那么我仍然不能把它当宠物养吗（非A）？

回答：不是。但动物越小，你就越有可能选它当宠物。

问题：真的吗？

可能引发认知冲突的问题（适合6—12岁的学生）：

- 养宠物是对还是错？养宠物总是对的或者总是错的吗？
- 我们了解自己的宠物吗？
- 是什么让一种动物成为宠物，而另一种动物却不行？
- 为什么有些动物是我们的伙伴，而有些却是我们的食物？
- 植物有生命，你能把植物当宠物养吗？
- 宠物一定是动物吗？

可能引发认知冲突的问题（适合12—16岁的学生）：

- 是什么将驯养动物和野生动物区分开的？
- 世界上一个地方将某种动物视为宠物，而另一个地方却将其作为食物，这样可以吗？
- 人们想从宠物那里得到的总是符合宠物自己的需求吗？
- 是人类满足动物的需求，还是动物满足人类的需求？
- 为了减轻工作负担，我们可以像使用活的工具一样养一些实用的动物吗？
- 既养宠物，又不赞同圈养动物，合理吗？
- 人类是唯一养宠物的动物吗？

- 人类可以成为动物的宠物吗?
- 如果你的宠物被视为家庭一员,它是否就不再是宠物了?

阶段 3:建构意义

根据对话的进展,观点角可以成为学生解释和连接想法的有用工具,参见 6.3.5 节的描述。

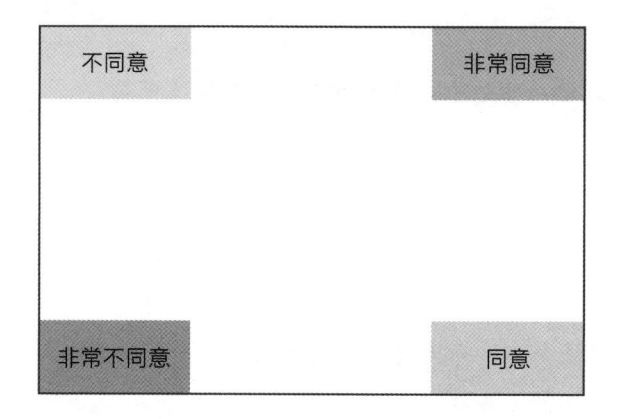

不同意		非常同意
非常不同意		同意

图 10.2　有关宠物的观点角

可用于宠物观点角的陈述(适合 6—12 岁的学生):

- 养宠物是可以接受的。
- 动物最大的愿望就是获得自由。
- 养宠物让我们觉得自己是人类。
- 宠物是长有皮毛的人。
- 人应该养两只相同的宠物,这样当人不在家时,它们就有伴了。
- 可以养动物(如金鱼)作为装饰。
- 动物要对自己的行为负责。
- 如果你能给宠物提供更好的生活,你就应该收养它。
- 如果宠物没有跑开,那就意味着它想留下来。
- 如果宠物生活在野外,它们就无法生存或过得不愉快。
- 宠物与其他动物的不同之处在于,我们把宠物视为朋友,而不是食物。

- 动物能为每个人服务。
- 宠物店就是宠物监狱。
- 应该只允许某些人养宠物。

可用于宠物观点角的陈述（适合 14—16 岁的学生）：

- 拥有宠物的愿望是自私的。
- 想养宠物是人类的本能。
- 如果宠物饲养机构从未存在，这将符合动物的最大利益。
- 从根本上说，宠物是不需要电池就能动的毛绒玩具。
- 如果我们把动物当宠物养，就会剥夺它们的权利。
- 人类应该拥有支配所有其他生物的力量。
- 只有可悲的、不自信的人才希望圈养其他物种。
- 纯种宠物不是自然产生的，其存在只是因为我们的培育，所以我们有责任照顾它们。
- 如果有人不理解宠物的概念，他会认为宠物就是被看管的对象。
- 选择宠物和选择终身伴侣没什么不同。
- 人类为宠物提供安全、舒适的生活，并让它们远离危险。
- 把宠物当作平等的家庭成员对待，对宠物是不公平的。
- 宠物需要知道主人是谁。
- 把宠物当人对待是残忍的。

适合这个主题的另一个"坑工具"是概念线，参见 6.3.6 节的描述。

驯养的	圈养的	野生的

图 10.3　有关宠物的概念线

例如，沿着这条线，可放置这样几个词：

- 受过训练的
- 驯化的
- 驯服的
- 受控的

- 监禁的
- 未驯化的
- 自然的
- 驯化过又逃脱的

阶段 4：反思总结

反思性问题举例：

- 现在你对宠物的看法和刚开始上课时有什么不同吗？
- 将动物当宠物养和圈养动物有什么不同？
- 宠物主人的责任是什么？
- 宠物为什么依赖主人？
- 哪些特征使一些动物成为家庭的好伙伴？
- 关于宠物你还有什么问题？

10.4 社交网络

年龄范围：6—16 岁

学科：信息与通信技术，个人、社会和健康教育

阶段 1：找准概念

社交网络似乎是 21 世纪的一种现象，但在某些方面，这种方式在人类历史上一直存在。这在一定程度上使这个概念成为一个值得探索的有趣概念，在"学会挑战"的情境下更是如此。社交网络在学生中的流行使他们更加好奇，也带来了固有的危险。

阶段 2：认知冲突

可探讨的有关社交网络这一概念的关键领域：

- 创新
- 计算
- 在线安全

- 友谊
- 感知现实
- 广告

- 社区
- 交流
- 社交技能

可能引发认知冲突的问题（适合 6—12 岁的学生）：

- "在线"是什么意思？
- 你上网安全吗？
- 你如何与不在眼前的人交流？
- 牢记他们不在你面前很重要吗？
- 人们为什么使用社交网络？你使用哪些社交网络？
- 人们应该如何决定将谁添加到好友列表中？
- 什么是友谊？一个人是否可能与只在线上交流的人做朋友？
- 你曾经查询过位置吗？你会在线分享你的位置给朋友吗？
- 如果你曾这样做过，你的个人资料有多隐秘？将你的个人资料设置为私密是否有用？保护隐私是好事吗？也可能是坏事吗？
- 你的父母或监护人知道你在网上做什么吗？
- 让你的父母或监护人知道你在网上做什么有帮助吗？
- 你认为发布个人信息和照片会影响你的未来吗？
- 社交媒体会对一个人的性格产生积极影响吗？
- 两个人可以在网上见面吗？
- 在网上发信息和当面说给他们听，有什么区别？
- 可以不通过网络和朋友保持联系、参加社交活动吗？

可能引发认知冲突的问题（适合 12—16 岁的学生）：

- 如果互联网瘫痪了，是不是意味着建立社交网络就不可能实现了？
- 社交网络能提升我们的人气吗？
- 如果社交媒体让我们受欢迎，这是否意味着我们要想受欢迎就必须使用社交媒体？

- 如果你不参与社交网络，是否意味着你不受欢迎？
- 拥有多少网友或联系人才被认为是受欢迎的？
- 使用社交网络有危险吗？如果有，可能发生什么危险？
- 是否有一些过时的价值观不适合我们的数字时代？这是令人遗憾的还是不可避免的？
- 是技术影响我们，还是我们影响技术？
- 社交媒体能弥补面对面交流的不足吗？
- 社交媒体是否改变了你看待自己的方式？
- 社交媒体正在改变人们看待彼此的方式吗？
- 社交媒体如何改变你的思考方式？
- 什么是社区？网络社区和现实社区有区别吗？可以将坐在电脑或电子设备前的人们描述为一个社区吗？
- 社交媒体对社会的影响是积极的还是消极的？
- 什么是友谊（也许上面已有定义）？友谊有哪些不同的层次？当我们和素未谋面的人交朋友时，我们能在社交和心理上保持健康吗？与我们周围的人交朋友呢？
- 你能关心社交媒体上的另一个人吗？
- 你能虐待社交媒体上的另一个人吗？
- 人们在社交媒体上的表现，会不同于面对面或打电话时的表现吗？为什么？
- 如果某人在社交网络上的想法变成在现实生活中犯罪，他需要负责吗？

阶段3：建构意义

通过对社交网络的代表性特征和面对面社交的代表性特征进行分类，学生可以更清楚地了解概念的最典型特征。维恩图在这方面大有用处，参见 6.3.9 节的相关指南。

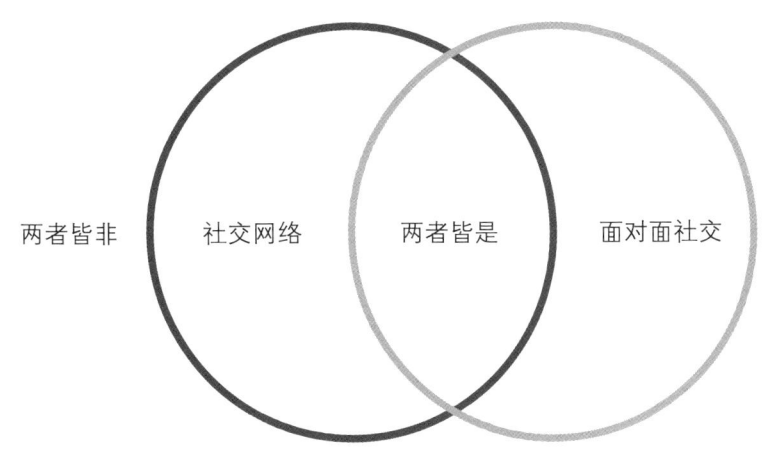

两者皆非　社交网络　两者皆是　面对面社交

图 10.4　社交网络维恩图

表 10.3　可放入社交网络维恩图中的特征

这可能很危险。	你可能不了解谈话的对象。
很容易识别一个人的感受。	你说话要小心。
你可以假装自己比实际年纪大些或小些。	你可以估计一个人的年龄。
如果你以前见过谁，你可以确定他的身份。	你能分辨出某人是在开玩笑还是很严肃。
因为你能听出一个人的语气，所以很容易知道这个人的说话意图。	面部表情帮助你了解对方。
私下聊天更容易。	这是分享各自想法和观点的好方法。
有些人觉得用这种方式交流更容易。	恃强凌弱者可能会用这种方式戏弄他人。
这是与朋友和家人保持联系的好方法。	你可以与志同道合的人见面并互动。

阶段 4：反思总结

反思性问题举例：

- 对于选择用户名，你会给出什么建议？
- 选择密码时，你应该怎么做？
- 如果有人问你的个人信息，你会告诉他吗？
- 如果网友想和你见面，你该怎么办？

- 社交网络的优点和缺点各是什么?
- 你能做些什么来防止犯罪分子使用社交网络锁定你?
- 如果有人给你发信息,讨论让你感到不舒服的私事,你该怎么办?
- 你在这节课上用到了什么技能?
- 你今天的想法或你的思维方式在将来能发挥什么作用?
- 关于社交网络,你还有什么问题?

10.5 证据和凭据

年龄范围: 9—16 岁
学科: 科学和数学

阶段 1:找准概念

众所周知,要证明一件事是非常困难的。例如,可能有学生会说,他们出示护照就能证明自己的身份,但护照可能是伪造的。也可能有学生会说,他们可以证明太阳每天早上都会升起,但存在一种极小的可能,世界在明天到来之前就会毁灭。这看起来可能很滑稽,但实际上是与学生一起深入探索的一个思路。你可以得到很多乐趣,而学生则可以深入了解有关证据和凭据的问题。

阶段 2:认知冲突

可探讨的有关证据与凭据概念的关键领域:

- 证实
- 验证
- 测试
- 保证
- 认证
- 数据
- 担保
- 公告

以下内容摘自一位老师和学生的真实对话:

老师: 我敢说你什么都证明不了!
亚当: 我可以!我可以证明我坐在这里。

老师：怎么证明？

亚当：嗯，看，我就在这儿！（挥手）

老师：但是我怎么知道你坐在那里不是我想象出来的呢？

蕾切尔：你可以走过去摸摸亚当。

老师：但是我在梦里摸东西，并不意味着我真的摸了，所以这段对话可能是我梦到的。

蕾切尔：但是你需要睡着才能做梦，而你没有睡着。

塔斯：不，你不需要。你可以在不睡觉的情况下做白日梦。

老师：说得好，塔斯。那么有人能证明这不是一场梦吗？

安妮：你在梦里闻不到气味，但我在这里能闻到。

老师：但是你怎么知道人们在梦里闻不到气味呢？

安妮：我从来都没闻到。

老师：这足够证明人们在梦里闻不到气味吗？

劳丽：我觉得不够。

老师：好的，我们举个例子。我们能证明鬼是存在的还是不存在的吗？

安妮塔：能。如果有人看到了鬼，那就能证明鬼是存在的。

老师：但是如果其他人都看不到鬼呢？

安妮塔：好吧，如果每个人都能看到鬼，那就能证明鬼是存在的。

老师：那是不是说，如果只有一个人看不见鬼，那么就没有鬼？

卡里姆：不是。如果大多数人都能看到鬼，那就足够证明了。

老师：所以，和大多数人相信的东西有关的证据也是如此，是吗？

埃莉：是的。

老师：但是有一段历史时期，在 10 世纪，大多数人认为地球是平的，那么他们证明了地球是平的吗？

可能引发认知冲突的问题（适合 9—12 岁的学生）：

- 如果我们能触摸、品尝、闻到、听到和看到某样东西，这就足够证明它的存在吗？
- 如果我们的直觉告诉我们某样东西是真实的，这能证明它的存在吗？

- 如果我的宠物是一只鸟，这就能证明我的宠物会飞吗？
- 如果我有一只宠物狗，这能证明我的宠物会叫吗？
- 你有足够的证据证明你是谁吗？
- 如果找不到反证，是否意味着证明成立？
- 12月初，火鸡汤姆正在反思自己的生活。在过去的300天里，农夫琼斯每天都把汤姆照顾得很好。它吃得好，喝得好，住得好，生病时还能得到药物。这足以证明琼斯爱汤姆吗？
- 自地球形成以来，太阳每天都在升起。这足以证明太阳明天还会升起吗？
- 如果在犯罪现场发现了你的指纹，这能证明案发当时你就在现场吗？
- 你看到烟雾，就能证明起火了或没起火吗？

可能引发认知冲突的问题（适合12—16岁的学生）：

- 没有人能长生不老，这能证明有一天我也会死吗？
- 证据必须是无可争议的才能证明某事吗？
- 如果一个人有绝对的证据证明一件事会重复发生，这足够预测它在未来也将发生吗？
- 你如何向一个盲人证明颜色是存在的？
- 哲学家大卫·休谟（David Hume）曾写道："智者根据证据的多少来确定信仰的深浅。"他这么说是什么意思？
- 有什么东西一直被证明吗？
- 要想证明某事，需要多少证据？
- 你能证明你不是别人虚构出来的吗？
- 如果你能证明某件事，而这件事后来被发现是假的，那它被证明了吗？
- 我们真的需要证据吗？

阶段3：建构意义

以下每组中的两个词有什么相同点和不同点？

- 证据和凭据
- 凭据和数据
- 证据和事实

- 证据和真相
- 证据和知识
- 证据和信念
- 证据和观察
- 凭据和事实

表10.4 证据和凭据的概念表

举例	证据	凭据	既是证据又是凭据	既非证据又非凭据
玛莎告诉所有人她的名字是"玛莎"。				
玛莎给每个人看她的护照，护照上她的全名是"简·玛莎·史密斯"。				
约翰把一个蛋糕切成四块，给弟弟解释什么是分数。				
艾玛说她有两只宠物豚鼠。				
艾玛展示她的豚鼠照片。				
米娅说她能用葡萄牙语数到100，她的母亲证实了这一点。				
迈克尔说他的宠物鹦鹉会飞，然后，他展示了鹦鹉飞行的视频。				
博物馆导游展示了一些恐龙骨骼，并说恐龙生活在2亿年前。				

阶段4：反思总结

反思性问题举例：

- 证据和凭据一样吗？
- 我们需要多少凭据来证明一件事？
- 没有后见之明，还能证明什么吗？
- 为什么寻找证据和凭据很重要？
- 证据和凭据存在什么问题？
- 与刚开始上课时相比，你现在对证据和凭据的看法有什么不同？
- 关于证据和凭据，你还有什么问题？

10.6 风险

年龄范围： 7—18 岁

学科： 科学、体育、传媒、公民教育

阶段 1：找准概念

风险的概念会影响人们生活的许多方面，儿童和青少年也不例外。我们对风险的感知与事件或结果发生的可能性之间经常不匹配，这是课堂上可以进一步探讨的问题。在考虑风险这个概念时，以下主题可以作为绘制概念图或思维导图的有用起点。

阶段 2：认知冲突

可探讨的有关风险这一概念的关键领域：

- 风险评估
- 后果
- 个人风险
- 不可避免的风险
- 未知风险
- 年龄相关的风险
- 危险
- 心理风险

可以向学生提出有关风险的问题：

- 什么是风险？
- 今天有谁冒险了吗？
- 我现在站在这里有什么风险吗？如果有，这些风险是什么？
- 如果我给你上了一堂糟糕的课，而你什么也没学到，这是风险吗？这对我有风险吗？这对你有风险吗？
- 在做某事之前，我们是否应该考虑所有潜在的风险？
- 今天早上，如果我躺在床上会更安全吗？那样的话，我会有什么风险吗？
- 你能立即觉察这些风险吗？
- 如果在这里有风险，不在这里也有风险，我该如何决定？

- 一个人应该承担的风险有上限吗？所有人都是这样吗？
- 对士兵、在校学生或外科医生来说，谁应该决定承担多大的风险？
- 你对今天遇到的所有风险做出了决定吗？
- 是否只有在不可避免或会带来回报的情况下，我们才应该冒险？
- 如果冒险只为取乐，这很愚蠢吗？
- 冒险能给我们带来快乐吗？这合乎逻辑吗？
- 人们为什么要做极限运动？做极限运动的人会考虑风险吗？
- 谁能更好地控制风险？攀岩运动员、橄榄球运动员还是马术障碍赛运动员？这些是极限运动吗？
- 喜欢冒险很奇怪吗？
- 我们需要能够应对风险的人吗？为什么？
- 在这个世界上，我们需要能够识别和估量风险的人吗？为什么？
- 关注风险后果的人认识到，如果很小的孩子使用本生灯，他们可能会严重烧伤自己，而如果人们在游泳池发生意外，他们可能会溺水身亡。那么，为什么我们可以让小孩子去游泳，却不让他们在上中学之前使用本生灯呢？

可能引发认知冲突的问题（适合7—11岁的学生）：

- 所有生物都会冒险吗？
- 动物会考虑它们需要承担的风险吗？
- 是否存在我们看不到的风险？
- 风险总是我们可以触摸、品尝、闻到、听到或看到的吗？
- 风险会让我们害怕吗？
- 恐惧总是坏事吗？
- 害怕什么才是正确的？
- 什么是没有必要害怕的？
- 如果你不害怕某件事或某个东西，这是否就意味着它没有风险？
- 其他人有风险吗？
- 我们应该避开有风险的人吗？

- 我们如何知道一个人是否有风险?
- 风险等同于危险吗?
- 如果我们认为某人对我们有风险,我们应该害怕他吗?
- 如果我们决定不害怕对我们有风险的人,我们应该如何对待他们?

可能引发认知冲突的问题(适合12—14岁的学生):

- 冒一个可能带来严重后果的风险明智吗?
- 为了保护家人的安全,我应该冒多大的风险?
- 身体风险总是比心理风险更可怕吗?心理风险是危险的吗?
- 有钱是一种风险吗?拥有大量资金的风险是否更大?
- 如果拿我的钱去冒险可以让我的家庭变得更好,我应该这样做吗?
- 如果拿我的钱去冒险能让我快乐,我应该这样做吗?
- 穷人赌博的风险比富人的大吗?
- 群体更愿意冒险,还是个人更愿意冒险?
- 在风险面前,群体能帮助我们变得更勇敢还是更愚蠢?

可能引发认知冲突的问题(适合14—18岁的学生):

- 年轻人真的比老年人更愿意冒险吗?
- 女性对待风险的态度是否与男性不同?这是天生的还是后天形成的?
- 反复冒险会上瘾吗?成瘾本身是危险的、有害的,还是仅仅是一种冒险?
- 哪些风险是拖儿带女的人会遭遇,而没有子女的人不会遭遇的?反过来呢?
- 职业军人冒险仅仅是为了国家吗?
- 人类感知和应对风险的能力使人类得以繁荣。在现代世界,风险是可以估量的。我们最好意识到统计风险,还是继续凭本能和直觉做出反应?
- 我们承担的风险是否均等?
- 在成年人的生活中,管理风险应该是个人的责任吗?
- 为什么人们忽视或不听取安全建议?

阶段 3：建构意义

以下每组中的两个词有什么相同点和不同点？

- 风险与危险
- 风险与恐惧
- 风险与后果
- 风险与可能性
- 风险与概率
- 风险与寻求刺激或满足
- 风险与风险规避
- 风险与健康和安全
- 风险与必要性

- 风险与鲁莽
- 风险与胆量
- 风险与勇敢
- 风险与回报
- 风险与个性
- 风险与态度
- 风险与脆弱性
- 风险与合理性

请学生思考下面的风险清单，并找出每个风险在图 10.5 中的对应象限。为了推动进一步对话，我们故意将下面的一些风险说得比较含糊（如盗窃）。

- 交通事故
- 胃部不适
- 从自行车上摔下来
- 从摩天大楼上摔下来
- 打架
- 破产
- 失业
- 烧伤
- 飞机失事
- 建筑物火灾
- 盗窃

- 暴力
- 恐怖袭击
- 割伤手指
- 输掉赌注
- 饥饿
- 无家可归
- 失败
- 恋爱和失恋
- 危险人物
- 水上事故
- 战争

```
                    确定
                     │
                     │
很少改变或不会         │         改变生活的结果
改变生活的结果 ───────┼───────
                     │
                     │
                     │
                    不可能
```

图 10.5　严重性与可能性示意图

下面是年龄较大的学生可以进行的拓展练习。让学生从下面的人物和风险中各抽取一个词条组对。

可供选择的人物有：

- 上了年纪的鳏夫
- 带着幼儿的母亲
- 18 岁的男子
- 10 岁的孩子
- 30 岁的城市银行家或经销商
- 中年学者
- 25 岁无家可归的人

可供选择的风险有：

- 长期债务
- 危险但参与救生行动
- 压力
- 身体上的痛苦
- 身体对抗或暴力
- 遭遇极端天气
- 过量饮酒

使用"思考—结对—分享"技巧，要求学生考虑上面的每个人物对相应的风险可能采取的态度。邀请学生表达不同的观点。可使用以下辅助性问题：

- 为什么他们会对这种风险持这样的态度？
- 这种态度会和其他人不一样吗？

- 是什么导致他们持这种态度？
- 如果他们的生活发生了变化，这会影响他们对风险的态度吗？

阶段 4：反思总结

反思性问题举例：

- 什么是风险？
- 在这节课中，你对风险这一概念的理解有改变吗？
- 当你遇到风险或目睹其他人如何应对风险时，你的反应会因为你现在的理解而有所不同吗？
- 通过本课的学习，你会改变应对风险的行为吗？
- 基于你在这节课上的思考，你会更加注意自己应对风险的行为吗？
- 对于风险这一概念，你还有什么问题吗？
- 更深入地理解风险有用吗？
- 能够客观地衡量风险有用吗？

附 录

下列绘本为提取概念提供了很好的刺激（获取更多信息，请参见 4.3 节）。

绘本信息	概念	年龄	概要和潜在问题
《啊，蜘蛛！》（Aaaarrgghh, Spider）莉迪娅·蒙克斯（Lydia Monks）霍顿·米夫林公司（Houghton Mifflin Company）	外表 归属 恐惧 习得行为 宠物 偏见 可怕	5—13	这是关于一只蜘蛛想成为家庭宠物的故事。她能用自己非凡的技能说服家人让她留下来吗？当蜘蛛邀请她所有的朋友都来时会发生什么？ • 是什么让一只宠物比另一只更好？ • 是什么让我们害怕？ • 我们只是害怕可怕的事情吗？ • 我们都需要归属感吗？ • 是否有可能避免成见？
《楼梯下的熊》（The Bear Under the Stairs）海伦·库珀（Helen Cooper）柯基图画（Picture Corgi）	做梦 想象力 合理 不合理 信仰的力量 真实 不真实 可怕	6—11	一个小男孩相信他的楼梯下面住着一只熊。他喂熊，但不跟熊说话。他梦见熊，想象熊是什么样子的。最终他冒险一探究竟。 • 如果我们足够相信某件事，这能让它成为现实吗？ • 我们看不见，是否就意味着不存在？ • 我们都会害怕某样东西吗？ • 有什么可怕的东西会让我们感到安慰吗？ • 我们是否需要直面恐惧以克服它们？
《大大的橘色斑点》（The Big Orange Splot）丹尼尔·马努斯·平克沃特（Daniel Manus Pinkwater）学术平装书（Scholastic Paperbacks）	一致性 独立性 我们对社区的义务 创造力 承诺	3—12	当梅豆先生的房子被泼上明亮的橙色油漆时，他决定把房子漆成五颜六色的。这是一个关于创造力和个性的故事。 • 是什么导致了一致性？ • 你如何在不分裂的情况下挣脱出来？ • "随波逐流"是什么意思？ • 有什么充分的理由追随大众吗？

续表

绘本信息	概念	年龄	概要和潜在问题
《勇敢的博顿利》 (Bottomley the Brave) 彼得·哈里斯 (Peter Harris) 红狐狸图画 (Red Fox Picture)	勇敢 贪婪 想象力 谎言 真相	5—11	这是有关一只胖乎乎、懒洋洋但极具想象力的黄猫的故事。他毛骨悚然地描述自己如何与一群残忍的窃贼对抗，可他的描述与插图中的现实奇怪地不符。 • 说谎和讲故事有什么区别？ • 有时撒谎可以吗？ • 什么时候讲故事不好？ • 胆小的猫有时会变勇敢吗？
《改变》 (Changes) 安东尼·布朗 (Anthony Browne) 沃克图书 (Walker Books)	外表 新兄弟姐妹的到来 改变 正常	5—11	约瑟生命中的一天，一切似乎都以最奇特的方式发生了变化。本书探讨了这个男孩在等待父母带着新生妹妹回家时的心态。 • 变化是不可避免的吗？ • 如果你生活中的一件事发生了变化，它会导致其他一切发生变化吗？ • 可以一件事改变，而其他一切保持不变吗？ • 想知道比知道更糟糕吗？ • 如果正常意味着一切保持不变，这是否说明一切都不正常？
《不可思议的粉笔》 (Chalk) 比尔·汤姆森 (Bill Thomson) 马歇尔·卡文迪什 (Marshall Cavendish)	想象力 魔法 激发 发现	3—7	这本无字的图画书讲述了三个孩子雨天在公园散步时发现一袋粉笔的故事。孩子们开始画画，然后……魔法出现了！ • 你运用过你的想象力吗？ • 你如何阅读一个无字的故事？ • 想象力是什么意思？ • 什么是真实的，什么不是真实的？
《拥有一切的小猪克里斯平》 (Crispin, the Pig Who Had It All) 特德·迪万 (Ted Dewan) 柯基童书（Corgi Children's Books）	感谢 被宠坏了 交朋友 运用想象力 价值观	6—11	这个故事讲的是一只孤独的被宠坏的小猪。他有很多玩具，很容易就厌倦了，玩完后会把它们全部摔碎，直到他收到了一个最朴素的礼物。这教会了他发挥想象力，从而与其他小猪互动。 • 朋友比财产更有价值吗？ • 想象力能把任何东西变成玩具吗？ • 好事过头反成坏事吗？ • 为什么空盒子成了最好的玩具？ • 金钱和价值是一回事吗？

续表

绘本信息	概念	年龄	概要和潜在问题
《征服者》 （*The Conquerors*） 戴维·麦基 （David McKee） 安德森出版社 （Andersen Press）	文化 统治 法西斯主义 帝国主义 影响力 融合 渴望权力 权力	8—16	一个拥有强大军队的将军，统治着一个非常大的国家。征服了一个小国后，将军发现自己的国家发生了变化，并且采用了这个小国的许多方式，这是为什么？ • 你能在没有影响力的情况下拥有权力吗？ • 无知和傲慢总是相伴而生吗？ • 每个社会都是多元文化社会吗？ • 影响和征服有什么区别？ • 友谊比恐吓更强大吗？ • 任何人都有权告诉别人如何生活吗？
《想要飞的蛋》 （*Egg Drop*） 米尼·格雷 （Mini Grey） 红狐狸 （Red Fox）	抱负 梦想 知识 耐心 个人成就感 年轻	6—11	这是一个充满戏剧性的故事。一颗鸡蛋梦想着能飞上天，于是它爬到了一个很高的地方，然后跳了下去。 • 雄心勃勃好吗？ • 年轻会让我们变得无知吗？ • 年龄会让我们变得聪明吗？ • 如果我们相信自己实现了目标，事实是否真的如此？ • 我们应该限制我们的梦想吗？ • 我们应该只拥有别人认为我们可以实现的愿望吗？
《鱼就是鱼》 （*Fish Is Fish*） 李欧·李奥尼 （Leo Lionni） 戴姆科传媒 （Demco Media）	满足感 嫉妒 友谊 栖息地 想象力 自我接受 自我意识	7—12	鱼和蝌蚪是形影不离的朋友。一天，蝌蚪发现自己有腿了，很快变成一只青蛙，于是决定去发现更广阔的世界，把鱼抛在了后面。后来，他带着丰富多彩的故事回来了。鱼听了之后跳到陆地上，想要自己去发现这个世界，结果无法呼吸，被青蛙救了回来。他现在意识到，"青蛙就是青蛙，鱼就是鱼"这个说法是对的，你不可能成为别人。 • 是什么让你成为你？ • 你怎么知道你的局限是什么？ • 渴望成为其他人是件坏事吗？ • 为什么别人的生活往往比我们自己的生活更有趣？ • 你必须了解自己才能接受自己吗？

续表

绘本信息	概念	年龄	概要和潜在问题
《许愿的鱼》 (The Fish Who Could Wish) 约翰·布什（John Bush）和科奇·保罗（Korky Paul） 牛津大学 (Oxford University)	愿望 满足感 贪婪 复仇 智慧 愿望	6—11	这是关于一条有着特殊天赋的鱼的故事。这个故事告诉我们，在读到这条鱼许下最后一个愿望的时候，我们要学会谦虚。 • 自私的愿望是错误的吗？ • 希望像其他人一样是愚蠢的吗？ • 你能通过复仇给别人一个教训吗？ • 智慧是你必须努力才能获得的吗？ • 我们应该对自己感到满意吗？
《田鼠阿佛》 (Frederick) 李欧·李奥尼 (Leo Lionni) 开心学校 (L'École des Loisirs)	社区 集体主义 人类相互依赖	6—12	阿佛总是做白日梦，时刻准备在同伴们最需要的时候给他们惊喜。这样的惊喜会温暖他们的心，给他们很大的精神鼓舞。 • 你觉得阿佛在工作吗？ • 是什么造就了一个社区？ • 什么构成了工作？ • 阿佛吃这些食物公平吗？ • 阿佛不帮忙收集食物是否违反了社会契约？ • 如果阿佛是一位著名诗人，他的诗会更有价值吗？
《青蛙就是青蛙》 (Frog Is Frog) 马克斯·维尔休斯 (Max Velthuijs) 安德森出版社 (Andersen Press)	接受 嫉妒 爱自己 天赋 尝试成为别人	8—13	青蛙原本对自己很满意。后来他发现，许多动物都有令人印象深刻的技能，而他都不会！最终，野兔帮助他意识到自己有很多天赋，包括跳跃和游泳。青蛙就是青蛙！ • 我们都有天赋吗？ • 我们应该接受我们自己吗？ • 嫉妒是坏事吗？ • 想要别人拥有的东西是自然的事吗？ • 我们是自己最糟糕的评判者吗？

续表

绘本信息	概念	年龄	概要和潜在问题
《零错误女孩》（The Girl Who Never Made Mistakes）马克·派特（Mark Pett）和盖瑞·罗宾斯特（Gary Rubinstein）贾巴沃克资源书（Sourcebooks Jabberwocky）	错误 最好的自己 责任 灵活性	3—12	比阿特丽斯·波托姆维尔是一个从不犯错的小女孩。她的生活一直很顺利，直到她做了一件不可思议的事：她犯了第一个错误，而且是在公众面前！ • 错误是好是坏？ • 当你犯错时，你有什么感觉？ • 你如何从错误中吸取教训？ • 你认为尝试新事物好，还是总是追求完美好？
《大猩猩》（Gorilla）安东尼·布朗（Anthony Browne）沃克图书（Walker Books）	忙碌的父母 希望和梦想 想象力 私人冒险 时间 动物园/圈养	7—12	汉娜痴迷于大猩猩。她在电视上看它们，从书中读它们，还为它们画画，但她在现实生活中从未见过它们。在生日的前一天晚上，她在床下发现的一只玩具大猩猩复活了，带着她踏上了一段冒险之旅。 • 我们的想象力能让我们的梦想成真吗？ • 我们应该把动物关在动物园里吗？ • 私人冒险可以吗？ • 有些人的时间比其他人的更重要吗？
《咕噜牛》（The Gruffalo）朱莉娅·唐纳森（Julia Donaldson）和阿克塞尔·舍夫勒（Axel Scheffler）麦克米伦童书（Macmillan Children's Books）	害怕 相信 勇敢 吃动物 预测 现实 说谎	5—11	这是一本绝对的经典。咕噜牛通常是我们在第一堂哲学课上讲的第一个故事。它讲的是一只老鼠和一个怪物的押韵故事。小老鼠在一片危险的森林里散步。为了吓跑敌人，他编造了一个叫"咕噜牛"的可怕生物的故事。想象一下，当他遇到真正的咕噜牛时会有多惊讶！ • 咕噜牛是真的吗？ • 你怎么知道有人在撒谎？ • 老鼠怎么知道咕噜牛是什么样子？ • 为什么动物们会害怕小老鼠？ • 吃动物可以吗？

续表

绘本信息	概念	年龄	概要和潜在问题
《洞》 （*The Hole*） 埃温德·拖塞特 （Øyvind Torseter） 魔法狮图书 （Enchanted Lion Books）	调查 存在主义 无知 接受	11—16	主人公在他的公寓里发现了一个洞，并试图找到一个解释。他寻求专家的建议，但并非所有事情都能解释清楚。 • 无法解释的事存在吗？ • 我们惊叹于存在仅仅因为能够做到吗？ • 为什么总是有东西而不是什么都没有？
《我永远爱您》 （*I'll Always Love You*） 汉思·威尔罕 （Hans Wilhelm） 霍德童书 （Hodder Children's Books）	衰老 死亡 友谊 生命周期 爱 玩耍	5—10	这是一个关于男孩和他的狗的故事。他们是形影不离的朋友，总是在一起玩闹。但随着时间的推移，狗埃尔菲变得老态龙钟、行动迟缓。它讲述了小男孩失去的故事。 • 失去我们所爱的东西是什么感觉？ • "永远"是什么意思？ • 如果某样东西属于你，那它有什么更特别的吗？ • 和我们爱的人一起做事重要吗？ • 宠物能成为你最好的朋友吗？
《重要书》 （*The Important Book*） 玛格丽特·怀兹·布朗（Margaret Wise Brown）和雷欧纳德·威斯伽德（Leonard Weisgard） 哈珀·柯林斯 （Harper Collins）	改变 身份 重要	4—9	在这本书中，作者指出了各种各样的东西，比如雨、勺子或雏菊。对于每样东西，作者都列出了许多特点及最重要的特点。这本书最后列出的事物是"你"。 • 是什么让某件事变得重要？ • 是什么让你成为你？ • 如果你有一个不同的名字，你还会是你吗？ • 你的一切都会随着时间而改变吗？ • 你老了还会是原来的你吗？
《亲亲逃跑啦》 （*The Kiss That Missed*） 戴维·梅林 （David Melling） 霍德童书 （Hodder Children's Books）	赶时间 勇敢 童话故事 爱 魔法 怪物/龙	5—9	小王子的晚安吻不见了。它逃到了无处可去的森林里。于是，勇敢无畏的骑士被派去执行任务，把它带回来。但是骑士足够勇敢无畏吗？ • 爱有神奇的力量吗？ • 龙存在吗？ • 是什么让一个人变得勇敢无畏？ • 爱总是让事情变得更好吗？ • 匆忙会让事情进展得更快还是更慢？

续表

绘本信息	概念	年龄	概要和潜在问题
《草地上的狮子》（*A Lion in the Meadow*）玛格丽特·梅伊（Margaret Mahy）海雀图书（Puffin Books）	假设 相信他人 没有名字 想象力 现实	5—11	这个故事基于这样一个困境：即使妈妈不相信你，你也相信草地上有一头狮子。如果男孩发现它真的在那里，会发生什么？ • 你怎么知道什么时候该相信别人？ • 当人们不相信你时，你有什么感觉？ • 如果我们都被称为"男孩"或"女孩"，而不是我们自己的名字，生活会是什么样？ • 狮子和龙在哪些方面是真实的？ • 妈妈认为火柴盒里没有龙是错误的吗？
《小小大杂烩》（*Little Hotchpotch*）布赖恩·帕滕（Brian Patten）和迈克·特里（Mike Terry）布鲁姆斯伯里（Bloomsbury）	外表 共性 身份 姓名 智慧	6—11	一个小怪物不知道自己是谁或是什么，开始探索自己的真实身份。最后，一只聪明的猫头鹰告诉他，他是个"大杂烩"。 • 是什么让你成为你？ • 我们和每个人都有共同点吗？ • 我们长什么样重要吗？ • 如果你没有名字，你就没有身份吗？ • 虚假身份仍然是身份吗？
《是谁嗯嗯在我的头上》（*Little Mole*）沃纳·霍尔兹沃斯（Werner Holzwarth）蛹儿童书（Chrysalis Children's Books）	证据 专长 调查 知识 复仇	7—13	一只小鼹鼠从地里探出头来，却被一坨便便击中。于是，他踏上了寻找罪魁祸首的旅程。最后，鼹鼠向屠夫的狗巴兹尔复仇。 • 复仇是不对的吗？ • 我们应该始终信任专家吗？ • 我们如何知道要相信什么证据？ • 复仇会公平吗？ • 两个错误等于一个正确吗？
《夜猴，昼猴》（*Night Monkey, Day Monkey*）朱莉娅·唐纳森（Julia Donaldson）和露西·理查兹（Lucy Richards）埃格蒙特图书（Egmont Books）	妥协 差异 友谊 给予和接受 分享	5—11	夜猴和昼猴是最好的朋友，但生活在截然不同的世界里。最后，他们开始明白，虽然他们有不同的兴趣和信仰，但仍然可以是最好的朋友。 • 必须妥协才能成为朋友吗？ • 我们能像别人一样看待世界吗？ • 友谊是建立在共同经历之上的吗？ • 朋友之间总有共同点吗？ • 你能和一个与你完全相反的人做朋友吗？

续表

绘本信息	概念	年龄	概要和潜在问题
《什么都不是》 （Nothing） 米克·英克彭 （Mick Inkpen） 霍德童书 （Hodder Children's Books）	身份 个性 自然 记忆 经验 身体特征	6—12	阁楼里躺着一个小家伙，它很孤独，被人遗忘了。它甚至不记得自己的名字。有一天，阁楼的门被推开了，于是它开始寻找自己的真实身份。 • 它是怎么被发现的？ • 老鼠对新人有什么感觉？为什么？ • 它遇到猫时，你为什么觉得它不高兴？ • 它的哪部分没有了？ • 随着你的成长，你的任何部分都保持不变吗？ • 你能改变你的身份吗？
《奥斯卡受到了指责》 （Oscar Got the Blame） 托尼·罗斯 （Tony Ross） 安德森出版社 （Andersen Press）	指责 想象的朋友 假装 原因	4—9	奥斯卡和比利是最好的朋友，但当比利给狗穿上爸爸的衣服时，奥斯卡受到了指责，当比利把青蛙放进奶奶的拖鞋里时，奥斯卡也受到了指责。有这样一位淘气的隐形朋友，真是太不公平了。 • 想象中的朋友以什么方式存在？ • 想象中的朋友能让你做事吗？ • 奥斯卡为所有事情承担责任，这公平吗？ • 总是有人要受到责备吗？ • 有些事情会无缘无故发生吗？
《山羊嘎嘎叫》 （"Quack!" Said the Billy-Goat） 查尔斯·考斯利 （Charles Causley） 和芭芭拉·弗斯 （Barbara Firth） 烛心出版社 （Candlewick Press）	动物说话 沟通 语言 颠覆期望	3—7	"嘎嘎！"山羊说。"哼哼！"母鸡说。"喵喵！"在围栏里奔跑的小鸡说。动物们显然发出了错误的声音。 • 动物会说话吗？ • 为什么山羊说"嘎嘎"听起来不对？ • 山羊的叫声不可能听起来像鸭子吗？ • 如果是这样，这是否意味着山羊不能和鸭子说话？ • 狗能和猫说话吗？或者牛能和羊说话吗？

续表

绘本信息	概念	年龄	概要和潜在问题
《我是彩虹鱼》 （The Rainbow Fish） 马库斯·菲斯特 （Marcus Pfister） 北方—南方图书 （North-South Books）	傲慢 美丽 谦逊 受欢迎度 自我满足 虚荣	4—9	彩虹鱼是海中最美丽的鱼,但他没有朋友,因为他太漂亮了,不能和其他人一起玩。彩虹鱼一个接一个地将闪光的鳞片分给其他鱼,并从取悦他人和结交一群新朋友中获得了满足感。 • 我们应该为了受欢迎而改变自己吗? • 取悦别人重要吗? • 是什么让事物变得美丽? • 虚荣是一种弱点吗? • 受欢迎与被喜欢是一样的吗?
《绯红树》 （The Red Tree） 陈志勇 （Shaun Tan） 简单阅读图书 （Simply Read Books）	黑暗 绝望 命运 希望 虚无 耐心 时间流逝 理解	9—14	这个故事讲的是与你擦肩而过的好事和必然发生的坏事。这本书有助于避免儿童过于乐观地看待这个世界,而不会导致忧郁或沮丧。 • 如何判断某件事是否值得等待? • 有命运这样的东西吗? • 为什么麻烦似乎一下子就来了? • 有可能"什么都没发生"吗? • 如果这意味着你也失去了好时光,你会摆脱坏时光吗?
《女巫扫帚排排坐》 （Room on the Broom） 朱莉娅·唐纳森 （Julia Donaldson）和 阿克塞尔·舍夫勒 （Axel Scheffler） 坎贝尔图书 （Campbell Books）	幻想 友谊 帮助他人 魔法/现实 恐惧 刻板印象	6—11	这是一个善良的女巫和她的猫的故事。他们在骑着扫帚在天空中飞行的过程中,结交了许多朋友。 • 帮助别人总是一件好事吗? • 是什么让这个女巫成为一个好女巫? • 魔法是真的吗? • 如果你做了一件好事,你应该期待得到好的回报吗?

续表

绘本信息	概念	年龄	概要和潜在问题
《慢慢的洛里斯》（Slow Loris）亚力克西斯·迪肯（Alexis Deacon）红狐狸（Red Fox）	无聊 不同 圈养 昵称 原因 秘密 动物园	6—11	慢慢的洛里斯是一只树懒。动物园里的其他动物都认为他很无聊，因为他似乎什么都不做。他们骂他，在背后取笑他。但他有个秘密！他会在晚上起床玩各种各样的游戏。其他动物要是发现了，他们会加入吗？ • 我们都有秘密吗？ • 分享（或拥有）秘密好吗？ • 无聊的东西也能有趣吗？ • 我们应该使用昵称吗？ • 动物园里的动物是供人们娱乐的吗？
《镇上最聪明的巨人》（The Smartest Giant in Town）朱莉娅·唐纳森（Julia Donaldson）和阿克塞尔·舍夫勒（Axel Scheffler）麦克米伦童书（Macmillan Children's Books）	利他主义 外表 慷慨 感恩 善良 熟悉程度 自豪感 自我满足	6—10	这本书讲述了乔治的故事，他看到了比自己更需要帮助的人。动物们送给他一项王冠和一张感谢卡，说他是镇上最善良的巨人。 • 有完全无私的行为吗？ • 我们在面对自己最熟悉的东西时最自在吗？ • 别人对你的看法重要吗？ • 我们的长相重要吗？
《别的东西》（Something Else）凯瑟琳·凯夫（Kathryn Cave）和克里斯·里德尔（Chris Riddell）海雀图书（Puffin Books）	归属 有意 身份 自尊 奇怪	6—11	"别的东西"就是融入不了人群。有一天，一个更奇怪的"东西"出现了。"别的东西"觉得这个"东西"很奇怪，让他离开。但当这个"东西"看起来很悲伤时，"别的东西"意识到他们多么相似，于是他们成了最好的朋友。 • 每个人都不一样吗？ • 我们什么时候应该试着适应其他人？ • 为什么我们都需要归属感？ • 两个人要有共同点才能成为朋友吗？ • 当我们照镜子时，我们看到的就是别人看到的吗？

续表

绘本信息	概念	年龄	概要和潜在问题
《小房子变大房子》（A Squash and a Squeeze）朱莉娅·唐纳森（Julia Donaldson）和阿克塞尔·舍夫勒（Axel Scheffler）麦克米伦童书（Macmillan Children's Books）	建议 满足/不满 自我实现 信任 智慧	6—11	一位独居的小老太太在抱怨，因为她觉得自己的房子太小了。一位明智的老人建议她一次带一只动物进屋。当五只动物都进屋时，简直太挤了！ • 我们只有在失去后才意识到我们所拥有的东西的真正价值吗？ • 智慧会随着年龄的增长而增长吗？ • 明智意味着什么？ • 我们如何判断应该信任哪些建议？ • 我们需要经历不满才能获得满足吗？
《假如》（Supposing...）阿拉斯泰尔·里德（Alastair Reid）《纽约书评》童书系列（New York Review Children's Collection）	假设 想象 假定 考虑 假装	6—12	如果你小时候做的所有事情都不是真的呢？如果那只是你想象出来的呢？这样的话，你的想法是愚蠢的、不可能的，甚至有点儿淘气都没关系，因为它们都只是你的想法而已。 • 可以围绕书中的每个假设生成问题。在查看每个假设之后，以"如果"和"如何"开头提出进一步的问题。
《泰迪熊大盗》（The Teddy Robber）伊恩·贝克（Ian Beck）柯基童书（Corgi Children's Books）	宽恕 财产 原因 偷窃	5—9	有人在偷泰迪熊，但会是谁偷的呢？当汤姆自己的泰迪熊在深夜被偷走时，他决心揭开这个谜团。 • 如果有人归还了他偷来的东西，这可以吗？ • 每个行动都有原因吗？ • 如果我们没有财产，有可能偷东西吗？ • 偷窃可以是对的吗？ • 可以拿回被偷的东西吗？还是说这也是偷窃？
《三个怪物》（Three Monsters）戴维·麦基（David McKee）安德森出版社（Andersen Press）	歧视 剥削 无知 智力 懒惰 偏见 种族主义 智慧	7—12	当黄色怪物发现其他怪物的意图时，他继续利用他们的无知为自己牟利。 • 种族主义是可以接受的吗？ • 我们都有成见吗？ • 无知是一种懒惰吗？ • 未知是否具有威胁性？ • 智力和智慧有什么区别？ • 为什么有些人被剥削，而另一些人却没有？

续表

绘本信息	概念	年龄	概要和潜在问题
《疯狂星期二》 （*Tuesday*） 戴维·威斯纳 （David Wiesner） 霍顿·米夫林 （Houghton Mifflin）	表面之下 事件 其他世界 奇怪 时间	8—12	星期二，就在满月升起之际，睡莲叶子起飞了——每片睡莲叶子上都有一只宁静、风度翩翩的青蛙。 • 我们真的能知道其他生物是如何生活的吗？ • 有没有可能有些生物存在于我们这个世界之外的另一个世界？ • 时间只对人重要吗？ • 满月时真的会发生奇怪的事情吗？ • 一切都有解释吗？
《隧道》 （*The Tunnel*） 安东尼·布朗 （Anthony Browne） 沃克图书 （Walker Books）	差异 恐惧 冒险 无私 手足之争/纽带 支持	8—12	这是一对性格截然不同的兄妹的故事。起初，他们很讨厌在一起，但当哥哥消失在隧道里时，妹妹把自己对黑暗、女巫和狼的恐惧抛在脑后，进去救他。 • 爱比恐惧更强大吗？ • 兄弟姐妹之间有特殊的联系吗？ • 爱让你变得无私吗？ • 你会冒着生命危险去救别人吗？ • 只有先失去，才能真正欣赏你所拥有之物吗？
《大象，大象》 （*Tusk Tusk*） 戴维·麦基 （David McKee） 红狐狸 （Red Fox）	颜色/种族 差异 仇恨 和平 战争	7—14	这个故事讲述了大象曾有两种颜色：黑色和白色，以此探讨种族概念。两种颜色的大象爱所有生物，却彼此憎恨。所以他们展开了战争。当这个问题最终得到解决时，大耳朵的大象又开始看小耳朵的大象不顺眼了。 • 颜色重要吗？ • 我们为什么打架？ • 恨别人是不对的吗？ • 如果我们都一样，还会有冲突吗？ • 战争不可避免吗？

绘本信息	概念	年龄	概要和潜在问题
《两个怪物》 （Two Monsters） 戴维·麦基 （David McKee） 红狐狸 （Red Fox）	赞同与不赞同 破坏 不可靠 谩骂 视角 共同的观点	6—12	两个怪物住在山的两边，通过一个洞互相交谈。由于他们的立场不同，他们用截然不同的方式看待事物，并且经常争论。当山不存在时，他们终于明白了彼此的观点，并同意他们两个都是对的。 • 我们能从与他人完全相同的角度看待事物吗？ • 破坏能有建设性吗？ • 我们需要观点相同才能成为朋友吗？ • 我们都会犯错吗？ • 如果我们总是意见一致，那会好吗？
《公园里的声音》 （Voices in the Park） 安东尼·布朗 （Anthony Browne） 柯基童书 （Corgi Children's Books）	不同视角 心胸狭窄 思想开放 观点 感知 个性	7—12	四种不同的声音讲述了一段在公园里散步的共同经历。每个人对同一事件都表达了不同的看法，并说明了拥有不同的个性和观点的人如何以不同的方式感知同一件事。 • 有可能体验到与其他人完全相同的事情吗？ • 我们只看到我们的头脑允许我们看到的东西吗？ • 我们的个性决定了我们的经历吗？ • 以不同于他人的眼光看待事物是件好事吗？
《战争与豌豆》 （War and Peas） 迈克尔·福尔曼 （Michael Foreman） 安德森出版社 （Andersen Press）	反战 不平等 差异 不平衡 隐喻 战争与和平 贫穷与贪婪 干旱与饥饿 食物／水 增长周期 气候与天气	6—12	狮王很难过，因为他的国家已经很久没有下雨了。他需要帮助，于是决定去问他富有的邻居。这一切都会对他有利吗？ • 为什么不平等是一个问题？ • 不平等应该让我们担心吗？ • 什么是贫困？ • 应该对贫困做些什么？

续表

绘本信息	概念	年龄	概要和潜在问题
《森林与海洋的相遇》 （Where the Forest Meets the Sea） 珍妮·贝克 （Jeannie Bake） 沃克图书 （Walker Books）	发展 进步 过去/未来 环境 灭绝 照料 感到惊奇	5—11	这是一个有关澳大利亚男孩和他父亲的故事。父亲乘船带男孩去热带雨林。男孩不断探索，思考着森林的本质、历史和未来，直到该去吃他父亲捕捞和烹饪的鱼。 • 人类的发展对自然有好处吗？ • 人类有权改变景观吗？ • 什么造就了良好的环境？ • 人们应该被允许住在农村吗？ • 如果没有人类，地球会变得更好吗？
《野兽国》 （Where the Wild Things Are） 莫里斯·桑达克 （Maurice Sendak） 红狐狸 （Red Fox）	崇拜 梦想 恐惧 想象力 怪物 现实 时间 野生/驯养	6—11	在家捣乱后，马克斯被妈妈称为"野兽"，他没吃晚饭就上床睡觉了。这时的卧室里，一片森林和一片大海开始出现在他面前。这只是马克斯狂野冒险的开始。 • 野性是什么意思？ • 我们都有狂野的一面吗？ • 为什么时间有时过得快，有时过得慢？ • 没有想象力的生活会是什么样子？ • 什么是怪物？
《彩斑马，你是谁？》 （Who Are You, Stripy Horse?） 吉姆·赫尔莫文（Jim Helmore）和凯文·沃尔（Karen Wall） 埃格蒙特图书 （Egmont Books）	独一无二 互相帮助 朋友 身份 知识 天赋 智慧	5—9	一个玩具被遗忘了，他不记得自己的名字。在冒险旅途中，他遇到了明——一只睿智的高龄瓷瓶猫，唯有这只猫能说出他是谁。 • 你是别人认为的那个人吗？ • 智慧和聪明有什么区别？ • 每个人都有天赋吗？ • 什么是朋友？ • 每个人、每件事都有名字吗？
《为什么？》 （Why?） 尼古拉·波波夫 （Nikolai Popov） 北方—南方图书 （North-South Books）	侵略 报复 暴力 战争	9—16	一只青蛙安静地坐在草地上。突然，他无缘无故地被一只老鼠袭击了。青蛙报复了老鼠。这引发了进一步的报复，直到老鼠和青蛙之间爆发了全面战争。 • 每个行动都有理由或动机吗？ • 报复是不对的吗？ • 战争有正当理由吗？ • 每个人都会在战争中失去什么吗？ • 战争和战斗有什么区别？

续表

绘本信息	概念	年龄	概要和潜在问题
《威利和朋友》 （Willy and Hugh） 安东尼·布朗 （Anthony Browne） 红狐狸 （Red Fox）	外表 勇敢 差异 友谊 优势	6—11	没人想和威利做朋友，因为他们都认为他是个懦夫。但有一天，他遇到了休，休比威利高大得多，看起来很危险。尽管两个人如此不同，威利和休还是成了好朋友，在困难面前互相帮助。 • 你必须长得人高马大才能坚强吗？ • 勇敢意味着什么？ • 差异重要吗？ • 任何两种生物都可以成为朋友吗？ • 外表总是具有误导性吗？
《梦想家威利》 （Willy the Dreamer） 安东尼·布朗 （Anthony Browne） 沃克图书 （Walker Books）	抱负 醒着/睡着 做梦 同理心 恐惧 想象力 （潜）意识	6—11	威利喜欢做梦。他梦见了好事，也梦到了坏事。这些事有的已经发生了，有的永远也不会发生。 • 你只在睡着的时候做梦吗？ • 做梦和想象是一件事吗？ • 做梦好吗？ • 做梦能帮我们产生同理心吗？ • 做梦是否意味着我们想成为不同于自己的人或物？
《变焦》 （Zoom） 伊斯特万·巴尼亚伊 （Istvan Banyai） 海雀绘本 （Picture Puffin Books）	文化 休闲 观点 重要 大小	8—16	这本书的画面非常生动，可以毫不费力地将读者拉入不断深思的过程，因为每幅画都只是更大图画的一部分。 • 我们到底能否看到全貌？ • 两个人能有相同的观点吗？ • 我们共享相同的世界还是不同的世界？ • "更细致地看"是什么意思？

概念索引

行动（Action）：6.3.8 节中的概念表列举的一个关键概念。

气愤（Anger）：6.3.7 节中的概念圈使用的一个关键概念。

之前（Before）：6.3.7 节中的概念圈使用的一个关键概念。

欺负（Bully）：表 5.1 的例子，以及 5.4.1 节中摇晃器 1 的例子和 5.7.1 节中准备好的问题的例子。

勇敢（Bravery）：5.4 节中一段对话的探讨焦点。

颜色（Color）：6.3.3 节中金字塔形排序练习的一个例子，也是 10.1 节中授课案例探讨的重点。

社区（Community）：6.3.3 节中菱形排序练习的一个例子。

勇气（Courage）：5.6.3 节中类型的变化使用的关键概念。

文化（Culture）：5.4.2 节中一段对话的探讨焦点，以及 5.5 节和图 5.3 中进行比较的概念。

民主（Democracy）：5.4.1 节中摇晃器 2 的例子。

梦（Dream）：5.4.1 节中摇晃器 2 的例子和 5.7.1 节中准备好的问题的例子。

药物（Drugs）：10.2 节中授课案例探讨的重点。

凭据（Evidence）：10.5 节中授课案例探讨的重点。

存在（Exist）：6.3.8 节中的概念表列举的一个关键概念。

公平（Fairness）：5.4.1 节中摇晃器 1 和摇晃器 2 的例子，以及 5.4.2 节中一段对话的探讨焦点。

错误（False）：6.3.9 节中的维恩图使用的一个关键概念。

食物（Food）：5.4.1 节中摇晃器 1 的例子。

朋友（Friend）：图 5.1 的一个主要概念，表 5.1 的一个例子，5.4.1 节中摇晃器 2、摇晃器 3 和摇晃器 4 的例子，5.6.4 节中观点的变化和 5.6.5 节中条件的变化的关键概念，以及 5.7.1 节中准备好的问题的例子。

贪心（Greed）：图 4.2 的一个主要概念，以及 4.3 节和 4.4 节中探讨的相关问题。

生长（Growth）：6.3.2 节中替换策略的核心概念。

幸福（Happiness）：6.3.3 节中金字塔形排序练习的一个例子。

家（Home）：5.4.1 节中摇晃器 1 的例子。

恰好（Just）：6.3.8 节中的概念表列举的一个关键概念。

知识（Knowledge）：5.4.2 节中的一段对话和 6.3.6 节中的一条概念线的重点。

说谎（Lies）：表 5.1 中的一个例子和 5.4.1 节中摇晃器 2 的例子。

相似（Like）：6.3.7 节中的概念圈使用的一个关键概念。

生物（Living things）：5.4.1 节中摇晃器 3 的例子。

爱（Love）：6.3.3 节中线性排序练习的一个例子。

心理行为（Mental acts）：6.3.9 节中的维恩图使用的一个关键概念。

暗喻（Metaphor）：6.3.9 节中的维恩图使用的一个关键概念。

心智（Mind）：5.7.1 节中准备好的问题的例子。

奇数（Odd numbers）：5.4 节中一段对话的探讨焦点。

宠物（Pets）：10.3 节中授课案例探讨的重点。

诗（Poem）：5.4.1 节中摇晃器 1 的例子。

证据（Proof）：10.5 节中授课案例探讨的重点。

真实（Real）：贯穿第二章的主要概念，以及 5.6.1 节意义的变化和 6.3.8 节概念表中的关键概念。

风险（Risk）：5.6.4 节观点的变化和 5.6.5 节条件的变化的关键概念，也是 10.6 节的探讨重点。

规则（Rule）：5.6.5 节条件的变化的关键概念。

社交网络（Social Networking）：10.4 节中授课案例探讨的重点。

偷窃（Stealing）：表 5.1 的例子。

超级英雄（Superhero）：图 6.1 和图 6.2 的核心概念。

思考（Thinking）：表 5.1 的例子。

你（You）：5.7.1 节中准备好的问题的例子。

言语行为（Verbal acts）：6.3.9 节中的维恩图使用的一个关键概念。

参考文献

Alexander, R. (Ed.). (2010). *Children, their world, their education: Final report and recommendations of the Cambridge Primary Review*. Abingdon, UK: Routledge.

Bandura, A. (1977). Self-efficacy: Toward a unifying theory of behavioral change. *Psychological Review, 84*(2), 191–215.

Biggs, J. B., & Collis. K. (1982). *Evaluating the quality of learning: The SOLO taxonomy*. New York, NY: Academic Press.

Bjork, R. (1994). Memory and metamemory considerations in the training of human beings. In J. Metcalfe & A. P. Shimamura (Eds.), *Metacognition: Knowing about knowing* (pp.188–205). Cambridge, MA: MIT Press.

Bloom, B., Englehart, M., Furst, E., Hill, W., & Krathwohl, D. (1956). *Taxonomy of educational objectives: The classification of educational goals. Handbook I: Cognitive domain*. White Plains, NY: Longman.

Bruner, J. S. (1957). On perceptual readiness. *Psychological Review, 64*(2), 123–152.

Bryk, A., & Schneider, B. (2002). *Trust in schools: A core resource for improvement*. New York, NY: Russell Sage Foundation.

Claxton, G. (2002). *Building learning power*. Bristol, UK: TLO.

Coffield, F., Moseley, D., Hall, E., & Ecclestone, K. (2004). *Learning styles and pedagogy in post 16 learning: A systematic and critical review*. London, UK: Learning and Skills Research Centre. Retrieved from http://sxills.nl/lerenlerennu/bronnen/Learning%20styles%20by%20Coffield%20e.a..pdf

Conoley, J. C., & Kramer, J. K. (Eds.). (1989). Myers-Briggs Type Indicator. In *The tenth mental measurements yearbook*. Lincoln, NE: Buros Institute.

Costa, A. (2000). *Habits of mind*. Alexandria, VA: Association for Supervision and

Curriculum Development.

De Bono, E. (2010). *Teach yourself to think*. London, UK: Penguin.

Dewey, J. (1916). *Democracy and education*. Simon & Brown. (Original work published 1916)

Dweck, C.S. (2006). *Mindset: The new psychology of success*. New York, NY: Ballantine Books.

Dweck, C.S. (2012). *Mindset: How you can fulfil your potential*. London, UK: Robinson.

Dweck, C. S. (2014). The power of yet. Retrieved from http://www.youtube.com/watch?v=J-swZaKN2Ic

Edwards, J., & Martin, B. (2016). *Schools that deliver*. Thousand Oaks, CA: Corwin.

Eells, R. J. (2011). *Meta-analysis of the relationship between collective teacher efficacy and student achievement* (Doctoral dissertation, Loyola University Chicago). Retrieved from http://ecommons.luc.edu/luc_diss/133

Erickson, H. L., & Lanning, L. A. (2013). *Transitioning to concept-based curriculum and instruction: How to bring content and process together*. Thousand Oaks, CA: Corwin.

Freire, P. (1970). *Pedagogy of the oppressed*. New York, NY: Bloomsbury.

Green, M. (2016, July 3). Develop mental agility with a plunge into the learning pit. *Financial Times*. Retrieved from http://www.ft.com

Hattie, J. (2009). *Visible learning: A synthesis of over 800 meta-analyses relating to achievement*. Abingdon, UK: Routledge.

Hattie, J. (2011). *Visible learning for teachers*. Abingdon, UK: Routledge.

Hattie, J. (2015). The applicability of visible learning to higher education. *Scholarship of Teaching and Learning in Psychology, 1*(1), 79–91.

Joubert, J. (1983). *The notebooks of Joseph Joubert*. New York, NY: New York Review of Books. (Original work published 1883)

Lankshear, C., & McLaren, P. (1993). Introduction. In C. Lankshear & P. McLaren

(Eds.), *Critical literacy: Politics, praxis, and the postmodern* (pp.1–56). Albany: State University of New York Press.

Lennon, J. (1971). Imagine. On *Imagine* [record]. London, UK: Apple Records.

Lipman, M. (1988). Critical thinking: What can it be?*Educational Leadership, 46*(1), 38–43.

Lipman, M. (2003). *Thinking in education* (2nd ed.). Cambridge, England: Cambridge University Press.

Newell, A. (1991). *Unified theories of cognition.* Cambridge, MA: Harvard University Press.

Nottingham, J. A. (2010). *Challenging learning.* Berwick Upon Tweed, UK: JN.

Nottingham, J. A. (2013). *Encouraging learning.* Abingdon, UK: Routledge.

Nottingham, J. A. (2015). James Nottingham's learning challenge (learning pit) animation. Retrieved from https://www.youtube.com/watch?v=3IMUAOhuO78

Nottingham. J. A. (2016). *Challenging learning* (2nd ed.). Abingdon, UK: Routledge.

Nottingham, J. A., & Nottingham, J. (2017). *Challenging learning through feedback.* Thousand Oaks, CA: Corwin.

Nottingham, J. A., & Larsson B. (2019). *Challenging mindset.* Thousand Oaks, CA: Corwin.

Nottingham, J. A., Nottingham, J., & Renton, T. M. (2017). *Challenging learning through dialogue.* Thousand Oaks, CA: Corwin.

Nottingham, J. A., & Renton, M. (2020). *Challenging learning through questioning.* Thousand Oaks, CA: Corwin.

Nottingham, J., Nottingham, J., Bennison, L., & Bollom, M. (2018). *Learning challenge lessons, elementary.* Thousand Oaks, CA: Corwin.

Nottingham, J., Nottingham, J., Bennison, L., & Bollom, M. (2019). *Learning challenge lessons, secondary ELA.* Thousand Oaks, CA: Corwin.

Nottingham, J., Nottingham, J., Bennison, L., & Bollom, M. (in press). *Learning challenge lessons, secondary mathematics.* Thousand Oaks, CA: Corwin.

Nottingham, J., Nottingham, J., Bennison, L., & Bollom, M. (in press). *Learning challenge lessons, secondary science/STEM*. Thousand Oaks, CA: Corwin.

Outlaw, F. (1977). What they're saying. *San Antonio Light, 7-B*.

Pet Food Manufacturers Association. (2015). Pet population 2015. Retrieved from http://www.pfma.org.uk/pet-population-2015

Postman, N. (1969). *Teaching as a subversive activity*. New York, NY: Dell.

Rosenthal, R., & Jacobson, L. (1968). *Pygmalion in the classroom: Teacher expectation and pupils' intellectual development*. New York, NY: Holt, Rinehart & Winston.

Rowe, M.B. (1972). *Wait-time and rewards as instructional variables: Their influence on language, logic and fate control*. Paper presented at the annual meeting of the National Association for Research on Science Teaching, Chicago, IL.

Stahl, R. (1990). Using "think time" and "wait time" skillfully in the classroom. *ERIC Digest*. Retrieved from http://www.ericdigests.org/1995-1/think.htm

Vygotsky, L. (1978). *Mind and society*. Cambridge, MA: Harvard University Press.

Wegerif, R. (2002, Autumn). The importance of intelligent conversations. *Teaching Thinking, 9,* 46–49.

Wiliam, D. (2016, April 28). Learning styles: What does the research say? [Blog post]. Retrieved from http://www.deansforimpact.org/about/news-and-blog/2016/04/28/Learning-styles-what-does-the-research-say

Willingham, D. (2008–2009, Winter). Ask the cognitive scientist: What will improve a student's memory? *American Educator*, p. 22.

Yeats, W. B. (1979). The second coming. In K. Raine, *From Blake to "a vision"*. Dublin, Ireland: Dolmen Press.

译后记

呈现在读者面前的这本书，是当代教育改革专家詹姆斯·诺丁汉的代表作。诺丁汉的教育理论面向教育改革和发展，在国际上广受关注。他创建了自己的教育公司，深入学校一线搞改革、做研究。他的理论可以用"学会挑战"或"挖坑学习"来称呼，同格兰特·威金斯（Grant Wiggins）和杰伊·麦克泰格（Jay McTighe）的"理解为先的教学"、罗伯特·J. 马扎诺（Robert J. Marzano）的"学习的维度"、道格拉斯·费希尔（Douglas Fisher）和南希·弗雷（Nancy Frey）的"扶放有度的教学"、M. 戴维·梅里尔（M. David Merrill）的"首要教学原理"、约翰·哈蒂的"可见的学习"、杰伦·J. G. 范梅里恩伯尔（Jeroen J. G. van Merriënboer）和保罗·A. 基尔希纳（Paul A. Kirschner）的"综合学习设计"、查尔斯·M. 赖格卢特（Charles M. Reigeluth）的"重塑学校"等理论一样，必将在教育理论的发展中占有一席之地。

"学会挑战"中的"挑战"一词，我们认为它同"问题""任务""项目"是相仿的，属于同一个层次的概括。我们在面临一项挑战的时候，实际上就是要解决一个问题、完成一项任务、实施一个项目。这让我们不禁想到"问题教学""任务教学"和"项目式学习"。那么与之相比，诺丁汉的理论有哪些新意？有什么样的价值？我们能不能在自己的教育实践中加以借鉴？这都是我们需要思考的问题。

"学会挑战"最不同凡响、引人深思的就是"学习坑"这个概念。学习坑是一个比喻，就像我们一直将学习（读书）比喻为登山（书山有路勤为径）、入海（学海无涯苦作舟）一样。但是，诺丁汉偏偏另辟蹊径，从维果茨基的"最近发展区"出发，用穿越学习坑形象地描述了学习者了解概念和规则，揭示旧知与新知的差异，解决矛盾和冲突，弄清含糊之处，最后实现顿悟，真正认识、理解和确立概念和规则的这一学习过程。认识即知道是什么，理解即知道如何去应用，确立即知道为什么、在什么条件和情境下运用，这就是学习的迁移。概念和规则形成了系统，进得去、出得来，立得住、转得快，学习者最终得以构建知识网络、获得应用和拓展的空间。"在过去的10—20年里，'学习坑'已经成为最强大和最受欢迎的启发式学习法之一。"英国坎布里亚大学巴里·海默教授这样评价道。

在"学习坑"这个概念的基础上，诺丁汉提出了4C教学框架，即"学会挑战"的四个教学阶段。

第一阶段：找准概念（Concept，找坑）。"学会挑战"始于一个学习目标（或概念）。目标可能来自课堂对话、资源、观察等。在这个阶段，教师需要向学生展示一个他们已经有一定了解或表层理解的概念或问题。

第二阶段：认知冲突（Conflict，挖坑）。这是一个颇具挑战性的阶段。在这个阶段，学生会提出一系列与概念或任务相关的具有挑战性的问题，据此进行深度探究和思考，进而获得更深刻的理解。有目的地在学生的头脑中创造认知冲突，让他们陷入困境，是"学会挑战"的重点。经常经历认知冲突，学生就会更透彻地理解概念，提出更复杂的问题，养成成长型思维模式。

第三阶段：建构意义（Construct，入坑）。当学生在坑中努力寻找答案时，他们开始在各种想法之间建立联系，同时考虑各种选择、观点，定义因果关系，从之前的学习中建构意义。在这个阶段，学生会发现概念变得更加清晰，也会获得一定程度的启示。他们在坑中披荆斩棘、左冲右突之后，开始领悟，迎来灵光一现的时刻。也就是说，学生必须经历一个相对不舒服的冲突阶段，才能对概念有更深刻的理解。让学生有机会和理由为自己建构意义，是学习坑的真谛。

第四阶段：反思总结（Consider，出坑）。在这个阶段，学生需要反思自己的思维是如何在整个学习过程中发生变化（调试、应用和迁移）的。思考之思考，就是元认知，这是学习过程的一个关键因素。学习坑为学生构建元认知提供了一个参考框架。这是一个深度学习的阶段，学生在反思自己如何从一个阶段进入另一个阶段之后，将总结出适用于其他学习挑战的策略，得以将新的理解应用到其他环境。这样一来，学生将更深刻地理解学习的意义。

多少年来，我们一直纠结于学习是苦差还是乐事。显然，学海无涯苦作舟，学无止境要登攀，学而不厌最不易。现在，诺丁汉提出的这个理念认为，学习大道并非坦途，而是进出深坑，即"勤挖深坑迎挑战，历经困惑明事理"。也许这就是"学会挑战"之"挖坑学习"模式的价值所在。

将诺丁汉的"学会挑战"介绍给国内的教育者，也有益于发展我们自己的新教学理论。"学会挑战"强调认知冲突、深度思考，可能有人会认为这种教学法提升了学习的难度，只适合年龄大一些的学生，但我曾看到过一张照片，照片中诺丁汉正在幼儿园的一间教室里同小朋友一起做游戏。这说明，"学会挑战"也适用于幼儿园教学。幼儿也要学概念、学规则，也要懂策略、长智慧。我们衷心希望从幼儿园到大学的老师都能从中汲取营养、获得启发，并将其转化为自己的能量。

本书的翻译分工是：盛群力负责本书赞誉、"挑战性学习"的故事、序言、前言、致谢、重要术语、第一章、第五章和概念索引，邢天骄负责第二章、第三章和第四章，王茹负责第六章和第七章，史秀丽负责第八章和第九章，王茹和史秀丽负责第十章。全书由盛群力统稿和审订。

衷心感谢源创图书策划引进本书、中国人民大学出版社出版本书。

衷心期待读者对本书翻译中的不足给予批评指正！

盛群力

2024 年 1 月

The Learning Challenge: How to Guide Your Students Through the Learning Pit to Achieve Deeper Understanding by James Nottingham

Copyright © 2017 by James Nottingham

Simplified Chinese edition © 2025 by China Renmin University Press

All Rights Reserved. No part of this book may be reproduced or utilized in any form or by any means, electronic or mechanical, including photocopying, recording, or by any information storage and retrieval system, without permission in writing from the publisher.

Corwin 出版社为本书在美国、英国、新德里首次出版的出版社，简体中文版由 Corwin 出版社授权出版。

图书在版编目（CIP）数据

学会挑战：为什么要让学生进入"学习坑"/（英）詹姆斯·诺丁汉（James Nottingham）著；盛群力等译. 北京：中国人民大学出版社，2025.6. --（走进学习科学丛书/盛群力主编）. -- ISBN 978-7-300-34001-2

Ⅰ. G791

中国国家版本馆 CIP 数据核字第 2025PA6805 号

著作权合同登记号
图字：01-2022-5947 号

走进学习科学丛书

盛群力　主编　邢天骄　副主编

学会挑战：为什么要让学生进入"学习坑"

[英] 詹姆斯·诺丁汉　著

盛群力　邢天骄　王茹　史秀丽　译

Xuehui Tiaozhan: Wei Shenme Yao Rang Xuesheng Jinru "Xuexikeng"

出版发行	中国人民大学出版社			
社　　址	北京中关村大街31号		邮政编码	100080
电　　话	010-62511242（总编室）		010-62511770（质管部）	
	010-82501766（邮购部）		010-62514148（门市部）	
	010-62515195（发行公司）		010-62515275（盗版举报）	
网　　址	http://www.crup.com.cn			
经　　销	新华书店			
印　　刷	北京华宇信诺印刷有限公司			
开　　本	787 mm × 1092 mm　1/16		版　次	2025年6月第1版
印　　张	19　插页1		印　次	2025年6月第1次印刷
字　　数	300 000		定　价	79.80元

版权所有　　侵权必究　　印装差错　　负责调换